Mein Traumgarten entsteht

Rosemary Verey

Mein Traumgarten entsteht

Mit 16 Pflanzplänen

Fotos von Tony Lord
Aquarelle von Hilary Wills

Christian Verlag

Ich widme dieses Buch meinen Schwiegereltern, dem verstorbenen Pfarrer Cecil Verey und seiner Frau Linda, sowie meinem verstorbenen Mann David Verey, der mich mit seinem Ideenreichtum zur Gestaltung dieses Gartens anregte. Auch unserer Familie mit Charles und Denzil, Chris und Jenny, Veronica, Davina und Hal sowie ihren Kindern Imogen, Nat, Tasha und Josh, Robert und Anthony, Lily, Rowan und Amy, die alle in dem Garten gespielt und mitgeholfen haben.

FOTO SEITE 1: *Durch den Torbogen sieht man das gotische Sommerhaus im Frühling.*

FOTO SEITE 2 UND LINKS: *Leuchtender Goldregen und mauvefarbener Zierlauch bilden auf dem Goldregenweg eine vortreffliche Farbkombination.*

Aus dem Englischen übersetzt von Maria Gurlitt-Sartori
Redaktion: Susanne Härtel
Korrektur: Petra Tröger
Umschlaggestaltung: Horst Bätz
Herstellung: Dieter Lidl
DTP: Josef Fink, München

Copyright © 1996 der deutschsprachigen Ausgabe
by Christian Verlag, München

Die Originalausgabe mit dem Titel
Rosemary Verey's Making of a Garden wurde erstmals 1995 im Verlag
Frances Lincoln Limited, London, UK, veröffentlicht.

Copyright © 1995 der Originalausgabe by Frances Lincoln Limited
Copyright © 1995 für Text und Pflanzpläne by Charles Verey
und Davina Wynne-Jones (Trustees of Mrs R.I.B. Verey's 1994 Settlement).
Copyright © 1995 für die Fotos by Tony Lord,
mit Ausnahme der auf Seite 192 aufgelisteten Fotos
Copyright © 1995 für die Aquarelle by Frances Lincoln Limited
Aquarelle und Schwarzweißzeichnungen: Hilary Wills
Gärtnerische Fachberatung: Antonia Johnson, Tony Lord

Druck und Bindung: New Interlitho, Mailand
Printed in Italy

Alle deutschsprachigen Rechte vorbehalten

ISBN 3-88472-306-5

Inhalt

Wie alles begann

Es war an einem Wochenende im August 1939, als ich zum ersten Mal nach Barnsley House kam. Wie der Garten damals aussah? Ich wünschte, ich hätte ihn klarer im Gedächtnis behalten, aber mit zwanzig stand mir der Sinn mehr danach, Tennis zu spielen als zu gärtnern. Genau erinnern kann ich mich jedoch an den unregelmäßig gepflasterten Weg, der vom Haus zu einem massiven Holztor in einer Mauer aus Cotswold-Stein führte, dem Weg zum Tennisplatz. Er war gesäumt von Staudenrabatten, jungen Eibenhecken und Rosenbeeten, die mit Stiefmütterchen unterpflanzt waren. Auf dem seit langem brachliegenden Feld dahinter grasten Kühe und Pferde.

Als ich 1940 dann mit David verheiratet war und unser erstes Kind erwartete, lebte ich von Mai bis September in Barnsley House. Im Gedächtnis geblieben sind mir die Tage im Garten, ein sonniger Sommer und vor diesem Hintergrund die Bedrohung durch den Krieg – auch die Gedanken, daß wir zum Überleben auf selbstgezogenes Gemüse angewiesen sein könnten. So galt unsere Hauptsorge natürlich weniger einem schönen Garten, auch wenn die Parkrosen und Stiefmütterchen meiner Schwiegermutter noch immer das Bild prägten.

ᛡᛡ ᛡᛡ ᛡᛡ

Rückblickend sehe ich Barnsley als typischen Landhausgarten der 30er Jahre, der von Pflanzen, wie sie Gertrude Jekyll empfahl, überzuquellen schien. Das im Stil des ausgehenden 17. Jahrhunderts erbaute dreistöckige Gebäude war bis 1932 Pfarrhaus gewesen; nachdem die Gemeinden Barnsley und Bibury zusammengelegt wurden, erwarb es mein Schwiegervater, Cecil Henry Verey, als er in Pension ging. In Stein gemeißelt liest man über dem Gartentor das Datum 1697 und die Initialen »B. B.« – sie stehen für Brereton Bourchier, Landjunker von

Die Nordwestfassade des Hauses mit den schon leicht zerfallenen Terrassen. Das Foto wurde 1951 kurz nach unserem Einzug aufgenommen.

Barnsley, der das symmetrisch schlichte und doch schöne Haus aus dem hier gebrochenen Cotswold-Stein erbaute. Das Gebäude blickt nach Nordwesten und nach Südosten, so daß es der aufgehenden wie auch der untergehenden Sonne zugewandt ist. Bevor das Haus fertiggestellt war, starb im Jahr 1691 Bourchiers erste Frau im Kindbett. Man findet ihre marmorne Gedenktafel über dem Altar im Nordflügel der Kirche von Barnsley und auf dem Boden des Kirchenschiffes die ihrer erstgeborenen, im Januar 1690 verstorbenen Zwillinge. Bourchier heiratete ein zweites Mal und baute den prachtvolleren Barnsley Park am nördlichen Dorfrand, und Barnsley House wurde Pfarrhaus.

ᛡᛡ ᛡᛡ ᛡᛡ

Um 1770 baute der Geistliche Charles Coxwell die hohe Steinmauer, die den Garten noch immer an drei Seiten umgibt, schützt und abgrenzt und entscheidend zu seinem Charakter beiträgt. Damals wie heute bildet ein elegantes, nach Norden schauendes gotisches Sommerhaus den Abschluß der Mauer, das wahrscheinlich als Blickfang in einem landschaftlich gestalteten Garten errichtet wurde.

Richard Musgrave, ein jüngerer Bruder des Landjunkers, betreute die Pfarrei um 1830. Aus Platzgründen erweiterte er das Pfarrhaus durch einen großen Kreuzgiebel an der Nordostseite. Noch heute sieht man das Familienwappen der Musgraves auf dem Giebel dieses neuen Flügels. Das neue Portal, die Veranda und das Bogenfenster wurden mit Zinnen versehen, und ich denke, daß die Kreuzblumen über den Giebeln in jener Zeit hinzugekommen sind. Der Architekt John Nash, der die Familie bei der Gestaltung von Barnsley beraten hatte, könnte durchaus zu der einfühlsamen Verwandlung des Pfarrhauses in ein Herrenhaus beigetragen haben.

Ab 1841 bekleidete der Domherr Ernest Howman mehr als dreißig Jahre lang das Amt des hiesigen Pfarrers. Ihm verdanken wir einen Großteil der schönen Bäume, die heute auf der West- und Nordseite das

Gerüst des Gartens bilden: Linden, eine Zerreiche, einen Bergahorn, eine Buche und Platanen. Zwischen 1874 und 1900 betreute David Compton die Pfarrei, bis er von Gerald Vidal abgelöst wurde. Seine Töchter waren für ihre köstliche selbstgemachte Schokolade bekannt. Margaret, eine der Pfarrerstöchter, wurde von einem australischen Flieger, der während des Ersten Weltkriegs ganz in der Nähe stationiert war, so leidenschaftlich verehrt, daß er von seinem Flugzeug aus in Baumwollsocken eingewickelte Liebesbriefe auf den Rasen fallen ließ. Schließlich eroberte er seine Braut und nahm sie mit nach Australien. Sein Enkel, der renommierte Kunstkritiker Robert Hughes, und seine Frau (sie leben heute auf Shelter Island im Staat New York) sind eigens nach Barnsley gekommen, um den Ort des Stelldicheins der Großeltern und das Schokoladenzimmer zu besichtigen.

ᛉ ᛉ ᛉ

1951 überschrieb mein Schwiegervater das Haus großzügigerweise seinem Sohn. David und ich verbrachten hier dreiunddreißig gemeinsame Jahre – danach lebte ich allein hier, bis ich das Anwesen 1988 meinem Sohn Charles vererbte. Meine Schwiegereltern waren derzeit in die sogenannte »Close«, einen umgebauten ehemaligen Stall, gezogen, in dem ich nun wohne. Sie behielten den kleinen, geschützten Rechteckbereich, wo sich heute der Tempel und der Wassergarten befinden. Uns waren die restlichen eineinhalb Hektar zwischen den Begrenzungsmauern anvertraut.

Bevor David und ich im März 1951 nach Barnsley House zogen, hatten wir uns schon einige Jahre mit dem Gedanken befaßt, daß hier wohl einmal unser Zuhause sein würde, und als es dann soweit war, hatte ich bereits etwas praktische Erfahrung im Garten gesammelt. Während David in der Armee diente, mietete ich ein Cottage in Fairford. Die drei Jahre dort waren für mein gärtnerisches Wirken von grundlegender Bedeutung. Samstags half mir Charlie Wall, Obergärtner im nahen Quenington, von dem ich lernte, wie man Samen aussät, Gemüse zieht, Stauden teilt und Stecklinge von Chrysanthemen schneidet. Er brach-

Cecil und Linda Verey, meine Schwiegereltern, umgeben von der Mauer des Geistlichen Charles Coxwell. Hier sollte Anfang 1960 der Tempelgarten entstehen.

te mir sogar bei, wie man eine Ente schlachtet. Wie viele Cottage-Gärten barg auch dieser Schätze und Überraschungen: ein riesiges Spargelfeld, einen alten Apfelbaum und, was am schönsten war, eine schulterhohe, nach Zitronen duftende Verbene, *Aloysia triphylla*, die sich in einem geschützten Winkel wohl fühlte. Selbst nach einem halben Jahrhundert freue ich mich noch immer an dieser Pflanze.

Nach dem Krieg wohnten wir in Ablington. Obgleich die Kinder – wir hatten schon die vier im Jahr 1949 – und die Pferde mehr Aufmerksamkeit als der Garten beanspruchten, entwickelte ich allmählich ein Bewußtsein für den Garten und seine Jahreszeiten. Ich begann, den Zauber der Schneeglöckchen im Februar zu schätzen und die Schönheit der Alpenaurikel, die die eher bescheidene Primel bei weitem übertrifft, aber auch entsprechend mehr Pflege und Zuwendung braucht, um sich richtig zu entfalten. Ich lernte etwas über Boden, die Bedeutung von organischem Material (wir hatten Stallmist von den Pferden) und daß Dahlien beim ersten Frost eingehen. Den Winter über las ich eifrig, wie man Gemüse zieht und Staudenrabatten anlegt. Im Frühjahr und Sommer versuchte ich dann, dieses Wissen anzuwenden. Ich lernte, daß Erbsen und Bohnen, die zuerst blühen und dann Früchte tragen, wie Kapuzinerkresse und Ringelblumen einen einjährigen Vegetationszyklus haben, während der Sprossenbrokkoli ebenso wie Bartnelken und Marienglockenblumen als zweijährige Pflanzen behandelt werden sollten. Da sich Wurzelgemüse wie Karotten und Pastinaken nur ungern versetzen lassen, müssen sie wie Fenchel und Stockrosen an Ort und Stelle ausgesät werden. Ganz gleich welche Erfahrungen wir im Garten sammeln, sie sind stets einleuchtend und gehen uns deshalb schnell in Fleisch und Blut über.

So hatte ich, als wir schließlich nach Barnsley House zogen, schon ein bißchen Ahnung vom Garten: Ich verstand mich auf das Säen, Pflanzen und Vermehren von Gewächsen, aber von Farbe, Form oder Gestaltung fehlte mir jegliche Vorstellung. Da ich von jeher eine besondere Beziehung zu Bäumen hatte, erkannte ich ziemlich bald, wie wichtig der schützende Baumgürtel war, an dem sich die heftigen Westwinde brachen. Er bestand aus einem Bergahorn, einer majestätisch aufragenden Zerreiche, einer Blutbuche, einer Eßkastanie, mächtigen Eiben und einer ausgewachsenen Roßkastanie (die inzwischen gefällt wurde). Die nördliche Auffahrt war von zwei herrlichen Platanen (*Platanus × hispanica*) eingerahmt, einer Roßkastanie, die mit ihren schönen, großen Früchten scharenweise Kinder zum Spielen anlockt, und einer Linde, die uns im Juli mit ihren duftenden Blüten erfreut, aus denen wir ein aromatisches Fruchtsaftgetränk herstellen. Der Blütenduft ist so einschläfernd, und so weiß ich bereits im voraus, daß alle meine Gäste im Juli regelmäßig verschlafen und zu spät zum Frühstück erscheinen werden. Auch eine Akazie und eine ausladende Eibe waren bereits vorhanden. All diese Laub- und Nadelbäume, die sich zu beiden Seiten der hübschen, im 19. Jahrhundert erbauten, halbmondförmigen Steinmauer am Eingang erheben, schützen den Garten nicht nur vor eisigem Wind im Winter, sie dämpfen auch den Lärm des ständig wachsenden Verkehrs, der vom Dorf bis zu uns hereindringt. Wie still und friedlich war es doch bei meinen ersten Besuchen während des Krieges gewesen, als Mr. Archers Milchkühe unbehelligt zweimal am Tag vorbeigezogen waren.

Rosemary und David Verey am 8. Juni 1940

❦ ❦ ❦

Man nähert sich Barnsley House vom Nordwesten her. Eine Auffahrt, die man rasch hinauffährt, kann nur durch großflächige Bepflanzung Aufmerksamkeit erregen. Deshalb haben wir die Bäume dort mit im Frühjahr blühenden gelben Winterlingen unterpflanzt, die von blauen *Scilla* und Wildkrokussen abgelöst werden. Dann sind wir allerdings am Ende, denn sobald die Bäume austreiben, wächst kaum noch etwas außer *Cotoneaster horizontalis*, der die Deckel der Abwasserbehälter kaschiert. Christrosen erscheinen und verschwinden wieder, und nach vierzig Jahren versuche ich nun *Symphytum grandiflorum* anzusie

deln, eine Pflanze, die angeblich überall wächst. Die Bepflanzung des Gartens unterliegt zwangsläufig Wandlungen und Entwicklungen.

Oben angekommen, führt die Auffahrt wie eh und je in großem Bogen um die Linde herum, die gleich einem Wachposten am Eingangstor steht. Zur Rechten steigt der Rasen zunächst sanft, dann steiler an, um schließlich zur Südseite des Hauses und dem Blumengarten zu führen. Ein Riesenlebensbaum, *Thuja plicata*, erhebt sich neben einem hohen Buchsbaum und verlockt mit seinen anmutig ausgebreiteten Zweigen die Kinder zum Versteckspielen.

Ursprünglich waren hier drei Terrassen und Stützmauern, gesäumt mit parallel zum Haus verlaufenden Rabatten. Zu Zeiten meiner Schwiegermutter wurden diese zweimal jährlich in einer Großaktion bepflanzt. Doch den Gewächsen fehlte es aufgrund der Nordwestlage an Wärme, so daß sie immer erst spät zum Blühen kamen. Farbenfrohe Rabatten wollten in meinen Augen aber auch gar nicht hierher passen. Als 1961 die mittlere Mauer einstürzte, gestalteten wir die Terrassen neu, indem wir eine 2,5 m hohe Mauer errichteten, eine breitere Terrasse anlegten und davor eine niedere Mauer setzten, die in der Mitte durch Stufen unterbrochen und von zwei steinernen Tiergestalten, einem kleinen Rennhund und einem impressionistisch anmutenden Schaf, bewacht wird. Wir versuchten also, etwas Schlichtes mit klarer Linienführung zu schaffen, indem wir die Wirkung des Steins, der Bäume und eines gepflegten Rasens ausschöpften.

❦ ❦ ❦

Auf der Südseite des Hauses, die von der mit Zinnen geschmückten Veranda beherrscht wird, bietet sich heute ein völlig anderer Blick auf den Garten als bei unserem Einzug im Jahr 1951. Der Rasen und das gotische Sommerhaus blieben unverändert, aber dahinter standen drei Eibenhecken und Staudenrabatten, unterbrochen von Rasen. Die Eibenhecke zur Rechten des Sommerhauses ist als Begrenzung geblie ben; eine zweite wurde in der Höhe zurückgeschnitten und ersetzt eine alte Geißblatthecke hinter einer im 19. Jahrhundert gepflanzten Stechpalme. Hinter der dritten verbirgt sich das Schwimmbecken. Wir waren erstaunt, wie gut sich die siebzig Jahre alten, schulterhohen Eiben verpflanzen ließen – sie hatten ein dichtes Netz kleiner Wurzeln gebildet, und das war zweifellos ihre Rettung.

Die Rabatten auf dieser Seite waren sehr spärlich bepflanzt. Erst als wir später den naturnahen Garten anlegten, sah ich, wie mager und steinig der Boden hier war. Früh schon entschieden wir uns deshalb, dort Gras auszusäen. Als unser Obergärtner Arthur Turner aus dem Krieg heimkehrte, machte er sich daran, Giersch und Winden auszurotten. Damals gab es noch kein Herbizid, doch durch Zufall kam ich darauf, daß derartiges Unkraut endgültig abstirbt, wenn man die Rabatten mit Gras einsät und regelmäßig mäht. Das praktizierten wir dann auch mit erstaunlichem Erfolg und erhielten so eine große offene Fläche, wo wir Bäume und Sträucher pflanzten, die sich gut in den bestehenden Rahmen der Steinmauern, ausgewachsener Gehölze und dichter Hecken einfügten.

Die mit Zinnen versehene Veranda wurde 1830 angebaut, die Terrasse 1960 hinzugefügt, bevor wir den Knotengarten schufen.

Mein nächster Schritt sollte nicht übereilt sein. 1962 wurde ich Mitglied der Royal Horticultural Society, und meine Tochter Davina schenkte mir ein großes, in feinstes Seidenpapier eingebundenes Notizbuch, das auf der ersten Seite den bedeutungsvollen Titel »Garten-Tagebuch« trug. Wenn ich in diesen frühen Aufzeichnungen blättere, erinnere ich mich an einst liebevoll gehegte Pflanzen, die heute verschwunden sind; ich kann aber auch abschätzen, wie schnell oder wie langsam Bäume und Sträucher gewachsen sind. Ich konnte mich nicht mehr erinnern, wann wir die Apfelbäume im Gemüsegarten gesetzt und erstmals formiert hatten, bis ich in meinem Tagebuch las, daß das im März 1979 geschehen war. Auch wenn wir im Herbst eine Rabatte richten oder einen bestimmten Strauch für eine Lücke suchen, kann ich

nachschlagen, welche Pflanzen mir in den Inselbeeten in Wisley so gut gefallen hatten, oder mir jenen Junitag in Erinnerung rufen, an dem ich im Savill Garden in Windsor die prächtigen Sträucher und Bäume bewunderte.

Auf den ersten Seiten meines Tagebuchs machte ich eine Bestandsaufnahme von unserem Garten, indem ich die Bäume und Sträucher aufführte, die wir im Dezember 1961 für den naturnahen Bereich (s. S. 132–143) ausgewählt hatten. In das wiesenhaft höhere Gras setzten wir zwischen die Narzissen wilde Frühlingsblumen und Beerensträucher; auch an die Herbstfärbung, an kontrastierende Formen und Blattoberflächen hatten wir gedacht. David erinnerte mich daran, daß ich viele Rabatten seiner Mutter mit Gras bepflanzt hatte, und fragte, wann ich mich endlich zu einer Neugestaltung der Beete aufraffen wolle. Damals lud er, ohne mich vorzuwarnen, den Gartengestalter Percy Cane zu einer Beratung nach Barnsley ein. Das beunruhigte mich, denn ich wollte einen Garten, der unseren Vorstellungen und nicht denen anderer Leute entsprechen sollte. Ich empfand es als Herausforderung, nun selbst etwas zu unternehmen, und so legte ich die Parterre-Beete, das »Herz des Gartens« (s. S. 52–81) an. Da uns die Pferde damals immer noch wichtig waren, wurde das Terrain redlich geteilt. Was ich von dem Blitzbesuch des Fachmanns vor allem lernte, war, daß man so viele Blickachsen wie möglich schaffen und dabei die Größe des Geländes, ungeachtet seiner Ausmaße, ausschöpfen muß.

Es dauerte nicht lange, bis wir diesen Rat in die Praxis umsetzten, indem wir den Tempel, den David aus dem Fairford Park bekommen hatte, im Wassergarten errichteten (s. S. 82–91). Dann machten wir uns an die Anlage unserer großen Blickachse, deren Abschluß später der Froschbrunnen bilden sollte (s. S. 99–111 und 92–97). Auf den schmalen Beeten vor der nach Nordwesten gerichteten Mauer dräng-

Blick auf das Haus um 1940 – im Vordergrund Lindas Staudenrabatten.
Hier entstand später der naturnahe Garten.

ten sich Rosen, Klematis und Sträucher. Wo immer Platz war, kamen einjährige Kletterpflanzen hinzu (s. S. 112–119).

Inzwischen waren mir Muster wichtig geworden, und so legten wir als erstes den Knotengarten und danach das Kräuterbeet in geometrischen Formen an (s. S. 46–58). Damals war mir wohl auch klar geworden, wie reizvoll es sein müßte, den alten Nutzgarten in einen dekorativen Obst- und Gemüsegarten, einen sogenannten Potager, zu verwandeln (s. S. 145–165).

Allmählich nahm der Garten seine heutige Gestalt an, und als ich in die »Close« zog, erfüllte ich mir den langersehnten Wunsch eines Gewächshauses (s. S. 166–171). Noch träume ich von Hochbeeten, einem Rosengarten und einigen eher ungewöhnlichen krautigen Pflanzen. Aber bis die Rabatten jedes Jahr neu gerichtet, umgegraben und gedüngt sind, bis wir die Stauden geteilt, die vielen Pflanzen, die wir

vermehren, versorgt haben und all die übrigen Routinearbeiten bewältigt sind, bleibt kaum noch Zeit für ein größeres neues Projekt.

❧ ❧ ❧

Obgleich mehr als fünfzig Jahre vergangen sind, seit ich das erste Mal hierherkam, versuche ich immer wieder, den Garten mit neuen Augen zu sehen. Der Reiz eines Gartens besteht schließlich darin, daß die Bäume immer größer werden, die Sträucher sich entwickeln und der Boden allmählich bedeckt ist. Das Bild wandelt sich, und jedes Jahr hat seinen eigenen Charakter, beeinflußt von Frost, Regen und Sonnenschein – Elemente, über die wir keine Gewalt haben. Dennoch können wir versuchen, für jede Jahreszeit einen bestimmten Höhepunkt zu planen: Duft im Winter, blühende Bäume und Zwiebelblumen im Frühling, üppige Blütenpracht im Sommer und Farben im Herbst.

Aus meiner Sicht

Ich habe nie ein Gesamtkonzept für meinen Garten entworfen. Er hat sich Schritt für Schritt entwickelt, wahrscheinlich, weil ich anfangs kaum etwas von Gestaltung verstand. Vielleicht ist aber gerade das der Grund, warum Besucher meinen Garten als Ort der Ruhe und Entspannung empfinden und dennoch immer wieder auf Überraschungen stoßen. Die eine oder andere Bepflanzung oder einige charakteristische Elemente lassen erkennen, wie vielfältig Menschen, Orte und Bücher mein gärtnerisches Wirken beeinflußt haben. Wenn ich durch den Garten gehe, hänge ich wie immer meinen Gedanken nach; dann kommen mir nicht nur die Ratschläge meiner Gartenfreunde und Bekannten in den Sinn, sondern auch die Bilder von Gärten, die mir als Anregung dienten. Meine Tagebücher erinnern mich ebenso daran.

Das »Garten-Tagebuch«, das mir meine Tochter 1962 schenkte – sein Einband ist inzwischen längst abgewetzt –, enthält eine Fülle von Ideen und spiegelt Erfolge wie Mißerfolge wider. Auch nach dreißig Jahren führe ich zwischendurch immer wieder Tagebuch, und wenn ich irgendwo hinkomme oder etwas über einen besonderen Garten lese, notiere ich die Namen der ungewöhnlicheren Pflanzen, ihren Standort und besondere Kombinationen. Es ist außerordentlich hilfreich, Ereignisse und Eindrücke stets festzuhalten, insbesondere für eine Anfängerin, wie ich im Jahr 1961 eine war. Man kann anhand der Aufzeichnungen aber auch nachempfinden, wie man sich als Gärtner entwickelt hat.

⊗⊘ ⊗⊘ ⊗⊘

Zur Kunst des Gärtnerns gehört ein gewisser Einblick in die Geschichte der Gartengestaltung, die »Wanderung« der Pflanzen von einem Kontinent zum andern sowie die Kenntnis historischer und zeitgenössischer Gartenliteratur. Einen Wendepunkt in meinem Leben als Gärtnerin leitete das Sammeln alter Bücher ein. Um 1960 vermachte mir ein mit David befreundeter Kirchengeschichtler bei seinem Tod ein kleines Buch mit dem Titel »Die geheimnisvolle Alraune«. Ganz allmäh-

lich wurde mir bewußt, wie bedeutend die alten griechischen und römischen Schriftsteller Theophrastus, Dioskurides und Plinius für die Geschichte der Pflanzen waren, und ich habe es immer als größtes Privileg empfunden, daß in meinem Regal die Bücher der ersten Pflanzenkundler William Turner, John Gerard und John Parkinson stehen. Daniel Lloyd, Buchhändler in Kew, wußte um meine Vorliebe und besorgte mir Kopien früher Gartenliteratur von Autoren wie Thomas Hyll, Gervase Markham und William Lawson. Dank der Lektüre dieser aus dem 16. und 17. Jahrhundert stammenden Bücher kann ich mir ein Bild von Elisabethanischen Gärten und den Gärten zur Zeit der Stuarts machen; nie wären sie mir so vertraut geworden, hätte ich lediglich die Beschreibungen der Autoren des 20. Jahrhunderts gelesen.

⊗⊘ ⊗⊘ ⊗⊘

Wer sich eingehend mit einem Thema beschäftigt, weiß um den Wert neuer Erfahrungen und ihre nachhaltige Wirkung. Ich erinnere mich an die Gärtner und Freunde, die in den fünfziger Jahren in meinen Schaffenskreis traten, als ich allmählich erkannte, wie sehr es auf die Gestaltung und die Wahl der Pflanzen ankommt. Marjorie und John Buxton machten mir bewußt, wie wichtig Pflanzengemeinschaften sein können. Nancy Lindsay öffnete mir die Augen für die Schönheit der Natur. Ihr bester Rat war, als Anfängerin »einfache« Pflanzen zu verwenden und mich erst mit der Zeit den ungewöhnlicheren und anspruchsvolleren zuzuwenden. Sie war es auch, die mir Christrosen für den Winter und Frühling empfahl – Monate, in denen man Zeit hat, sie gebührend zu bewundern.

Beherzigt habe ich auch Ratschläge von professionellen Gartengestaltern. Percy Cane überzeugte uns, wie wichtig große Blickachsen bei der Planung eines Gartens sind – bei uns der Weg vom Tempel zum Brunnen. Peter Coats, der uns häufig am Wochenende besuchte, unterstrich immer wieder die Bedeutung von vertikalen wie horizontalen Akzenten, insbesondere im Potager. Auch Russell Page, ein häufiger Gast, betonte, daß das Einfache oft am besten wirkt, ein Prinzip, das sich in der Eleganz seines eigenen Werks äußert. Zu seinen Weisheiten gehörte auch, daß alles, was man in den Garten bringt, ergänzen und nicht ablenken sollte.

∞ ∞ ∞

In meinen Augen gibt es keinen besseren Rat, als möglichst viele Gärten zu besuchen und sich auf diese Weise ein Urteil zu bilden. Ich erinnere mich an Phasen, in denen unzählige neue Einflüsse auf mich einstürmten. Unter einem solch glücklichen Stern stand für mich beispielsweise das Jahr 1972. Mein Tagebuch erinnert mich an neue Pflanzen, kleine Fortschritte auf dem Gebiet der Gestaltung und Einblicke in Pflanzengesellschaften und Farbkombinationen.

Am Sonntag, den 16. April 1972 besuchte ich Peggy Munsters Garten, Bampton Manor. Peggy hat sowohl ihr Haus als auch ihren Garten mit bewundernswertem Geschick gestaltet und besitzt einen untrüglichen Sinn für Farbe und Form. An jenem Tag war der Waldgarten einzigartig schön; die Laubbäume waren so licht gehalten, daß der Teppich aus Waldanemonen, Hundszahnveilchen, Vergißmeinnicht, Wolfsmilch und Gruppen gleichartiger Osterglocken genug Helligkeit erhielten. Anderswo waren Rosen sorgfältig über eiserne Stützen gezogen, die Hortensien versprachen bereits einen großen Auftritt im Spätsommer, und die vielen Schneeballsträucher sowie *Clematis armandii* standen in Blüte. Im runden Kräutergarten wechselte lila Lavendel mit dunkelviolettem ›Hidcote‹-Lavendel ab, unterbrochen von Hochstammrosen. Mein Begleiter, David Vicary, sagte immer wieder: »Auf das Detail kommt es an«, und hier war es in der Tat meisterhaft verwirklicht.

Ende April fuhren wir nach Devon und Cornwall, und hier lernte ich die Bedeutung von Duft kennen. Ich beschloß, auch in unserem Garten eine Vielzahl duftender Sträucher für jede Jahreszeit, insbesondere den Winter, zu pflanzen.

Im Juni machte ich einen Blitzbesuch im Botanischen Garten von Oxford, wo ich auf einige bedeutende Pflanzen stieß. Ich notierte mir *Salvia grahamii*, das an der Hauswand emporwuchs, *Trachelospermum jasminoides*, *Veratrum viride*, *Geranium psilostemon*, *Maianthemum bifolium* und einen riesigen Meerkohl. Nun, viele Jahre später, habe ich die allermeisten selbst im Garten, obwohl der Salbei im Freien bei uns nicht winterhart ist.

Ein bis zwei Tage später besuchte ich zusammen mit meinem Neffen Paul Sandilands zwei sehr schöne, wenn auch ganz verschiedene Gärten. Caroline Somersets Cottage-Garten in Badminton, den Russell Page angelegt hatte, besteht aus diversen Gartenräumen, einem herrlichen Rosengarten, auf den alte Eibenbögen den Blick freigeben, zahlreichen Buchseinfassungen und einem dekorativen Potager mit unverkennbar französischem Einfluß. Nach diesem Vorbild habe ich in Barnsley versucht, die strenge Gestaltung des Gartens durch eine üppige Bepflanzung aufzulockern.

An diesem Nachmittag sollte aber mein Gärtnerleben noch ungleich nachhaltiger beeinflußt werden. Wir gingen nach Alderley Grange zu Alvilde und Jim Lees-Milnes Garten, der (ich zitiere aus meinem Tagebuch) »in meinen Augen nicht vollkommener sein könnte. Ich glaube, daß Alvilde so viel mehr vom Garten versteht als die meisten von uns. Alles ist üppig, und es bereitet ihr Freude, aus jedem Fleckchen das Beste zu machen. Was ich in diesem Garten als überaus beglückend empfinde, ist, daß alles einer Ordnung folgt, gepflegt, aber dennoch nicht gewollt wirkt.« Wieviel habe ich doch von Alvilde gelernt! Ebenso wie Peggy Munsters Garten zeichnete sich auch der ihre durch eine ausgeprägte Gestaltung, verbunden mit einer überschäumenden Bepflanzung aus. Es leuchtete mir ein, daß als erstes die Form stimmen muß; kommt dann die Liebe zu den Pflanzen hinzu, kann in der Tat nur ein gelungener Garten entstehen.

Vieles verdankt mein Garten großzügigen Gärtnerfreunden. Anfang Juli 1972 brachte ich aus Sally Westminsters Garten in Wickwar Stecklinge von *Rosa* ›Cerise Bouquet‹ mit nach Hause. Inzwischen bilden die Büsche eine dekorative Kulisse zwischen unserem Gemüsegarten und dem Weg. Auch die *Itea ilicifolia*, die an unserer Mauer wächst, bekam ich als Steckling aus Sallys Garten. Keith Steadman, der sich auf Weiden spezialisiert hatte, gab mir eine beeindruckende Kletterrose, *Rosa* ›Wickwar‹, die im Juli blüht und anschließend unzählige orangerote Hagebutten bildet. Sie hat sich inzwischen wie ein transparenter Wandschirm zwischen mir und dem Hauptgarten aufgerichtet. An jenem Tag brachte ich aus Keiths Gärtnerei auch die Ausgangspflanze von *Ilex × altaclerensis* ›Lawsoniana‹ mit, meiner Lieblingsstechpalme mit dreifarbigen Blättern.

Als ich im August den Garten von Professor Hewer und seiner Frau in Henbury besuchte, begann ein weiteres Kapitel gärtnerischer Erfahrung. Pflanzen, die ich bei ihnen damals sah, wie Schneefelberich, *Sarcococca humilis*, die Hortensie *Hydrangea sargentiana*, *Teucrium × lucidrys* (ein ausgesprochen zuverlässiges Gewächs) sowie eine Strauchkastanie, stehen seit dieser Zeit in meinem Garten.

Andere Inspirationsquellen waren Blumenausstellungen, wie sie einige Gärtnereien veranstalten. Gefreut habe ich mich immer auf die Ausstellung der Royal Horticultural Society in Vincent Square, insbesondere auf die Frühlingsschau, bei der viele der frühen Zwiebelblumen bereits blühten. Einen richtigen Eindruck dieser Pflanzen, ihrer Farbe und geeigneten Kombinationspartner gewinnt man nämlich erst, wenn man sie in Wirklichkeit und nicht nur im Katalog sieht. Ich erinnere mich vor allem an Anthony Huxley, der sich um mich kümmerte und mich durch meine ersten Ausstellungen führte.

Auf einer dieser Ausstellungen hatte Tim Sherrard von der gleichnamigen Gärtnerei einen Stand mit einem kühnen Arrangement aus *Iris histrioides* und einen weiteren, auf dem Weiden sehr wirkungsvoll präsentiert waren. Später besuchte ich dann seine Gärtnerei und brachte Pflanzen wie *Salix hastata* ›Wehrhahnii‹ mit silbergrauen Kätzchen, *S. irrorata*, deren junge Triebe mit weißen Blüten bedeckt sind, und *S.* ›Kuro-me‹ mit schwarzen Kätzchen mit nach Hause. Ich erstand noch zwei andere Weiden von Keith Steadman, *S.* × *rubra* ›Eugenie‹, die die frühsten und anmutigsten kleinen Kätzchen in einem blassen maulbeerfarbenen Ton hervorbringt. Sie ist im Februar, wie keine andere Pflanze im Garten, eine wahre Augenweide. Meine zweite außergewöhnliche Weide ist *S. daphnoides* ›Aglaia‹, für die ich aus Peter Birchalls Garten in den Cotswold Hills Stecklinge mitnahm. Sie entwickelten sich prächtig, und nun warte ich alljährlich im Februar, bis sich die blaßpurpurnen Kätzchen öffnen.

❦ ❦ ❦

In den letzten zehn Jahren hat mich Hardy Amies davon überzeugt, daß ein gewisser Perfektionismus unerläßlich ist, und von ihm habe ich Selbstdisziplin gelernt. Er sagte einmal: »Oh, sie kleidet sich nicht, sie zieht sich nur an.« Auf den Garten übertragen, trat mir augenblicklich das Bild einer überladenen Rabatte vor Augen, in der Pflanzen ohne Farbkonzept oder Grundstruktur wirr und lieblos nebeneinander stehen. Es passiert schnell, daß eine Rabatte zusammengestückelt wirkt, wenn man sich nicht um Verbindungen bemüht. Ebenso wie der Garten als Ganzes leicht und klar wirken sollte, muß auch die Bepflanzung der Rabatten ineinanderfließen.

Ganz deutlich vor Augen stehen mir Christopher Lloyds und David Hicks Gärten. Den größten Einfluß auf die Gärtnergeneration des 20. Jahrhunderts muß man wohl Christopher zugestehen, einem brillanten Pflanzenkenner voll sprühender Ideen. Mit Great Dixter in Sussex wurde ihm ein klar strukturierter Garten vermacht und anvertraut. Hier konnte sich Christophers Genie in seinen lebhaften Pflanzenkreationen zeigen. Er hat eine Vorliebe für Beeren, schätzt Formen und Konturen, die er mit immergrünen Pflanzen kombiniert. Ihm habe ich weitgehend zu verdanken, daß mir mein Garten im Winter ebensoviel bedeutet wie im Juni. Seine Artikel, die jede Woche im Magazin »Country Life« erscheinen, regen uns an, in jedem Garten eine Stelle zu schaffen, wo Farben, die sich eigentlich beißen, aufeinanderstoßen. So stehen bei uns etwa muschelrosa *Oenothera speciosa* (die Nationalblume von Texas) neben orangeroten *Eschscholzia* aus Kalifornien. An dem Wegrand, den sie säumen, säen sie sich selbst aus, werden aber von zwei in nur 30 cm Abstand gesetzten Buchseinfassungen im Zaum gehalten. Jedes Mal, wenn ich diesem Weg folge, denke ich an Christopher und daran, daß Gärtnern immer auch Spaß machen sollte.

Große Achtung empfinde ich für David Hicks klar umrissene Theorien. Mit dem ihm angeborenen Sinn für Form hat er im Umkreis seines Hauses einen neuen Garten geschaffen, der aus lauter ineinander übergehenden Gartenräumen besteht. Von ihm habe ich nicht nur gelernt, wie wichtig Grasflächen von unterschiedlicher Schnitthöhe sind, sondern auch, wie durch die Verbindung der einzelnen Flächen ein natürlicher Fluß entsteht und damit zugleich eine völlig andere Stimmung, was oft allein an der grenzenlosen Vielfalt der Grüntöne liegt.

Auch Sir Roy Strongs Garten in Herefordshire hat mich beeinflußt. In der Elisabethanischen Zeit und im darauffolgenden Jahrhundert hatte der Symbolismus nachhaltig die Gartenplanung geprägt. Jedes Denkmal, jede Pergola und jeder Laubengang hatte eine besondere Bedeutung. Feinsinnige, durch den Garten wandelnde Besucher wurden durch gewisse Gestaltungselemente am Weg oder auch in der Ferne zu unterschiedlichen Stimmungen angeregt. Ich empfinde das stark, wenn ich durch Roys Garten streife, der besondere Elemente integriert hat, um an ganz bestimmte Ereignisse in seinem Leben und dem seiner Frau Julia zu erinnern. Von Roy habe ich aber auch gelernt, mit offenen und kritischen Augen durch meinen Garten zu gehen und mir vorzustellen, wie sich bestimmte Strukturen verbessern ließen. Man gewöhnt sich im eigenen Garten nur allzu leicht an eine gewisse Eintönigkeit in der Gestaltung; dann hilft nur, kurz die Augen zu schließen und sie wieder zu öffnen, um alles in neuem Licht zu sehen und neue Ideen zuzulassen.

Haben die von Männern geschaffenen und betreuten Gärten einen anderen Einfluß auf mich als die Gärten von Frauen? Manchmal meine ich das. Roys und Davids Gärten basieren unverkennbar auf einem architektonischen Rahmen, Hecken, Blickachsen und Brennpunkten,

Great Dixter verfügt über beides – Blumen und Struktur. Erwähnt habe ich meinen Besuch in Alderley Grange im Jahre 1972, und auch Alvildes letzten Garten in Badminton schätzte ich und habe vieles daraus gelernt. Alvilde legte großen Wert auf Struktur, denn sie vergaß nie den französischen Einfluß, der sich in gestutzten Buchselementen und Stechpalmen zeigte. Sie hatte aber auch eine Vorliebe für Blumen und üppige Bepflanzungen: herrliche Rosen – hier als Hochstämmchen, dort als Kletterer –, mediterrane Zistrosen und Artemisien. Niemals gab sie sich zufrieden und gestaltete ihre Rabatte noch schöner. Wir alle sollten ihr nacheifern!

✿ ✿ ✿

Wann immer möglich besuche ich Gärten im Ausland, sowohl in Europa als auch in Amerika. In den letzten Jahren finden sich in meinen Tagebüchern häufig Aufzeichnungen über Gärten an der Nordwestküste Amerikas, wo vergleichbare klimatische Bedingungen wie bei uns herrschen. Viele Anregungen fand ich auch in Gärten an der Ostküste. Der grasse Klimawechsel zwischen heißen Sommern und eisigen Wintern macht einen streng formalen Entwurf unerläßlich. In den achtziger Jahren luden uns Peggy und David Rockefeller freundlicherweise zu einem Besuch ihres Gartens in Maine ein, den die berühmte amerikanische Gartengestalterin Beatrix Farrand ursprünglich entworfen und mit Sommerblumen bepflanzt hatte. Von Mitte Juli bis September sollten die Rabatten eine großartige Farbenpracht entwickeln. In Erinnerung geblieben ist mir die Trennung zwischen warmen und kalten Farben. Die »kalte« Rabatte mit *Penstemon*, Glockenblumen, Rittersporn, Veilchen und Stiefmütterchen ist nach Osten gerichtet, so daß ihr die Morgensonne mit ihrem vielfältigen Spektrum der Blau-, Grau-, Lila-, Rosa- und Blaßgelbtöne Tiefe und Schönheit verleiht. Die »warme« Rabatte blickt nach Westen und erinnert daran, daß leuchtende Farben am Abend unter dem schräg einfallenden Licht der Sonne am besten zur Geltung kommen.

»Es ist eine Sünde, einfallslos zu sein«, wurde mir vor Jahren gesagt. Seit ich Bob Dash kenne und mich für die Originalität seines Gartens auf Long Island begeistert habe, verstehe ich, was damit gemeint ist. Bob folgt einem ganz klar umrissenen, genial eigenständigen Gartenkonzept. Er ist in erster Linie Künstler, und sein Garten verrät eine Kühnheit, die den meisten von uns fehlt. Er malt mit großzügigen Pinselstrichen, und dennoch zeigt seine Bepflanzung unverkennbar einen Hang zum Detail. Das »Bob Dash«-Beet in meinem Garten ist eine Huldigung an seinen Stil. Seine Tore, Türen und Zäune haben Farben,

die im Garten ungewöhnlich, aber allesamt auf die entsprechende Jahreszeit abgestimmt sind.

Ryan Gaineys Garten in Atlanta (Georgia) hat mir insbesondere für die Bepflanzung Anregungen gegeben. Ryan hat eine ganz eigenwillige Sichtweise und ist wie Bob ein Genie in der Zusammenstellung der Farben. Vom ihm habe ich gelernt, kleine Gruppen mit großzügigen Effekten zu kombinieren. Ich habe Bobs und Ryans Gärten zu jeder Jahreszeit vor Augen, dennoch ist mir jener Vorfrühlingstag in Delaware besonders in Erinnerung geblieben. Obgleich der Garten einige Hektar Land umfaßt, vermittelt Winterthur dennoch dieses Gefühl der Vertrautheit, das in der Gestaltung ganz bewußt angestrebt wurde. Ich verbrachte dort einen Tag mit dem inzwischen verstorbenen Hal Bruce, als *Adonis amurensis* und Schneeglöckchen bereits blühten und die Christrosen sich gerade öffneten. Hal und ich gingen durch den Garten und knieten dann nieder, um in die hängenden Köpfchen der Schneeglöckchen zu blicken. Dabei entdeckten wir eine ganze Schar unterschiedlicher Arten, und es war ein Erlebnis, wie sich unser Auge auf die changierenden grünen Markierungen und Blütenformen einstellte. Ich brach auf im Bewußtsein, daß man Pflanzen ganz genau betrachten muß, um auf Details aufmerksam zu werden.

Im Jahr 1980 besuchten wir Kalifornien. Zu sehen, wie in Filoli die Olivenbäume in Form geschnitten werden, brachte mich auf ganz neue Ideen. Sämtliche inneren Triebe werden zurückgenommen, so daß, gleich einer riesigen Vase, eine Art Rahmen stehenbleibt und das Licht bis ins Zentrum vordringen kann. Und in der Tat sagte Charles Webster, langjähriger Präsident der New York Horticultural Society bei einem Gang durch unseren naturnahen Garten in Barnsley einmal zu mir: »Rosemary, du mußt deine Bäume so schneiden, daß ein Vogel hindurchfliegen kann – dann erst werden Licht und Luft hineinkommen.« An diesen Rat muß ich immer denken, wenn ich im Winter mit Freude und Ausdauer unseren bescheidenen Bestand an Bäumen forme.

Olive und George Waters, Herausgeber des Magazins »Pacific Horticulture«, führten David und mich nach Muir Woods in der Nähe von San Francisco. Staunen erfüllte uns beim Anblick der unglaublich großen und majestätischen Riesensequoien, und ich bin sehr froh, daß wir uns 1966 dazu entschlossen hatten, einen *Sequoiadendron giganteum* in unseren naturnahen Garten zu pflanzen. Niemand sollte davor zurückschrecken, Bäume zu pflanzen, die sich erst in der kommenden Generation voll entfalten.

Einem Besuch der Nordwestküste Amerikas und der Kaskaden-Kette mit Steve Lorton, Herausgeber der Gartenzeitschrift »Sunset

Magazine«, verdanke ich meine immer größer werdende Liebe zu den hohen, immergrünen Douglastannen, während ich beim Anblick der ausgedehnten Bänder wildwachsender *Philadelphus*-Sträucher, die die Flußufer in den Bergen säumen, an Roberto Burle Marx und seinen typischen Pflanzstil in beeindruckend großen Gruppen denke. Die trockenen braunen Hügel des Yakima-Reservats in Oregon erinnerten mich mit ihrer lohfarbenen Tönung an die braunen Triebe und Stämme meiner Bäume und Sträucher im winterlichen Barnsley. Diese Eindrücke waren mir Anregung, über die Weite der Natur nachzudenken, und haben mir bewußt gemacht, daß es in meinem Garten immer auch Stellen geben sollte, wo die Natur weitgehend unbeeinträchtigt zu ihrem Recht kommen darf.

❧ ❧ ❧

Wie erlernen Sie nun die Kunst des Gartengestaltens? Ganz entscheidend ist dabei der persönliche Stil. Eine große Rolle spielt auch, daß man sich Zeit nimmt, Gärten verschiedener Epochen zu besuchen, um einen Blick dafür zu bekommen, wie Beete und Rabatten entstehen und sich im Lauf der Jahre und Jahreszeiten in ihrem Charakter wandeln. Machen Sie sich auf Ihrer Gartentour Notizen, skizzieren Sie, wenn auch nur grob, die Wuchsform von Bäumen und Sträuchern. Versuchen Sie mehr über Pflanzen zu erfahren. Es genügt nicht, sie lediglich zu kennen, man sollte auch wissen, welche Wachstumsbedingungen sie brauchen, wann sie blühen, inwiefern ihr Laub vor und nach der Blüte zur Gesamtwirkung beiträgt und wie sie sich Nachbargewächsen gegenüber verhalten. Voraussetzungen für dieses Grundwissen sind das Vertrautsein mit der Materie, Beobachtung und Erfahrung.

Manchmal stoße ich in meinen Aufzeichnungen auf eine einzelne Pflanze, die mir besonders auffiel, wie etwa *Aesculus parviflora* – ich sah sie erstmals 1962 in Stanton Harcourt in Oxfordshire. In Blüte begegnete ich diesem zur Familie der Roßkastanien gehörenden Strauch erstmals fünf Jahre später – 3,5 m hoch, belaubt bis zur Basis und von aufrechten Trauben weißer Blütenkerzen mit rosa Staubgefäßen und roten Staubbeuteln bedeckt. Es war mir, als ob ich einem alten Freund begegnete. Ich pflanzte diesen Strauch in Barnsley an eine relativ sonnenarme Stelle, wo er nicht gedieh. Inzwischen steht ein zweiter im Blickfeld auf dem Parkplatz, wo er nicht nur genügend Sonne, sondern auch die gebührende Aufmerksamkeit erhält.

Einen Garten schaffen heißt, viele Fäden miteinander zu verbinden. Wenn ich bei der Planung eines Gartens um Rat gefragt werde, gehe ich zunächst einmal in aller Ruhe über das Gelände, um zu erkunden, wo die wärmsten Winkel sind, aus welcher Richtung der Wind kommt, was für eine Aussicht sich bietet, welche Bäume vorhanden sind, wie der Boden beschaffen ist und ob irgendwelche Besonderheiten ins Auge fallen – kurzum, ich versuche, ein Gefühl für den Ort zu entwickeln. Danach nehme ich mir das Haus vor und schaue aus allen Fenstern – vor allem aus den Schlafzimmern. So entsteht in meinem Kopf eine Vorstellung von den Vorlieben der Besitzer. Wir unterhalten uns über ihre Lieblingsfarben und Blumen, erörtern, ob sie Wasser im Garten vorgesehen haben oder einen Platz, wo sie die Sommerabende verbringen wollen, ob sie Kinder in der Familie haben und oft Feste feiern. Wer wird die Gartenarbeit übernehmen, und wie läßt sich die Instandhaltung mit ihrem Budget vereinbaren? Manchmal stelle ich mir auch vor, ich würde selbst hier leben und mich wohl fühlen wollen, verliere aber dabei nie aus dem Auge, daß es der Garten meiner Auftraggeber ist, der auf sie persönlich zugeschnitten und entsprechend ihrer Wünsche und Lebensgewohnheiten gestaltet werden muß.

Ich mache immer eine Reihe von Fotos, nicht nur als Gedächtnisstütze, sondern auch als Hilfe beim Erproben von Ideen – ähnlich wie Humphry Repton es mit seinen »Davor- und Danach-Skizzen« vor zwei Jahrhunderten tat. Ein maßstabgerecht gezeichneter Lageplan mit Höhenangaben ist Voraussetzung. Wenn ich nach Hause komme, lege ich als erstes einen Bogen Pauspapier darüber und skizziere grob, wo die Wege und Rabatten sein werden. Die Auffahrt ist einzubeziehen und eine durchdacht strukturierte Bepflanzung im Eingangsbereich. Hier käme eine Rabatte, die insbesondere im Winter Aufmerksamkeit erregt, gut zur Geltung, denn während der langen, kalten Monate freut sich jeder, ob er nur zu Besuch kommt oder hier wohnt, über die bunten Triebe des Hartriegels und der Weiden, über duftende Sträucher wie die Zaubernuß, Winterjasmin und den Duftschneeball sowie eine Gruppe Christrosen und Schneeglöckchen.

An diesem Punkt angelangt, muß ich mich zügeln und daran denken, daß der erste Schritt der Gesamtplan ist, bevor die detaillierte Bepflanzung folgt. Ich muß mir also zunächst Gedanken machen über grundsätzliche Dinge wie Mauern oder Hecken, Wege, Rabatten und andere Faktoren, die die Grundstruktur bilden. Sobald dieses Skelett einmal steht, werden die Blickachsen sichtbar. Die Wege gleichen einem Netz von Adern, auf dem wir uns im Garten bewegen und ihn mit Leben füllen. Bereits vorhandene Bäume sind im Plan verzeichnet, denn ein neu angelegter Garten benötigt sämtliche vorhandene Höhe und die Ausstrahlung von Reife. Da der Garten das ganze Jahr über reizvoll wirken sollte, sind immergrüne Gehölze wichtig.

Ich habe eine Vorliebe für die schlichte Vielfalt der immergrünen Pflanzen, die Gartenräumen und Blickachsen Gestalt verleihen und die Gesamtgliederung unterstreichen. Formschnittbäume können einen Weg säumen, da und dort Aufmerksamkeit erregen oder das Bild eines Eingangsbereichs oder Tors prägen. Sie stellen Brennpunkte dar, sind lebende Statuen, bilden Brücken zwischen einzelnen Bereichen oder kündigen einen Wandel in der Stimmung an. Man sollte sich allerdings gut überlegen, wo man sie einsetzt, und nichts übertreiben.

Die besten Ideen kommen oft, wenn man von einer Reise zurückkehrt und den Garten mit neuen Augen betrachtet. Was man tagtäglich sieht, wird leicht selbstverständlich, während eine neue Betrachtungsweise dazu anregen kann, einen Busch zu verschönern, indem man die unteren Zweige abnimmt oder den oberen Bereich zu einer Kugel formiert. Obgleich man beim Thema Formschnitt meist an Eiben und Buchs denkt, sind starkwüchsigere Sträucher wie geschaffen, um rasche Effekte zu erzielen. Der Goldliguster, *Ligustrum ovalifolium* ›Aureum‹, und das goldlaubige Geißblatt *Lonicera nitida* sind dafür ideal. Gärtnereien bieten oft Hochstämmchen zum Verkauf an: Rosen, kleinblättrigen Flieder und verschiedene Stechpalmensorten sowie *Euonymus fortunei* var. *radicans*.

Mit einer neuen Ziegelstein- oder Natursteinmauer leistet man sich zweifellos einen besonderen Luxus, was sich aber im Lauf der Jahre auszahlt, denn im Gegensatz zu Hecken erfordert sie kaum Pflege. Mauern dienen nicht nur als Abgrenzung, sondern auch als Schutz vor neugierigen Blicken und den vorherrschenden Winden, ganz abgesehen davon, daß sie eine herrliche Kulisse für Kletterpflanzen bieten. Falls die finanziellen Mittel für eine Mauer nicht reichen, muß man sich gut überlegen, wo Hecken als Windschutz benötigt werden und dann unverzüglich mit der Pflanzung beginnen. Vergewissern Sie sich, daß Sie ausschließlich hochwertiges Material besorgen – kleinere Pflanzen wachsen oft besser und schneller an als größere, die sich häufig jahrelang nicht regen, bevor sie neu austreiben.

Obgleich die Eibe im Ruf steht, nur langsam zu wachsen, teile ich diese Ansicht nicht – Zeit und Geduld sind relativ. Falls Sie sich aber für eine bereits ausgewachsene Eibenhecke entschließen sollten, rate ich Ihnen, die Pflanzen selbst auszugraben. Es gibt zwei goldene Regeln für das Umsetzen bereits eingewachsener Pflanzen: Setzen Sie sie so schnell wie möglich wieder in die Erde, und belasten Sie das Wurzelsystem nicht mit übermäßig viel Blattmasse. Die Eibe läßt sich kräftig zurückschneiden, und eine niedrigere, aber vollere Hecke, die weiterhin stark wächst, ist einer höheren, aber dünnen vorzuziehen.

Der Graben für eine neue Heckenpflanzung muß ganz gründlich vorbereitet werden. Da die Hecke eine dauerhafte Struktur bildet, zahlt es sich aus, sich Zeit für die Anreicherung des Bodens zu nehmen. Zur Auswahl für eine klassische Hecke stehen: Eibe, Buche, Hainbuche, Buchs oder eine Gemischte Hecke aus den hier aufgeführten Pflanzen. Eine Alternative wäre die »Angelsächsische Hecke«, die aus Liguster, Buchs, Stechpalme, Schneeball, Rosen und Weißdorn besteht, Gewächsen, wie sie seit tausend Jahren in England heimisch sind.

❧ ❧ ❧

Die buntlaubige Stechpalme, die in Lagen geschnitten und von einer Kugel gekrönt den Abschluß unserer Buchenhecke bildet, ist inzwischen zu einem prägenden Gestaltungsmerkmal geworden. Der Formschnitt war ursprünglich das Werk Roy Strongs, der mit Hecken und immergrünen Gehölzen eine geschickte Hand hat. Hecken dienen aber nicht nur als Unterteilungen, sie können auch als eigenständige Elemente Aufmerksamkeit erregen. In Barnsley kümmerte sich David um die Eibenhecke, die den Rasen von der langen Rabatte trennt, indem er die Kontur der Zinnen über dem um 1830 erbauten Bogenfenster und der Veranda aufgriff und auf die Pflanzen übertrug. Das verleiht der Hecke diesen individuellen Charakter und schafft zugleich eine Verbindung zum gotischen Sommerhaus. David hat auch die beiden Kegel erstmals in Form geschnitten und die Eibenhecke, die das Schwimmbecken umgibt, mit einer abstrakt gestalteten Kontur gekrönt. Dank Roy ist mir bewußt geworden, daß eine bereits vorhandene Hecke durch einen in Form geschnittenen Abschluß einen Rhythmus erhält, durch den sich die allzu dominante horizontale Linie brechen läßt. In eine Hecke geschnittene »Fenster« eröffnen eine weitere Dimension und vermögen ausschnittartig einen Blickfang in der Ferne zu umrahmen.

Mit Buchs lassen sich Rabatten einfassen, während Säulenwacholder und Zypressen für Höhe und Raumwirkung sorgen. In Barnsley schneiden wir die alten Buchsbüsche, die meines Wissens um 1840 gepflanzt wurden, wellenartig in Form, weil diese Konturen gut zu der strengen Architektur des Hauses passen. Fast überall in unserem Garten stößt man auf sorgfältig gestutzte Buchskugeln und Pyramiden, die in der Regel Anfang oder Ende einer Rabatte markieren; aber auch Hochstämmchen des Goldligusters und *Euonymus alatus* dienen als Einfassung eines Steinwegs, der ansonsten eher langweilig wirken würde. Die Buchseinfassung im Potager bildet ein wesentliches Strukturelement, und da wir ständig Stecklinge schneiden, verfügen wir über einen festen Bestand an Jungpflanzen für den Verkauf. Unsere ursprüngliche Hecke aus *Buxus sempervirens* ›Suffruticosa‹, die um die hundert Jahre alt sein dürfte und nun unter den Spalieräpfeln wächst, stammt aus einem Garten in den Cotswolds; mit rund 60 cm Höhe war sie hochbeinig aufgeschossen und an der Basis verkahlt. Wir erwarben sie für Barnsley und pflanzten sie so tief wie möglich in versetzter Anordnung ein; auf diese Weise ließen sich die kahlen Stämme kaschieren. Die heute etwa 30 cm hohe Einfassung wächst sehr langsam, wirkt aber durchaus ansprechend.

Schön gewachsene laubabwerfende Bäume zeigen im Winter ein beeindruckendes Astmuster und prägen außerdem das Bild im Sommer. Ein ganz wesentlicher Faktor bei der Planung, wo Bäume gepflanzt oder der vorhandene Bestand ergänzt werden soll, ist die Erwägung der Raumfrage. Bäume, die durch ihre ausgewogene Form auffallen, erregen zu Recht Bewunderung – ich denke an die Trauerform der Zierkirsche *Prunus × yedoensis* ›Perpendens‹ (heute *P. × y.* ›Shidare-yoshino‹) und *Ulmus glabra* ›Camperdownii‹ – oder bieten in einer bestimmten Jahreszeit einen besonderen Blickfang. Ein Strauch wie die Buschkastanie kommt mit seiner herrlichen Form und den beeindruckend aufrechten Kerzen im Sommer nur als Einzelstück richtig zur Geltung, denn er benötigt Raum, um von allen Seiten betrachtet und bewundert zu werden.

❧ ❧ ❧

Ebenso wie jeder Gartengestalter eine Vorliebe für bestimmte Pflanzen hat, verfügt jeder auch über individuelle Fähigkeiten und Interessen. Manche vermögen herrliche Teiche zu schaffen, andere Gemischte Rabatten mit bezaubernden Pflanzenkombinationen anzulegen, wieder andere verstehen sich auf außergewöhnliche Gestaltungsmuster oder einen kraftvoll strukturbildenden Rahmen und einen Gesamtplan, der Blickachsen, Brennpunkte, Spaliere und Bäume einbezieht. Ich für meinen Teil lege besonderen Wert auf wohlgeplante Wege; dabei spielt es keine Rolle, ob sie ganz prosaisch zum Gewächshaus oder Komposthaufen führen oder dazu einladen, durch den Garten zu streifen. Gewundene, schmale Wege verleiten uns, langsamer zu gehen und zu schauen. Gerade, breite Wege, auf denen man zu zweit nebeneinander gehen kann, führen ungleich zwingender auf einen Blickpunkt hin.

Wenn ich ein von Natur aus ebenes Gelände zu gestalten habe, überlege ich mir als erstes, wo sich ein Höhenunterschied schaffen ließe. Ein Senkgarten, in dem für Mauerwerk und Stufen solider Ziegel- oder Naturstein verwendet wird, ist meist symmetrisch und formal angelegt. Ich habe den Rosengarten von Folly Farm in Berkshire vor Augen, den

Sir Edwin Lutyens entworfen und Gertrude Jekyll bepflanzt hat. Welch hübsche Überraschung bietet sich uns, wenn wir zwischen den Eibenhecken über die schönen, flachen Stufen hinunterschreiten! Bei einer kleinen Verschnaufpause auf dem oberen Absatz können wir das Muster der Beete klarer erkennen, und im Sommer empfängt uns der unter uns liegende Rosen- und Lavendelteppich mit seinen Duftwolken.

Sollte ein Senkgarten nicht in Frage kommen, empfiehlt es sich, über ein Hochbeet nachzudenken – eine Möglichkeit, die Pflanzen aus einem ganz anderen Blickwinkel zu sehen. Die zugehörige Stützmauer läßt sich nicht nur als bequemer Sitzplatz nutzen, sondern auch mit Gewächsen wie Blaukissen, Schnee-auf-dem-Berge, *Parahebe perfoliata* und der Glockenblume *Campanula portenschlagiana* bepflanzen, die sich zwischen den Ziegel- oder Natursteinen ansiedeln und in üppigen Kaskaden herabfallen. Ein erhöhtes Wasserbecken wie in Hidcote in Gloucestershire bringt die Spiegelung des Wassers näher und bietet dem Betrachter auf dieser erhöhten Ebene ein intensiveres Gefühl für das Wasser wie auch einen besseren Blick auf die Schwimmpflanzen. Auf einem hügeligen Gelände bilden schön gestaltete Stufen an sich schon einen Blickfang; ein Handlauf, eine Balustrade oder eine Mauer auf beiden Seiten unterstreichen auch optisch den Eindruck großzügiger Gestaltung. Die Böschungen zwischen den einzelnen Ebenen lassen sich terrassieren und ermöglichen eine vielfältige Bepflanzung im Bereich der Stützmauern.

Gertrude Jekyll schrieb, ein Garten solle sich vor dem Haus verneigen. Eine herrschaftliche Villa verlangt nach einem Park, der ihrer Größe und Ausstrahlung entspricht. Häuser im elisabethanischen Baustil werden wirkungsvoll ergänzt durch komplexe Gartenanlagen, in deren Beetformen sich oft die Ornamentik von Decken, Täfelung und Mauerwerk oder die Kontur der Giebel widerspiegeln. Vor drei oder vier Jahrhunderten stand noch nicht diese Auswahl verschiedener Pflanzen wie heute zur Verfügung, und so waren die vielfältigen Muster der Knotengärten und Formschnittbäume, die Wasserfontänen und erhöhten Wege, die ausschließlich dazu dienten, einen Blick auf den Garten darunter zu gewähren, unentbehrliche Gestaltungselemente. Der georgianische Baustil verlangt hingegen nach einem Landschaftsgarten mit großzügigen Ausblicken und Parkbäumen; dabei kann der Garten nahtlos über eine versenkte Stützmauer (einen sogenannten Ha-Ha) mit dem angrenzenden Weideland verschmelzen, also »über den Zaun springen«, wie es Horace Walpole in Zusammenhang mit den Entwürfen William Kents im 18. Jahrhundert ausdrückte. Zu viktorianischen Bauten paßt eine detaillierte Bepflanzung aus farbenprächtigen exotischen Gewächsen, während moderne Architektur am besten von Bäumen, einem Rasen und Gemischten Rabatten umgeben wirkt.

Für Barnsley House im hübschen Stil des ausgehenden 17. Jahrhunderts habe ich versucht, den Stil dieser Epoche aufzugreifen und durch einen Garten mit einem starken Gerüst, Blickachsen, baulichen Elementen, formierten Laubengängen, einem naturnahen Garten und einem Potager widerzuspiegeln. Das Glück war mir gewogen, und so gelang es mir, ganz unterschiedliche Stimmungen zu erzeugen, ohne die Gartenräume abzugrenzen, und in diesem Konzept drückt sich meine gesamte Philosophie aus. Im Winter, wenn die krautigen Pflanzen eingezogen haben, freue ich mich an dem weiten, uneingeschränkten Blick über den Garten, einem Blick, der im Sommer ein ganz anderer ist, wenn die Sträucher belaubt sind und die Stauden hoch aufragen.

⚜ ⚜ ⚜

Ebenso bedeutend wie der Blick aus den Fenstern des Hauses – sei es nun aus meinem eigenen oder einem fremden Haus, dessen Garten ich entwerfe – erschien mir stets der Blick, der sich von den verschiedenen Sitzplätzen aus bietet. Hier hat man Zeit, innezuhalten und die vielfältigen Einflüsse der näheren Umgebung in sich aufzunehmen. Die niedrigere Augenhöhe im Sitzen sollte bei der Zusammenstellung der Pflanzen stets berücksichtigt werden.

In den fünfziger Jahren war mein wichtigster Aussichtspunkt unser Schlafzimmerfenster, genauer, das Fenster über dem Salon. Von da aus konnte ich den Garten betrachten und planen. Der unregelmäßig gepflasterte Weg meiner Schwiegereltern führt noch immer von hier durch den Garten zu dem neuen, eisernen Tor in der alten Mauer. Auf beiden Seiten des Wegs stehen wie Wachposten in Reih und Glied acht Irische Säuleneiben, die im Jahr 1946 gepflanzt wurden. Sie lenken das Auge in Richtung Tor und weiter zu dem Blickfang einer ausgewachsenen Sandbirke auf der anderen Seite der Mauer und des Viehwegs. Ich liebe diesen Baum, den ich damals in unserer hiesigen Gärtnerei bei John Jefferies von Cirencester und Somerford Keynes ausgesucht habe. Der junge Baum wurde ohne Wurzelballen geliefert, und ich erinnere mich, daß es seine vielversprechende weiße Rinde war, die mich zur Wahl bewogen hatte. Im Lauf des Jahres vermittelt er ganz unterschiedliche Stimmungen. Unbelaubt steht im Winter sein Astgerüst gleich einer Silhouette vor dem blauen Himmel oder einem Hintergrund dunkler Sturmwolken; dann bricht auf einmal die Sonne durch und taucht den silbernen Birkenstamm in dramatisches Licht. Alljährlich im Frühling erscheinen unzählige Kätzchen, und im Herbst nehmen die Blätter vorübergehend eine pergamentartige Färbung an. Er muß zurückgeschnitten und in Form gehalten werden, damit sein Schatten nicht zu weit in den Potager hineinragt.

Die Zeit vergeht, und dieser gleiche Blick mit dem von Sonnenröschen gesäumten Weg zwischen den Eiben, den die meisten Besucher heute einschlagen, bietet im Mai und Juni nun nicht mehr das Bild eines durchgängigen farbigen Streifens; er wurde von uns ganz neu gestaltet. Als ich kürzlich in meinen Tagebüchern aus den achtziger Jahren blätterte, stieß ich auf Russell Pages Lösung. Er hatte in einer groben Skizze schmale, rechteckige Beete in den Rasen zwischen den Eiben gelegt, und so machten wir uns Jahre später in den ersten Frühlingstagen 1994 daran, diese Felder abzustecken und mit großen Gruppen von Sonnenröschen und Reiherschnabel zu bepflanzen. Es war erstaunlich, wie sich bereits im Mai desselben Jahres ein farbiger Teppich ausbreitete, der mit seinen Rosa-, Karmesin- und Hochrottönen, dem Orange und Gelb – einer typischen Christopher-Lloyd-Palette – ebenso überraschend wie bezaubernd wirkte. Heute blickt man vom Hauptflügel des Hauses aus nicht mehr auf den schmalen Pfad, sondern auf dieses ungleich breitere Farbband.

Obgleich der Weg zwischen den Eiben für die Familie die wichtigste Verbindung zwischen Haus und Garten darstellt, betrachte ich ihn nicht als Hauptblickachse, denn jene führt vom Tempel und Wassergarten zum Brunnen. Die Vollendung dieses Weges bereitete uns Kopfzerbrechen. Oft sind es nämlich die zunächst völlig problemlos erscheinenden Projekte, die bei der Durchführung Schwierigkeiten aufwerfen. Als wir den beinahe hundert Meter langen Weg aufbrachen, dämmerte uns, daß er, rechtwinklig zum Tempel verlaufend, nicht mit der alten Mauer parallel sein würde, da diese einen 20-Grad-Knick macht. Bis man zu messen anfängt, lassen sich solche Abweichungen leicht ignorieren. Vom Tempel aus betrachtet, schien der parallel zur Mauer gepflanzte Lindenweg jedoch nach links abzurutschen. Ausgleichen, dachte ich und verbreiterte den Weg in Richtung Tempel auf beiden Seiten. Das half zwar, war aber nicht die Lösung, denn nach wie vor schien der Lindenweg nach links zu gleiten. Als eines Tages der inzwischen verstorbene Nicholas Ridley, der Schwiegersohn von Sir Edwin Lutyens und über viele Jahre Parlamentsabgeordneter von Tewkesbury und Gloucester, in unseren Garten kam, löste er das Problem blitzartig. Mit der ihm eigenen architektonischen Begabung riet er uns, eine weitere Reihe Linden zu pflanzen. Das wirkte Wunder, und um das Bild vollkommen zu machen, schufen wir eine weitere Rabatte, unser sogenanntes »Bob Dash«-Beet neben dem Goldregen.

Nun galt es nur noch, die Ränder der Beete auf der anderen Seite anzugleichen.

Der Sonnenröschenweg und der Weg zum Tempel sind das ganze Jahr über die wichtigsten Blickachsen, obgleich auch andere zeitweise an Bedeutung gewinnen oder eher zurückhaltende Aufmerksamkeit erregen. Am eindrucksvollsten ist der Lindenweg, der zum Goldregenlaubengang führt. Parallel dazu und zur Mauer verläuft der Winterweg, wo man über ein unebenes Ziegelsteinpflaster zum Walnußbaum gelangt. Beim Hinübergehen können Sie auf den Gartenstühlen meines Sohnes Charles ein Weilchen verschnaufen. Auf der einen Seite wird der Blick zwischen den Gemischten Rabatten auf eine graublaue Atlaszeder, *Cedrus libani* ssp. *atlantica* Glauca-Gruppe, gelenkt, die im Winter 1939 gepflanzt wurde. Ein eher flüchtiger Blick fällt durch die Eibenhecke auf die Jägerin, die Simon Verity für uns aus Stein gehauen hat. Eigene kleinere Blickachsen bietet auch der Potager, doch die entdecken Sie selbst, sobald Sie zwischen dem Gemüse hindurchgehen.

Wenn ich im Auftrag einen Garten entwerfe, denke ich über die Blickachsen in meinem eigenen Garten nach. In einem langen, schmalen Garten wirkt ein gerader Weg in der Mitte zu auffällig. Die Länge läßt sich optisch jedoch durch Hecken oder Spaliere brechen, zwischen die Blickfelder eingebaut werden. Diesem Gestaltungsprinzip folgend, lassen sich verschiedene Bereiche mit jeweils eigenem Charakter abgrenzen, indem die Bepflanzung auf eine bestimmte Farbpalette und Atmosphäre abgestimmt wird. Ein Teil ist für die Kinder reserviert, ein anderer für einen Teich mit duftenden Pflanzen, und ganz wichtig ist schließlich auch ein Ruheplatz.

In größeren quadratischen oder rechteckigen Gärten wird man eine Hauptblickachse schaffen, vielleicht aber auch eine Allee, und wie in Barnsley könnten sich untergeordnete, weniger dominante Seitenwege aus dem Plan ergeben. In einem bereits angelegten Garten lassen sich oft nur schwer gerade Linien einfügen, und womöglich muß die Form der Beete verändert werden. Ich habe eine Vorliebe für Symmetrie, würde sie aber nicht um jeden Preis verwirklichen. Eine goldene Regel von Beatrix Farrand lautet: Nie das Gelände dem Plan anpassen – der Plan muß stets auf das Gelände zugeschnitten werden.

Einer meiner Lieblingsgärten war der des verstorbenen Lord Buchan in Bourton-on-the-Water, der mir eine Reihe von Anregungen gegeben hat. Als Lord Buchan eines Tages durch meinen Garten ging, sagte er: »Ich mag die Art, wie Sie Spannung in Ihren Rabatten erzeugen.« Es dauerte ein Weilchen, bis mir klar wurde, daß er damit die höherwachsenden Pflanzen meinte, die wir oft in den Vordergrund setzen und durch die man die niedrigeren im Hintergrund entdecken kann. Immer wieder habe ich dieses Prinzip in meinen Rabatten zu verwirklichen versucht und ebenso in den Gärten meiner Kunden.

Andererseits sollte ein vorhandener Blickpunkt nicht verwischt werden, und er duldet auch keine Ablenkung durch eine allzu ausgeklügelte Bepflanzung. Ein schöner Blick kann durch eine einfühlsame Bepflanzung oder einen entsprechenden Rahmen unterstrichen werden. Als beispielhaft dafür kommt mir der Garten der verstorbenen Mrs. Lockwood de Forest in Santa Barbara in den Sinn. Sie hatte als Windschutz einen Gürtel von Bäumen gepflanzt, dazwischen aber eine Lücke ausgespart, so daß am Abend, wenn sie sich auf dem Rasen niederließ, der höchste Berg in der Ferne und die untergehende Sonne von Bäumen eingerahmt erschienen.

❧ ❧ ❧

Mit dekorativen Elementen wie Statuen, Töpfen und Kübeln läßt sich im Garten so große Wirkung erzielen, daß es sich lohnt, eingehend darüber nachzudenken. Statuen erfordern einen festen Standort und einen entsprechenden Pflanzenrahmen. Steht eine Statue am Ende eines Blickfelds, muß sie über eine gewisse Größe verfügen. Das Erfreuliche an Töpfen und Kübeln ist, daß sie beweglich sind. Und sie können der Jahreszeit entsprechend bepflanzt werden, im Sommer also ein anderes Bild bieten als im Winter oder dauerhafte immergrüne Gewächse enthalten. Noch ein praktischer Tip: Am besten plazieren Sie die Kübel in die Nähe einer Wasserstelle.

Nicht genügend nachgedacht wird, glaube ich, über Tore und Gartenmöbel. Dabei können Tore so originell und reizvoll sein; entwerfen Sie selbst eines, und lassen Sie es von einem Fachmann ausführen. Eine große Rolle spielt die Farbe, auch bei Gartenmöbeln. Oft wirkt naturbelassenes Holz am schönsten, wer aber Farbe vorzieht, sollte seiner Phantasie freien Lauf lassen. Verwenden Sie dunkles Blau oder Grün oder eine blasse Farbe, die sich dem Umfeld anpaßt; Weiß wirkt in der Regel zu aufdringlich. Falls Sie auf der Farbkarte nicht genau den Ton finden, den Sie sich vorstellen, mischen Sie sich die Farbe doch selbst. Achten Sie auf handwerklich solides Gartenmobiliar – es sieht besser aus und ist haltbarer als das Plastikzeug, das man schnell mal so mitnimmt.

Dank der zahlreichen Besuche großer wie kleiner hübscher Gärten in Europa und Amerika haben sich meine Vorstellungen und Eindrücke fortwährend weiterentwickelt. Gewisse Tage und Aufenthalte in amerikanischen Gärten haben mich nachhaltig beeinflußt, denn sie haben mich darin bestärkt, mehr zu wagen. Im Gedächtnis geblieben ist mir, wie Bill Frederick in Anlehnung an das Werk von Roberto Burle Marx die Hügel im Umkreis seines Hauses an der Ostküste in Delaware in großzügigen Bögen bepflanzt hat. Bob Dashs Garten auf Long Island hat mich gelehrt, meine Vorbehalte gegen farbige Tore und Zäune aufzugeben; so habe ich vor kurzem eine solide Holztür in einer Steinmauer kardinalrot gestrichen. Charlie und Chuck Gale aus Pennsylvania haben mich inspiriert, an besonderen Stellen ausgewachsene Pflanzen zu verwenden. Von Ryan Gainey bekam ich die Anregung, nie eintönig zu planen und alle Jahreszeiten in die Bepflanzung einzubeziehen, damit das Interesse auch beim Wechsel der Jahreszeiten nicht erlischt.

Drei besondere Freunde, die Gartengestalter Tim Rees, John Hill und Rupert Golby haben mit ihren Ideen die meinen geprägt. Gemeinsam haben wir in regem Gedankenaustausch an verschiedenen Gärten gearbeitet. Es ist so wichtig, offen zu sein für Anregungen, ob künstlerischer oder praktischer Natur, und wo immer möglich auf Gärtner mit langjähriger Erfahrung zu hören.

❧ ❧ ❧

Ohne mir selbst dessen immer bewußt zu sein, haben all diese Impulse den Stil meiner Gestaltung beeinflußt. Ich bemühe mich stets daran zu denken, daß Pflanzen es lieben, wenn man sich ihrer annimmt und ihnen entsprechende Standortbedingungen bietet. Ich pflanze gern in Lagen mit Tulpen und Narzissen, die zwischen den frühen Zwiebelblumen hervorkommen, und verdecke mit den Blättern von Stauden wie Funkien, Farnen oder Rittersporn das unordentliche Laub der Zwiebelgewächse.

Ganz wichtig ist, daß wir unsere Umgebung genau betrachten und aus den vorhandenen natürlichen Elementen Anregung gewinnen. Nur so werden wir ihren Reiz unterstreichen, anstatt ihn zuzuschütten. Ich hoffe immer, daß meine Auftraggeber mit jedem Jahr mehr Erfahrung in ihrem Garten sammeln und vertrauter damit werden. Dann nämlich schätzen sie auch irgendwann, was ich in der Anfangsphase für sie getan habe, und nur so wird es wirklich einmal ihr eigener Garten sein. Ich hoffe, daß ich ein zweites Mal eingeladen werde, damit ich dann sehen kann, was sie aus meinem ursprünglichen Plänen gemacht haben. Aber auch bezüglich der Anerkennung unterscheiden sich meine Kunden, und so empfinde ich es als Kompliment, wenn sie mich anrufen und sagen: »Kommen Sie doch einmal und sehen Sie sich Ihren Garten an.« Dann komme ich.

Rundgang durch den Garten

Anmerkung: Die Pflanzpläne für jeden Bereich entsprechen dem Stand von 1994.

N

5 m   5 m

Immergrüne Gehölze

Immergrüne Bäume und Sträucher prägen das ganze Jahr über die Struktur des Gartens, im Winter aber, wenn die Laubbäume kahl und die Stiele der Stauden zurückgeschnitten sind, übernehmen sie die Hauptrolle. Ein Formschnitt bietet grenzenlose Gestaltungsmöglichkeiten (**links**). Ein perfektes Bühnenbild bietet hier das Kräuterbeet: Die Rautenformen des Buchses zeichnen sich deutlich ab, wenn die Kräuter niedrig sind und der Rauhreif ihre Oberfläche silbrig färbt. Einen vertikalen Kontrast bilden die 1 m hohen Buchskuppeln, die die vier Ecken des Beets markieren. Von großer Bedeutung sind die etwas entfernt stehenden hohen Säulen des Irischen Wacholders, ein unübersehbarer senkrechter Akzent.

Folgt man mit den Augen dem Weg, so umrahmen die immergrüne Steineiche, *Quercus ilex*, zusammen mit Buchen- und Eibenhecken das gotische Sommerhaus (**rechts**). Die Rugosa-Rosenhecke treibt bereits aus, bevor die Buchen ihr altes Laub abgeworfen haben; darunter blühen cremeweiße Narzissen. Den markanten Abschluß der Hecke bildet eine panaschierte Stechpalme, die, in Lagenform geschnitten, mit halb verborgenen Primeln unterpflanzt ist. Ich liebe den Anblick und das Rascheln brauner Buchenblätter im Winter, aber es erscheint fast unnatürlich, daß sie sich halten, bis sich das junge grüne Laub anderer Sträucher entfaltet. Ist die Buche abgestorben, fragt man sich? Zwischen den Steinstufen zum Sommerhaus haben sich *Euphorbia characias*, Goldkamille und Farne angesiedelt.

Horizontale und Vertikale

Dieses Bild zeigt eine stark horizontale Linienführung (rechts): die Rugosa-Rosenhecke, die Buchenhecke, die mit ihrem jungen Laub wieder zum Leben erwacht ist, und die Baumkronen der Linden. Auch drei rundliche Formen sind wichtig: *Berberis × ottawensis*, die Trauerform einer Berberitze, *Prunus* ›Red Sentinel‹ und die Kuppel der buntlaubigen Stechpalme. Lilienblütige ›Mariette‹-Tulpen leuchten in den mit Buchs eingefaßten quadratischen Feldern unter der Berberitze, dem verzweigten Ahorn und dem kahlen Maulbeerbaum, der nur darauf wartet, auszutreiben, sobald kein Frost mehr droht.

Im Sommer heben sich die dunklen Säulen des Wacholders, die mit ihrer hoch aufragenden Gestalt noch immer dominant sind, wirkungsvoll von den Baumlupinen und ihren gelben Blüten ab (links). Der Rittersporn links wird voll entfaltet noch höher. Im Vordergrund stehen die rosavioletten Blüten von *Lamium maculatum* in beißendem Kontrast zu dem Orangerot von *Euphorbia griffithii* ›Fireglow‹. Diese Euphorbie breitet sich ebenso stark aus wie *Phlomis russeliana*, eine Pflanze, deren Samenstände im Winter wirkungsvolle Silhouetten bilden. Rechts bringen die neuen Triebe von *Juniperus × media* ›Pfitzeriana‹ ebenfalls einen leuchtenden Gelbton ein, und unter den ausgebreiteten Zweigen bietet sich Platz für schattenliebende Pflanzen.

Der Eibenweg und der Blick über den Knotengarten

Ende Mai und Anfang Juni schweift der Blick über den farbenprächtigen Sonnenröschenweg – auf beiden Seiten von den aufragenden Eiben, *Taxus baccata* ›Fastigiata‹, **(links)** eingerahmt – durch das blaue Eisentor und hinaus zum weißen Stamm der Sandbirke beim Potager, die durch die kahlen Äste nur im Winter sichtbar ist **(rechts)**.

Die Regenbogenfarben der Sonnenröschen prägen das Bild dieses Wegs seit fünfundzwanzig Jahren. Ursprünglich wuchsen sie aus Samen, die wir in die immer größer werdenden Fugen des Pflasters streuten; inzwischen aber ersetzen wir die zufällig aufgegangenen und verholzten Pflanzen zugunsten eines fortlaufend leuchtenden Bands **(unten)**.

Im Vordergrund hat sich magentaroter, winterharter Storchschnabel aus Beet 1 selbständig ausgesät. Gefülltblühender orangeroter Scheinmohn schmiegt sich an eine der Eiben.

Hier nun der Blick über den Knotengarten hinweg im Winter und im Sommer (**folgende Doppelseite**). Die Morgensonne verleiht dem verschneiten Bild Spannung, indem sie jedes Detail hervorhebt (**S. 30**). Blickt man von den wogenden Bändern des Knotens über den Hauptrasen zum gotischen Sommerhaus, trägt jeder Baum und Strauch sein eigenes verschneites Kleid: die dicken Stechpalmen, die Rugosa-Rosenhecke, die alte Steineiche und die Buche mit ihren unter dem Gewicht des Schnees herabhängenden Zweigen. Links davon, hinter der Eibenhecke, leuchtet der Kastanienbaum.

Blick von einer Ecke des Beets 2 über den Knotengarten, die Sonnenuhr und den Hauptrasen auf die sonnenbeschienene Jägerin, die von alten Buchsbäumen und dem wintergrünen *Viburnum rhytidophyllum* umrahmt wird (**S. 31**). Goldlaubiger Hopfen, *Humulus lupulus* ›Aureus‹, verwebt sich im Sommer über dem Buchs. Die Rabatte im Vordergrund ist mit Schmuckkörbchen *Cosmos* ›Sensation‹, Geißbart, dem Salbei *Salvia nemorosa* ›Ostfriesland‹, *Aster × frikartii* und rosa *Penstemon* bepflanzt.

Blick in das Herz des Gartens

Der toskanische Tempel am Ende von Beet 4 (**links oben**). Im Vordergrund bildet der leuchtende Storchschnabel, *Geranium psilostemon*, einen schönen farblichen Kontrast zum violettblauen Rittersporn. Dahinter erhebt sich *Rhamnus alaternus* ›Argenteovariegatus‹. Durch seine Zweige rankt eine blühende *Rosa* ›Penelope‹. Farbig gestrichene Eisengitter und *Clematis × durandii* erweitern das Spektrum der Blautöne in dieser bunten Rabatte. Die jungen, ausladenden Triebe von *Juniperus × media* ›Pfitzeriana‹ steuern einen Hauch Gold bei.

Simon Veritys Skulptur meiner Gärtnerin (**links unten**) lenkt das Auge auf die Mauer, das blaue Tor und den Efeu, so daß hier (Beet 4) aus den Vertikalen des blauen Rittersporns, den Tupfen von magentarotem Storchschnabel, orangeroten Inkalilien, den Büscheln von Glockenblumen und den kräftigen Pinselstrichen des Wacholders ein lebendiges impressionistisches Gemälde entsteht.

Ende Mai verweben sich in Beet 2 die Akeleien mit ihren fein abgestuften Blütenfarben, die von dunkelstem Purpurviolett bis zu zartem Rosa reichen, zwischen Wolfsmilch, orangefarbenem Scheinmohn und *Penstemon* (**rechts**). Der Falsche Jasmin dient zugleich als Hintergrund und Windschutz; dahinter bilden die verwitterten Säulen der Veranda und die in Form geschnittene Stechpalme ein weiteres Strukturelement.

Silhouetten als Blickfang im Winter

Ein Paar trauerwüchsiger Zierkirschen, *Prunus × yedoensis* ›Shidare-yoshino‹, flankiert mit herabhängenden Zweigen den Sonnenröschenweg. Sie bilden den Auftakt des Lindenwegs und den Abschluß des Eibenwegs. Ihre beeindruckende symmetrische Trauerform wirkt mit den bis auf den Boden reichenden Zweigen im Winter wie ein transparenter Vorhang. Die zu kräftigen Zweige schneiden wir aus, damit sie sich nicht ausbreiten und über die Wege hängen. Im Hintergrund **(links)** erheben sich die aufrechten roten Wintertriebe der *Tilia platyphyllos* ›Rubra‹, die in Farbe und Gestalt einen starken Kontrast bilden.

Ein alter Walnußbaum, der, Jahre bevor David und ich nach Barnsley kamen, gepflanzt wurde, zeigt mit seinen seitlich ausgebreiteten und nach oben gereckten Zweigen ein hübsches Muster. In jeden Garten gehört ein Walnußbaum, an dem man sich im Winter freuen kann. Mein Sohn hat kürzlich zwei Walnußbäume für den naturnahen Garten ausgewählt.

Ganz anders wirkt das winterliche Bild der Sandbirke (**rechts**) – filigraner und durchsichtiger als das des Walnußbaums. Ihr silberner Stamm tritt ebenso deutlich hervor wie die roten Zweige der Linden, und das Astgerüst ist so zart und windzerzaust, wie das der Kirsche kräftig erscheint. Ob der Himmel im Winter leuchtendblau ist oder mit dunklen Wolken durchzogen, immer wirkt die Silhouette dieses Baums wunderschön. Im Abendlicht zeigen die Bäume der alten Hecke, die das brachliegende Feld umgibt, eine aufregend rosige Tönung. Das Feld ist jahrhundertelang, vielleicht seit dem Mittelalter, nicht mehr gepflügt worden, und die Hecke besteht aus mindestens sieben verschiedenen Pflanzenarten: Eichen, Eschen, Weißdorn, Spindelbüschen, Brombeersträuchern, Wildrosen und Wolligem Schneeball. Sicherlich gab es Zeiten, in denen sie geschnitten und ausgelichtet wurde, aber wir überlassen sie sich selbst, wie unsere Vorfahren sie kannten.

Der Weg führt nach links in den Potager.

Statuen und Garten-ornamente

Wo Statuen und Zierelemente oder auch Sitz-plätze im Garten am besten zur Geltung kommen, sollte man sich genau überlegen. Bis der richtige Platz gefunden ist, lassen sie sich leicht um-stellen. Was kommt als erstes, der Standort oder die Skulptur? Ich denke, beides ist möglich.

Der Stil unseres ehemaligen Nachbarn Simon Verity hat sich mit den Jahren gewandelt. Unser Garten war ihm vertraut, und als er um 1970 die Jägerin und den Froschbrunnen für uns schuf, hat er auch die Pyramiden und unsere beiden stim-mungsvollen Gärtnerfiguren aus Stein gehauen.

Die 1982 erworbenen Statuen standen zunächst ein Jahr lang beim Holztor im Potager, bis David sie umstellte und ihnen ihr derzeitiges Domizil im Blumengarten zuwies. Hier stehen sie zu beiden Seiten des blauen Eisentors, das durch die Mauer zum Viehweg führt. Simon hatte kurz zuvor die Toskana bereist, was den italienischen Einfluß des 18. Jahrhunderts in ihrer Erscheinung erklärt. Die Dame mit ihrem blassen Antlitz und der Patina aus Moos (S. 36 links) hält ein Füllhorn mit Blumen, während ihr Gefährte (S. 36 rechts), offensichtlich für den Potager zuständig, verschiedene Früchte trägt. Achten Sie auch auf die Accessoires: ihre Perlen, seinen Korb und die Schürze.

Die Pyramiden (oben links) suchten wir uns in Simons Atelier aus. Sie laden ein, den mit Ziegelsteinen belegten Winterweg zwischen den Buchsbaumkugeln einzuschlagen. Der lebhafte Ziegelsteinweg ist einer der drei Wege, die vom Tempelgarten zur Begrenzungsmauer im Südwesten führen.

Die massiven Steinurnen zu beiden Seiten der eleganten, abgerundeten Stufen (oben rechts) könnten seit 1697 an dieser Stelle stehen, als das Haus erbaut wurde und sich hier der Eingang befand. Flechten unterstreichen mit ihrer gold- und silberschimmernden Patina den Eindruck ehrwürdigen Alters.

Die alten Tontöpfe lassen sich leicht umstellen und werden mit zur Jahreszeit passenden Pflanzen bestückt. Hier *Francoa ramosa* für den Spätsommer und den Herbst.

Sorgfältig ausgewählte Sitzplätze

Sitzmöglichkeiten an besonderen Stellen im Garten sind wie geschaffen zum Verweilen und Nachdenken, zum Planen der künftigen Bepflanzung oder zum Betrachten eines Baums oder Strauchs.

Dieser Sitzplatz (**oben links**) ist vor allem im Juni beliebt, wenn Goldregen und Glyzine in Blüte stehen. Der Stuhl, den mein Sohn Charles 1982 im Stil chinesischen Chippendales gebaut hat, ist stabil und bequem. Man sitzt hier und

schaut unter den Zweigen zweier Lindenplatanen hindurch auf den ersten Abschnitt der breiten Rabatte. An diesem windgeschützten Plätzchen fühlt man sich abgeschirmt von der Außenwelt und genießt an heißen Tagen den Schatten der Bäume. Die Suche nach einem geeigneten Sitzplatz ist wichtig; probieren Sie so lange, bis Sie sicher sind, den schönsten Blick gefunden zu haben. Der Sitzende ist zur Linken von Simon Veritys Steinpyramiden, *Allium aflatunense*, dunkelpurpurnen Akeleien, Rainfarnblättern, blühenden Euphorbien und einem buntlaubigen Spindelstrauch an der Mauer umgeben.

Die Laube im Potager (**oben rechts**) ist nach

Südosten gerichtet. Diesen Sitz, den wir »Napoleons Lehnstuhl« nennen, hat ebenfalls Charles entworfen. Das Weinlaub von *Vitis* ›Brant‹ nimmt einen warmen Orangeton an, wenn die Trauben im Herbst reif sind. Zu beiden Seiten der Laube wachsen Lorbeerbüsche, *Helleborus foetidus* hat sich hier ausgesamt, und ein Zierlauch mit seinen dekorativen Samenköpfen ist stehengeblieben.

Sitzplätze im winterlichen Garten dienen meist nur als Schmuck, ausgenommen an den wenigen milden Tagen. Die Eisenbank unter der Steineiche (**rechts**), die Reproduktion eines Stücks aus dem Winterthur-Museum, blickt auf die Südwestfassade des Hauses.

Terrassen
und Veranda

Wenn Sie durch den Torbogen aus dem Verkaufshof treten – lassen Sie sich nicht gleich dazu verleiten, hier zu bummeln! –, werden Sie den Garten wie eine Überraschung erleben. Halten Sie zwischen den Eiben ein Weilchen inne, lassen Sie sich Zeit, betrachten Sie die Anlage, und genießen Sie die Fassade des Hauses. Von Tagesanbruch bis zum frühen Nachmittag beleuchtet die Sonne im Sommer die schöne Patina des Cotswold-Steins, ihre Strahlen erwärmen die um 1830 erbaute Veranda und fallen später durch die Fenster der Nordwestfassade. Erst dann wenden Sie sich der Bepflanzung zu.

❧ ❧ ❧

Gehen Sie die steinernen Stufen hinunter, und biegen Sie dann sofort nach rechts in den schmalen Weg ein, der entlang der Kräuterbeete auf eine Tür zuführt, die ehemals meine Küchentür war. Heute ist hier der Eingang zum Antiquitätenladen meiner Schwiegertochter und einem Ausstellungsraum für Gartenmöbel meines Sohns.

Als wir 1951 einzogen, stand das alte viktorianische Gewächshaus, das nun im Verkaufshof steht, in dieser Ecke. Zu jener Zeit hat Hiram Winterbotham mit seinem Garten in Woodchester (Gloucestershire) unser gärtnerisches Wirken stark beeinflußt. Mit dem ihm angeborenen pädagogischen Geschick verstand er es, jedem, den er durch seinen Garten führte, die Augen zu öffnen. Er beschäftigte sich intensiv mit Bäumen und Sträuchern, die, sich selbst überlassen, häufig ineinanderranken und sich als Stütze für Geißblatt, Rosen und Clematis eignen.

Hiram verdanke ich, daß ich für die Begrünung des Hauses instinktiv nur noch duftende Kletterpflanzen gewählt habe. Rechts der Tür pflanzten wir in den fünfziger Jahren *Rosa mulliganii* (fälschlicherweise oft für *R. longicuspis* gehalten), die ihre großen Büschel duftender weißer Blüten Anfang Juli entfaltet. Diese starkwüchsige Kletterrose lockt Schwärme von Hummeln und Honigbienen an.

Auf der anderen Seite der Tür war eine alte Glyzine mit lediglich einem einzigen Stamm bis zum Dach aufgeschossen, ohne jemals zu blühen. Mein erster Gärtner, Arthur Turner, versicherte mir, daß sie sich auf derart magerem Boden niemals entfalten könne. Zum Glück nahm ich in Wisley, einem von der Royal Horticultural Society betreuten Garten, an einer ausgezeichneten Vortragsreihe über Baumschnitt teil. Nachdem wir uns daraufhin als erstes durchrangen, den Leittrieb zu entfernen, damit sich die Seitentriebe entwickeln konnten, die – waagrecht und senkrecht erzogen – ein Rahmengerüst bilden sollten, gingen wir dazu über, sie zweimal im Jahr zurückzuschneiden. Im Juli und im Herbst werden die langen Arme der neuen Triebe auf zwei bis drei Augen zurückgeschnitten, und seit sie im Frühjahr regelmäßig gedüngt wird, blüht sie verschwenderisch üppig.

Neben die Glyzine habe ich eine *Clematis cirrhosa* var. *balearica* gepflanzt, ein Geschenk von Caroline Burgess. Es ist erstaunlich, wie sie sich durch die Glyzine windet und in milden Wintern ununterbrochen von Dezember bis März blüht. Die cremeweißen Blüten sind rötlich purpurn gesprenkelt. Inzwischen hat sie das Dach erreicht, und ich werde in Wisley wohl noch einmal um Rat fragen müssen, wie weit ich sie zurückschneiden darf. Ihr Fuß ist mit einem Horst *Iris unguicularis*, Rosmarin, selbst aufgegangenem Lerchensporn und Töpfen mit Küchenkräutern unterpflanzt.

❧ ❧ ❧

Die Stufen, die hier in den Keller hinunterführen, haben wir hinter immergrünen Sträuchern in einem vor Jahren bepflanzten, 3,5 m langen und lediglich 25 cm breiten Steintrog versteckt. Wie der aufrecht wachsende Wacholder, ein panaschierter Buchs und *Lonicera nitida* ›Baggesen's Gold‹ in so wenig Boden überleben können, bleibt ein Rätsel, insbesondere als sich *Cotoneaster horizontalis* und Efeu dazwischen eingenistet und verwoben haben.

Nicht zu übersehen ist neben der Kellertreppe auch *Hebe speciosa*, die sich vor mehr als 20 Jahren zwischen den Pflastersteinen versamt hat und im Juli üppig blüht.

❧ ❧ ❧

Eine immergrüne *Phillyrea angustifolia* wächst inzwischen jedes Jahr über den ihr zugedachten Rahmen hinaus und muß im Zaum gehalten werden, damit sie den Zimmern nicht zuviel Licht wegnimmt. Unter den Fenstern, darüber und oberhalb der *Phillyrea* breitet sich eine drei Meter hohe, köstlich duftende *Lonicera rupicola* var. *syringantha* aus. Dieses wenig bekannte strauchige Geißblatt hat kleine rosa Blüten, die sich erstmals im Mai entfalten und uns im August mit einer spärlicheren Nachblüte erfreuen.

Den Rosaton des Geißblatts greift im Vordergrund die Berberitze *Berberis thunbergii* ›Rose Glow‹ auf. In diesem schmalen Beet wachsen zwei *Clematis*, ein Rosmarinbusch mit bogig überhängenden Zweigen und, neben der Treppe zum Salon, eine meiner Lieblingspflanzen, die stachellose *Rosa* ›Zéphirine Drouhin‹. Sie dürfte die älteste hier »ansässige« Pflanze sein, denn auf einem 1899 aufgenommenen Foto, das den Geistlichen Daniel Compton mit seiner Familie auf der Kellertreppe sitzend zeigt, steht die Rose in voller Blüte.

Dieselbe Tür wird von einem nicht duftenden Spindelstrauch, *Euonymus* var. *fortunei radicans*, eingerahmt, der um 1950 gepflanzt wurde und inzwischen bis zu den Schlafzimmerfenstern geklettert ist. Diesen Platz teilt er mit dem frühblühenden holländischen Geißblatt, *Lonicera periclymenum* ›Belgica‹, das die Schlafzimmer Ende Mai mit köstlichem Duft erfüllt. Unter dem Fenster entfaltet der Falsche Jasmin, *Philadelphus* ›Belle Etoile‹, Ende Juni ein Meer weißer Blüten. Dieser Strauch wird nicht nur im Garten, sondern auch für Blumenarrangements geschätzt; man sollte sich allerdings Zeit nehmen, das Laub zu entfernen, bevor man ihn ins Haus stellt.

Die inzwischen fünfunddreißig Jahre alte Winterblüte, *Chimonanthus praecox*, erfreut uns von Dezember bis Januar oder gar Februar mit üppigem Flor und erfüllt die Winterluft über der Terrasse mit intensivem Honigduft. Eine alte Dame hatte sie David in den fünfziger Jahren als kleine Pflanze gegeben und ihn ausdrücklich gewarnt: »Vielleicht blüht sie erst in sieben Jahren, aber Sie werden es nie bereuen, daß sie auf ihren Duft gewartet haben.« Sie sollte recht behalten, denn unsere Geduld wurde reichlich belohnt. Was wir allerdings nicht bedacht hatten, war ihre Größe, denn inzwischen nimmt sie die ganze Hauswand ein. Deshalb wird sie unmittelbar nach der Blüte so zurückgeschnitten, daß sie dem Salon nicht zuviel Licht wegnimmt.

❧ ❧ ❧

Wenn Sie um die Ecke gehen, gelangen Sie zu der um 1830 angebauten Veranda, die einer *Vitis vinifera* ›Fragola‹ oder Erdbeerstaude, wie sie Vita Sackville-West nannte, Schutz bietet. Die zahllosen Büschel kleiner Trauben reifen im Oktober und ergeben köstlichen Gelee. Die vier dekorativen Terrakottakübel auf der Veranda haben wir 1970 aus Italien mitgebracht. Im Winter sind sie mit Stechpalmen und Buchs bepflanzt, umgeben von Wildkrokussen, Narzissen und Tulpen. Im Sommer kombinieren wir Duftpelargonien und Strohblumen mit ausdauernd blühendem Zweizahn.

Zwischen den Pflastersteinen hat sich *Leycesteria formosa* ausgesät. *Daphne odora* ›Aureomarginata‹ blüht hier im März und *Buddleja davidii* ›Dartmoor‹ im Spätsommer. Zu unserem Leidwesen entwickelt sich eine strauchige Ulme, *Ulmus* × *hollandica* ›Jacqueline Hillier‹ allmählich zu einem Baum. Ein großer buschiger Buchs, der wohl um 1830 gepflanzt wurde, rundet mit seinem eleganten, dichten Blattwerk die Ecke und damit das Gesamtbild ab. Neben dem Buchs erhebt sich ein alter Lorbeerbaum. Beide halten den Wind vom Knotengarten und der offenen Terrasse ab.

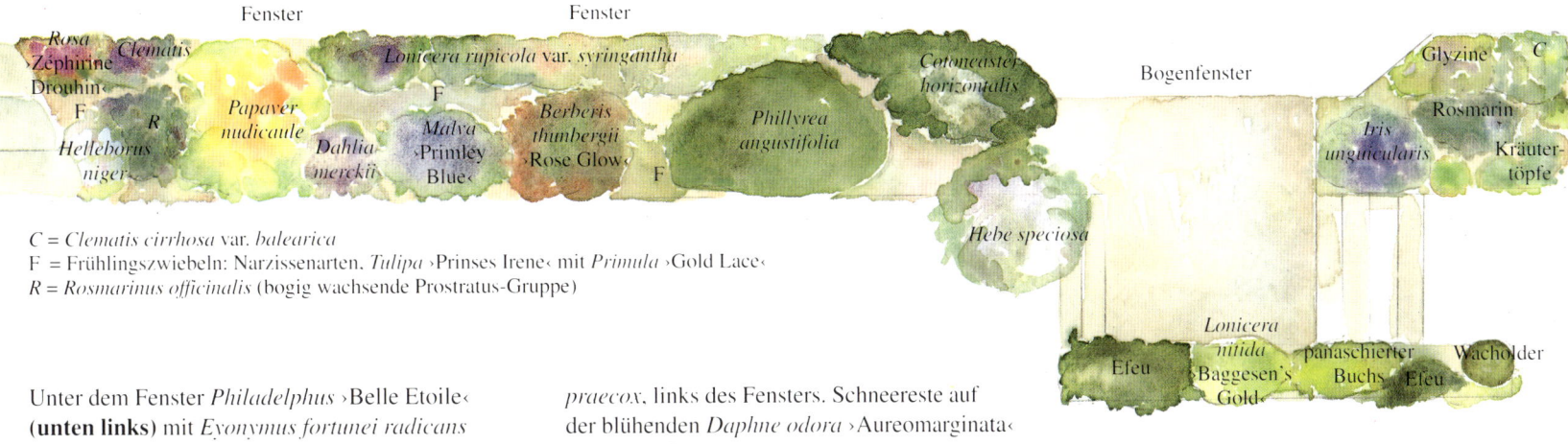

Fenster   Fenster

Rosa
Zephrine   Clematis   Lonicera rupicola var. syringanthu   Cotoneaster
Drouhin   horizontalis   Bogenfenster   Glyzine   C

F   F   Rosmarin
         R   Papaver   Malva   Berberis   Iris
Helleborus   nudicaule   Dahlia ›Primley thunbergii   Phillyrea   unguicularis   Kräuter-
niger   merckii   Blue‹   ›Rose Glow‹ angustifolia   töpfe
                                                        F

Hebe speciosa

Lonicera
                                                                    nitida   panaschierter   Wacholder
                                                     Efeu   Baggesen's   Buchs   Efeu
                                                                    Gold

C = *Clematis cirrhosa* var. *balearica*
F = Frühlingszwiebeln: Narzissenarten, *Tulipa* ›Prinses Irene‹ mit *Primula* ›Gold Lace‹
R = *Rosmarinus officinalis* (bogig wachsende Prostratus-Gruppe)

Unter dem Fenster *Philadelphus* ›Belle Etoile‹ **(unten links)** mit *Eyonymus fortunei radicans* rechts und die Winterblüte, *Chimonanthus* *praecox*, links des Fensters. Schneereste auf der blühenden *Daphne odora* ›Aureomarginata‹ **(unten rechts)**.

Blumenkübel für jede Jahreszeit

Vier nebeneinander stehende Pflanz-kübel auf der Veranda (Gesamtbild S. 40). Wir haben die dekorativen Tontöpfe im Jahr 1972 aus Orvieto in der Toskana mitgebracht. Ob-gleich sie das ganze Jahr über hier stehen, hat ihnen der Frost noch nie geschadet.

Im Winter bestimmen Buchs oder Stechpalme das Bild, umgeben von dicht gepflanzten Zwiebelblumen wie Wildkrokussen, die sich an son-nigen Februartagen öffnen (unten) und alljährlich von einer anderen Sorte Narzissen (S. 45 links) ab-gelöst werden. Jedes Jahr mischen wir ein paar der duftenden *N.* ›Paper

White‹ darunter, die uns oft schon um Weihnachten mit Blüten überra-schen. Für Farbe sorgen im April und Mai *Tulipa* ›Fancy Frills‹, die im Ton so schön mit dem Cotswold-Stein harmonieren. Links von den Töpfen hat sich *Leycesteria formosa* zwischen Pflastersteinen und Stufen ausgesät.

Sobald wir die Zwiebeln heraus-genommen haben, folgt die Som-merbepflanzung, die jedes Jahr an-

ders aussieht. Hier (S. 45 rechts) dient *Helichrysum petiolare* als Stütze für den aus Südafrika stam-menden Zweizahn, *Bidens ferulifo-lia*, der bis in den Spätherbst unun-terbrochen blüht. Dann schließen die Zwiebeln und dominierenden immergrünen Gewächse erneut den Kreis. Die Erdbeerstaude *Vitis vinifera* ›Fragola‹ wirft ihre langen Triebe über den *Cotoneaster horizontalis*.

Buchs

Lorbeer

Daphne odora ›Aureomarginata‹

Ulmus × hollandica ›Jacqueline Hillier‹

Lonicera pileata

Solanum jasminoides ›Album‹

Rosa ›Danse du Feu‹

Clematis ›Nelly Moser‹

N

1 m

Fenster

K = Kübel im Winter: Buchs, Krokusse, Narzis-sen, Tulpen; im Sommer: *Heli-chrysum petiolare* ›Limelight‹ und *Bidens ferulifolia*

Fenster

Veranda

Leycesteria formosa

Cotoneaster horizontalis

Vitis vinifera ›Fragola‹

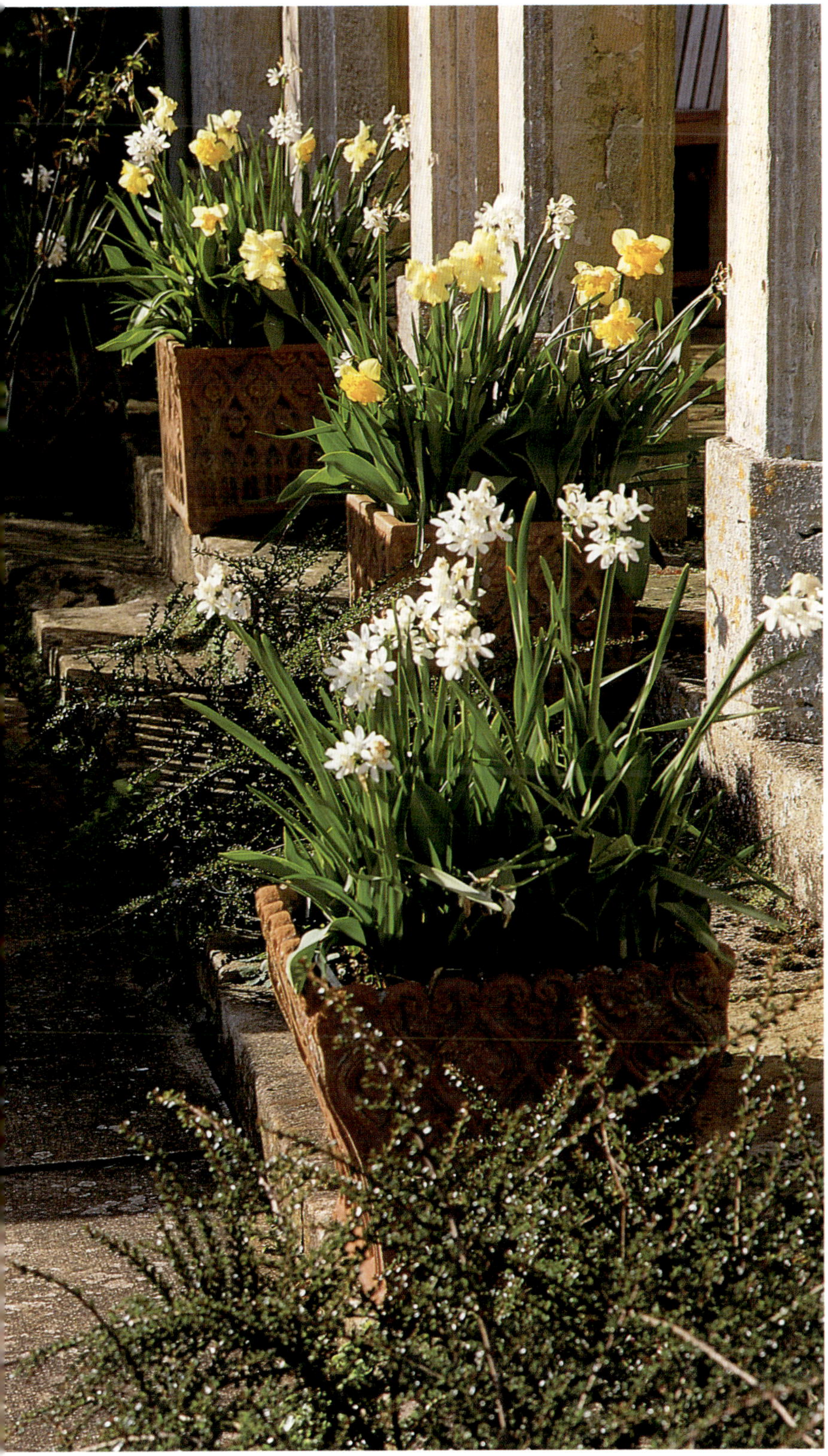

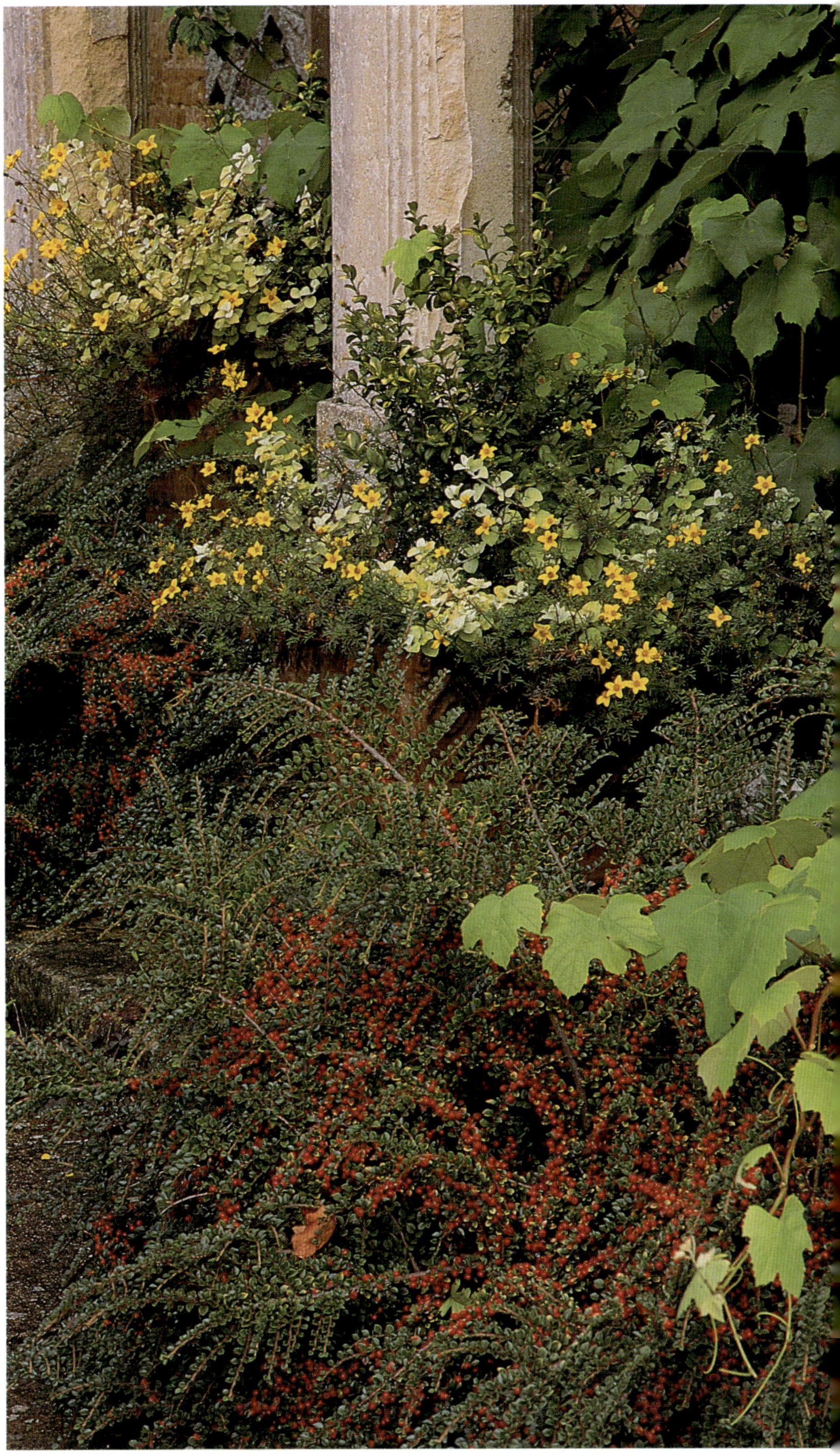

Der Knotengarten

Als dieses Haus 1697 erbaut wurde, waren formale Gärten in England noch immer in Mode, und so entsprach es dem Zeitgeist, dem Garten eine formale Basis zugrunde zu legen. Die vier Parterre-Beete hatten wir bereits um 1960 angelegt. Nachdem ich mich aber ein Jahrzehnt später im Auftrag der Garden History Society eingehend mit den Knotengärten der Elisabethanischen Zeit und des 17. Jahrhunderts befaßt hatte, drängte es mich förmlich, einen Knotengarten in Barnsley zu schaffen.

In meiner Bibliothek stehen Gervase Markhams »The Countrie Farm« (seine 1616 entstandene Übersetzung von Estienne und Liébaults »La Maison Rustique«) und »The Compleat Gardeners Practice« von Stephen Bleake (1664). Obgleich Knotengärten häufig sehr komplex sind, fand ich in jedem dieser Bücher ein Beispiel, das auch auf einen kleineren Rahmen übertragbar war. Der einzige in Frage kommende Platz war die Südwestseite des Hauses im Blickfeld der Veranda. Ein um 1900 gemachtes Foto zeigt genau an dieser Stelle einen formalen Rosengarten. Wir pflanzten die Knoten parallel zur alten Buchshecke und einem der Parterre-Beete (Beet 2). Ihre Größe war durch den verfügbaren Raum vorgegeben – jeder Knoten mißt 5 m², wobei für die Wege rundum noch etwa 1 m hinzukommt.

❧❧ ❧❧ ❧❧

Ich hielt mich ganz an Gervase Markhams Rat, zunächst einen Entwurf auf Papier zu machen und dann ein Raster darüberzulegen. Mit Schnur und Stöcken wird dieser Raster anschließend auf dem Boden ausgelegt und der Knoten mit einer feinen Spur aus trockenem Sand übertragen. Inzwischen hatte ich auch genügend Pflanzen für die sich ineinander verschlingenden Stränge beisammen: zwei Sorten von Zwergbuchs, *Buxus sempervirens* ›Suffruticosa‹ und *B. s.* ›Aurea Marginata‹, sowie Gamander, *Teucrium × lucidrys*.

Markham empfahl, die Felder zwischen den Strängen mit gefärbter Erde auszufüllen. Die Farben entsprachen dem traditionell in der Heraldik verwendeten fein zerriebenen flandrischen Ziegelstein für Rot, Sand für Gold, Kohlenstaub für Schwarz, Kreide für Silber sowie einer Mischung aus Kohle und Kreide für Blau. Wir behielten die fünf Farben eine Weile lang, aber sie waren nicht immer leicht zu bekommen und mußten einmal im Jahr erneuert werden, damit das Muster frisch wirkt. Schließlich gaben wir uns mit hiesigem Kies zufrieden.

Die Knoten an sich bestimmen das Bild; ihre »Erhebung« kommt durch darunter aufgehäuften Kies zustande. Der Rahmen bestand ursprünglich aus einer niedrigen Rosmarinhecke, die aber in einem strengen Winter erfroren ist; danach sind wir zu frostverträglicherem Buchs übergegangen. Als ich 1980 den Knotengarten in Filoli in Kalifornien sah, fiel mir auf, daß die ineinander verschlungenen Stränge gestutzt waren, so daß es aussah, als ob sie über- und untereinander hindurchliefen. Das hatte ich in England noch nie gesehen, und als wir zurückkamen, machten wir uns mit Scheren daran, die Schnittpunkte unserer Knoten zu stutzen, um diesen Eindruck zu erwecken. Mit einem Mal erwachten die Muster zu neuem Leben und einem Rhythmus, dessen man sich in der Elisabethanischen Zeit gewiß bewußt war, obgleich ich in alten Büchern keinerlei Belege dafür finden konnte.

Wenn das Grundgerüst einmal geschaffen ist, läßt sich dieser Welleneffekt leicht in Form halten; aber der richtige Zeitpunkt zum Stutzen ist wichtig, damit ein frisches und gepflegtes Bild gewährleistet ist. Wir warten, bis sich ein Großteil des jungen Laubs entwickelt hat – je nach Witterung also Ende Mai, Anfang Juni –, und nehmen dann mit Handscheren den Hauptschnitt vor. Im August ist dann noch ein leichtes Ausputzen erforderlich, wobei allerdings nur ein paar abstehende oder sparrige neue Schosse zurechtgestutzt werden.

Betrachtet man die gesamte Anlage, so steht an jeder der vier Ecken dieses Doppelknotens eine mächtige Stechpalme, *Ilex × altaclerensis* ›Golden King‹, der in zwei kreisförmige Lagen geschnitten wurde. Ich weiß genau, daß das panaschierte Laub dieser Stechpalmen (ich bekam sie um 1970 von Mr. Mitchell, Obergärtner in Bruern Abbey) ein Glücksfall ist, denn dunkelgrün würde zu schwer wirken und ein reiner Goldton zu kräftig über dem niedrigen Knotenmuster.

Auch in anderer Hinsicht hatten wir Glück. Als ich die Knoten entwarf, hatte ich nicht richtig abgeschätzt, wieviel Zeit das Stutzen in einer ohnehin arbeitsreichen Phase des Jahres beanspruchen würde. Anfang Juni muß Andy, der den Knotengarten instand hält, im Potager auch mähen, Erbsen, Bohnen und Salat pflanzen und überdies sämtliche anderen Buchsbüsche im Garten stutzen, was bedeutet, daß für diesen Bereich nur zwei Tage zur Verfügung stehen. Die Schönheit der Knoten hängt aber wesentlich davon ab, wie gut erzogen der Buchs ist. Von daher bin ich froh, daß wir diesen größenmäßig doch noch überschaubaren Platz dafür gewählt haben. Wie Humphry Repton vor zwei Jahrhunderten sagte, läßt eine Bepflanzung in Hausnähe das Haus mehr »verankert« wirken, und in der Tat macht der Knotengarten inzwischen beinahe den Eindruck eines Schattens unseres Hauses.

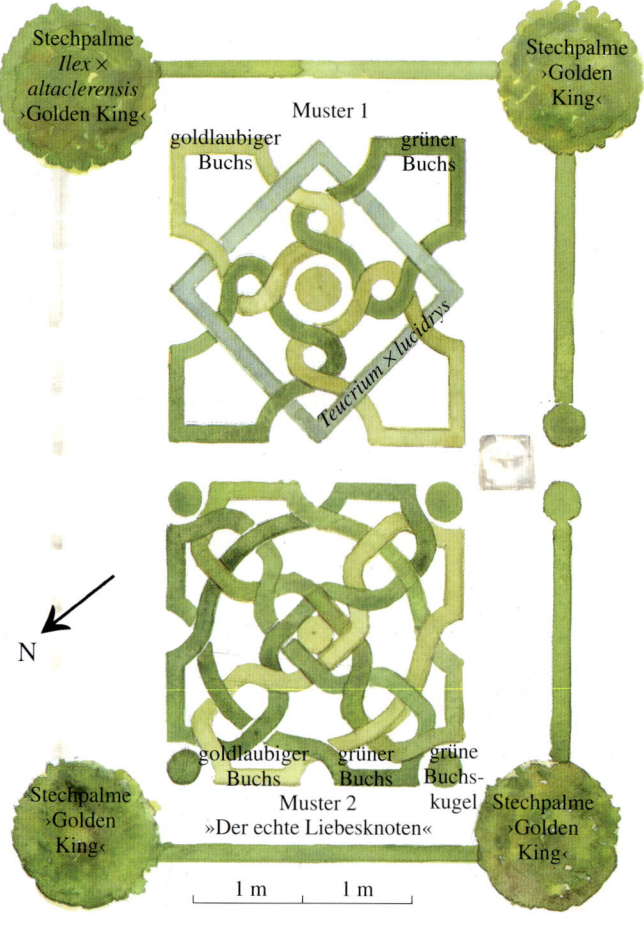

Stechpalme *Ilex × altaclerensis* ›Golden King‹

Stechpalme ›Golden King‹

Muster 1

goldlaubiger Buchs

grüner Buchs

Teucrium × lucidrys

goldlaubiger Buchs

grüner Buchs

grüne Buchs- kugel

Stechpalme ›Golden King‹

N

Muster 2 »Der echte Liebesknoten«

Stechpalme ›Golden King‹

1 m   1 m

Formschnittbäume

Der Knotengarten zu Frühlings-
beginn (**rechts**) mit Nieswurz und
Narzissen in der Rabatte daneben.
Starke vertikale Akzente wie die
Sonnenuhr, die Statue der Jägerin in
der Ferne und die vier Stechpalmen
bilden einen Kontrast zu der horizontalen Gestaltung des Knotens,
einem der niedrigen kuppelförmi-
gen Mittelstücke und den rundlichen Buchsformen dahinter. Die
durch das Laub fallende Abendsonne entwirft interessante Schattenmuster und läßt die Farben des
Gartens leuchten.

Blick über die Knoten (**S. 49**) auf
die Parterre-Beete im Hochsommer.
Im Vordergrund sieht man den
sprichwörtlichen echten Liebesknoten nach einem Entwurf Stephen
Blakes in »The Compleat Gardeners
Practice«. Bei der Gestaltung des
Knotens dahinter haben wir uns an
Gervase Markham orientiert. Die
Abendsonne läßt die miteinander
verflochtenen Buchssträngen aufleuchten und verleiht dem Muster
einen spannenden Rhythmus. Die in
zwei Lagen formierten Stechpalmen, *Ilex* ›Golden King‹, stehen wie
Wachposten an den Ecken.

Das Herz des Gartens

Wenn man aus der Tür des Salons tritt und die eleganten Steinstufen mit den mächtigen, alten Urnen zu beiden Seiten hinuntergeht, öffnet sich mit dem unregelmäßig gepflasterten Weg ein wichtiger Blick. Unschlüssig wird man sich fragen, ob man den Weg zwischen den Eiben einschlagen oder quer über den Rasen schlendern soll, um die Parterre-Beete zu genießen.

Gartenbesucher, die durch den Torbogen vom Verkaufshof kommen, wenden sich – angezogen von der Architektur und dem verwitterten Stein des Hauses – jedoch meist nach rechts. Sie gehen an der einst direkt vor meiner Küche gelegenen Kräuterrabatte vorbei, für die David damals eigens eine nach außen gehende Tür baute. Als ich diese Rabatte in den siebziger Jahren schuf, ließ ich mich von der Erinnerung an zwei Kräutergärten leiten, die ich viele Jahre zuvor einmal gesehen hatte. Der eine war Teil eines Gartens in Fairford, und der andere war von John und Marjorie Buxton im Cole Park bei Malmesbury angelegt worden. Beide enthielten Rauten- und Dreieckornamente, die aus niedrigen Buchssträngen bestanden und mit Kräutern gefüllt waren – sie sollten mir Vorbild sein. Obgleich sich im Cottage-Garten seit Jahrhunderten Sommerblumen, Stauden, Zwiebelpflanzen und Rosen unter die Kräuter mischen, beschloß ich meine Gewürz- und Heilkräuter, insbesondere die bereits zur Elisabethanischen Zeit bekannten, in dem ornamentalen Beet neben meiner neuen Tür zu lassen. Entscheidend für die Gesamtform waren die Geometrie und der vorhandene Platz. So entstand zwischen den Parterre-Beeten und dem Haus eine ebenso dekorative wie zweckmäßige Verbindung – und erfreulicherweise unmittelbar vor meiner Küchentür. Seine markante Struktur kommt vor allem im Winter zur Geltung, während er im Sommer von Kräutern förmlich überzuquellen scheint. Die verschiedenen Felder sind mit Küchenkräutern wie Thymian, Minze, Majoran, purpurblättrigem und grauem Salbei, Kerbel, Dill, Schnittlauch, Sauerampfer und Petersilie gefüllt. Ein Dreieck enthält *Artemisia abrotanum*, das man im 16. und 17. Jahrhundert als Mottenschutz in die Kleiderschränke und zwischen die Wäsche legte. Ägyptische Zwiebeln wachsen hier, für den Fall, daß man im Salat nur einen Hauch Aroma wünscht, und Kamille für Tee. Fast alle unsere Besucher interessieren sich für die einzelne *Iris* ›Florentina‹, deren zermahlene Wurzeln Orris, ein erprobtes Fixativ für Potpourris, ergeben, und auch für die Beifußart *Artemisia absinthium*, die früher als Aromastoff für Absinth diente. Als wir noch häufig ausritten, pflanzten wir so viel Raute, daß wir unseren Pferden und Ponys kleine Zweige zwischen das Zaumzeug stecken konnten, um die Fliegen von ihren Köpfen abzuhalten.

๛ ๛ ๛

Die größeren Gewürze wie Fenchel, Liebstöckel und Engelwurz haben wir aufgrund ihrer Höhe in das Beet dahinter gepflanzt, wo sie sich auch selbst ausgesamt haben. In diesem Beet wachsen auch Alraunen, *Mandragora officinarum* – mehr um der Mythologie willen, die sich um die Pflanze rankt, als um deren Nutzung. Die aphrodisierende und schlaffördernde Wirkung des Alraunsafts, Julias Schlaftrunk, wurde im 1. Jahrhundert n. Chr. erstmals von dem griechischen Arzt Dioskurides in seinem Buch »De Materia Medica« erwähnt. (Zum Glück war ich, um die Pflanzen zu beschaffen, nicht auf einen ausgehungerten Hund angewiesen, denn: Wer immer den Schrei der Alraune beim Ausreißen der Wurzeln vernimmt, »wird unweigerlich vor Tagesanbruch sterben«. Die Aufgabe mußte daher außer menschlicher Hörweite von Hunden erledigt werden.) Wir hatten unsere Mutterpflanzen von Nancy Lindsay mit der Empfehlung bekommen, für gute Drainage im Wurzelbereich zu sorgen. Dasselbe bestätigt Oleg Polunin, der in »Flowers of Europe« schreibt: »Sie wachsen auf steinigen Böden im Ödland«. Um annähernd entsprechende Bedingungen in unserem Cotswold-Garten zu schaffen, grub ich spatentiefe Löcher, in die ich groben Sand gab und die Wurzeln einpflanzte. Alljährlich im März danken sie mir die Mühe mit gelblichen oder violettgrauen Blüten, die wie nach oben weisende Glocken geformt sind. Auffallend ist, daß die Bienen sie meiden und sich beim Pollensammeln lieber den zahlreichen Krokussen überall im Garten zuwenden.

Die dunkelgrünen Alraunblätter sind mehr als 33 cm lang und spitz; beim Austrieb wundern sich die Besucher oft, warum wir Ampfer in die Rabatte setzen! Später reifen dann in »Nestern« die grünen, tomatenähnlichen Früchte, die an kurzen Stielen auf der Erde liegen. Wir warten, bis die Samen im Juli reif sind, und säen sie dann aus, um neue Pflanzen zu gewinnen, denn ich würde mich gewiß scheuen, die alten Alraunen mit ihren tiefen Wurzeln auszugraben.

✿❧ ✿❧ ✿❧

Ihren vollen und üppigen Charakter verdankt diese Rabatte dem Hintergrund aus Sträuchern vor der hüfthohen Mauer. Im April entfaltet *Spiraea × vanhouttei* Kaskaden von Blüten, und im Herbst nimmt ihr Laub eine großartige Färbung an. Ihre Basis wird durch eine buntlaubige Stechpalme aufgehellt, zu der sich Farne und zwei bedeutende panaschierte Sträucher gesellen: Die inzwischen 3,5 m hohe Kornelkirsche, *Cornus mas* ›Variegata‹, bringt jedes Jahr eine Unmenge roter Beeren hervor; Bis jetzt haben wir sie noch nicht zurückgeschnitten, aber eines Tages werden wir wohl nicht umhinkommen. Den golden panaschierten Holunder, *Sambucus nigra* ›Aureomarginata‹, schneiden wir jeden Winter auf 30 cm Höhe über dem Boden zurück, so daß seine neuen Triebe im Sommer halb so hoch wie die Kornelkirsche sind. Einen wichtigen Blickfang stellt hier *Symphytum × uplandicum* ›Variegatum‹ dar, dessen kräftig cremefarben umrandete Blätter einen leuchtenden Fleck in der Rabatte bilden. Allerdings breitet er sich wie alle Beinwellarten stark aus.

An dieser Stelle beginnen bereits nach Weihnachten die Zwiebelblumen auszutreiben, begleitet von Schlüsselblumen, Vergißmeinnicht und Christrosen, die dank der Südlage reichlich blühen. Das Farbthema haben wir hier auf Weiß, Gelb und Blau beschränkt. Die Osterglocken bleiben im Boden und vermehren sich von Jahr zu Jahr. Jedes Jahr im Herbst setzen wir Tulpenzwiebeln davor wie die lebhaft kanariengelbe *Tulipa* ›Makassar‹, die Anfang Mai blüht, zusammen mit ›Spring-Green‹-Tulpen der Viridiflora-Gruppe, die durch ihre elfenbeinweiß-grüne Fiederung auffallen. Die Triumph-Tulpen ›Yellow Present‹ haben wir in den Vordergrund gesetzt, damit man sie mit ihrem leuchtendgelben Schlund und den blasseren cremegelben Außenseiten von nahem betrachten kann. Besondere Freude bereitet uns *T. saxatilis*

›Lilac Wonder‹, eine kurzstielige, kleine Tulpe mit zarter purpur-gelber Tönung. In dieses Spektrum fügen sich auch die vielblütigen gelb-weißen Tulpen, *T. biflora* und unmittelbar daneben die violett-gelben Blüten der *T. humilis* ein.

Am Rand fallen Steinsamen, *Buglossoides purpurocaerulea*, und *Lithospermum*, Immergrün, *Parahebe lyallii*, *Convolvulus cneorum* und die Glockenblume *Campanula portenschlagiana* (syn. *C. muralis*) kaskadenartig über die niedere Mauer bei den Stufen. Bewußt unregelmäßig halte ich die Begrenzung des schmalen Pfads zwischen dieser Rabatte und dem Kräuterbeet. Neben den vornüberhängenden alten Pfingstrosen, *Paeonia officinalis*, finden sich hier Nieswurz, Taubnesseln, viele Immergrün, Glockenblumen und *Veronica gentianoides*. Durch den dazwischen aufgegangenen bronzefarbenen Fenchel wirkt das buntlaubige Geißblatt noch reizvoller, das durch eine in Form geschnittene *Lonicera nitida* ›Baggesen's Gold‹ rankt. Immergrün sind auch *Choisya ternata*, die zweimal im Jahr üppig blühende Orangenblume, und *Jasminum humile* ›Revolutum‹, unterpflanzt mit winterhartem Storchschnabel. Ganz besonders freue ich mich über den Herbstflor der Orangenblume mit ihren dichten, schneeweißen Blütenbüscheln. Sie heben sich sehr schön von den glänzenden immergrünen Blättern ab, die beim Zerreiben ihren ganz eigenen Wohlgeruch verströmen. Dazwischen haben zwei duftende Kletterrosen von Ende Juni bis Juli ihren großen Auftritt. Als erste entfaltet sich *Rosa* ›Wickwar‹, deren rankende Triebe im Winter sorgfältig geschnitten und aufgebunden werden müssen. Im Oktober erscheint eine Fülle orangeroter Hagebutten. Die zweite Kletterrose ist die anspruchslose Moschusrose, *Rosa longicuspis*, die Mitte Juli blüht und den Garten mit Duft erfüllt.

✿❧ ✿❧ ✿❧

Als Gertrude Jekyll schrieb, daß sich ein Garten vor dem Haus verneigen solle, wollte sie damit wohl ausdrücken, daß er sich harmonisch dem Stil des Hauses anzupassen habe, nicht aber dominieren dürfe. Ich hoffe, daß uns dies mit unserem Rasen und den vier Beeten als Einfassung gelungen ist. Seit Arthur Hellyer 1967 im Magazin »Country Life« unseren Garten vorstellte und sie als »Parterre-Beete« bezeichnete, betrachte ich sie als solche. Sie sind in der Form nahezu identisch und entsprechen meiner Vorstellung, in allen vier Jahreszeiten ein fortwährendes Schauspiel zu bieten – damit erschöpfen sich ihre Gemeinsamkeiten aber auch schon. Denn die einzelnen Beete erhalten durch die unterschiedliche Bepflanzung und Farbgebung einen ganz spezifischen Charakter, bilden aber, durchdrungen von meinen Ideen, ein einheitliches Ganzes.

Die erste Rabatte (Beet 1) neben der Tür zum Antiquitätenladen ist mit mittelhohen Gewächsen bepflanzt, so daß der Blick ungehindert darüber hinweg in die Ferne schweifen kann. Im Frühjahr dominieren hier Weiß und Gelb, überraschend unterbrochen von den Blau- und Purpurtupfern der Zwiebelblumen. Große weiße Holland-Hybriden und Wildkrokusse öffnen sich an sonnigen Tagen ab Januar, dazwischen mischen sich immer wieder einige *Polyanthus* und Stiefmütterchen als Aufheiterung. An immergrünen Gewächsen ziehen sich durch dieses Beet *Euphorbia amygdaloides* var. *robbiae*, *Helleborus foetidus*, eine panaschierte Schneebeere, die wir auf etwa 60 cm Höhe halten, und Heiligenkraut, umgeben von vielen Goldblattnesseln.

Den frühen Narzissen folgen später die Schlüsselblumen, bis das weiß-gelbe Farbthema auf einmal von zwei meiner Lieblingsblumen gebrochen wird: *Polyanthus* mit goldgeränderten Blütenspitzen und *Tulipa* ›Prinses Irene‹. Der Boden bleibt die ganze Zeit über bedeckt, und wenn die Blätter der Zwiebelblumen welken, erscheinen zwischen der immergrünen *Euphorbia amygdaloides* var. *robbiae* und *Tradescantia* erneut die schönen, frostverträglichen Storchschnabelarten, *Geranium sanguineum* und *G. endressii*. Storchschnabel gehört zu den »robusten Pflanzen«, die mir von Nancy Lindsay empfohlen wurden. Über ihre Genügsamkeit hinausgehend, sind sie aber auch äußerst dankbar, weil sie den ganzen Frühling und Sommer hindurch blühen und ihr Laub im Herbst eine bezaubernd bronzerote Färbung annimmt. Zur sommerlichen Blütenpracht tragen auch der Eisenhut, *Aconitum* ›Ivorine‹, und das Brandkraut, *Phlomis russeliana*, bei. Sie werden unterstützt von der mehrjährigen Färberkamille, *Anthemis tinctoria* ›E. C. Buxton‹, denn sie blüht in großer Fülle den ganzen Sommer über bis zum ersten Frost

im Oktober oder November, vorausgesetzt, man bricht die welken Blüten aus. Entlang der Hausseite wird diese Rabatte durch Frauenmantel begrenzt, der sich bis zum Frühsommer uneingeschränkt über das Pflaster ergießt. Im Juli greifen wir dann allerdings strikt ein, indem wir ihn bis zur Basis zurückschneiden, bevor er seine Samen verschwenderisch in jede Pflasterritze oder ins Beet dahinter verstreut.

Wo die Zwiebelblumen verblüht sind, ziehen wir die Vergißmeinnicht aus dem Boden und graben die Schlüsselblumen aus, um sie in einer schattigen Ecke im Potager einzuschlagen. Dann ist es Zeit, *Penstemon* ›White Bedder‹ dazwischen zu setzen und die Lücken mit weißen Kosmeen zu füllen.

Spätestens jetzt beginnt der sechs Monate dauernde Auftritt der anmutigen Jungfer im Grünen, *Nigella damascena*, die zunächst mit ihren pastellblauen, zarten Blüten und später mit den runden, strohgelben Samenständen wirkungsvoll auf sich aufmerksam macht. Sie ist eine unempfindliche einjährige Pflanze, und die Sämlinge, die aus im August gesäten Samen heranwachsen, sind so robust, daß man sie im Spätsommer in langen Bändern zusammen mit den Tulpenzwiebeln für das kommende Jahr auspflanzen kann.

Das Herz des Gartens, unterteilt durch den Eibenweg, besteht aus vier Parterre-Beeten mit unterschiedlicher Bepflanzung und Farbgebung.

❧ ❧ ❧

In der nächsten Rabatte, in Beet 2, ist die Farbpalette der Zwiebelblumen im Frühling auf Weiß, Cremeweiß und Rosa beschränkt und wird nur hin und wieder durchbrochen vom dunklen Purpurviolett der Schwertlilien, die wir schon allein deshalb an die Ecken gesetzt haben, damit wir nicht vergessen, daß sie durch die nachfolgende Sommerbepflanzung nicht allzusehr gestört werden möchten. In einer Ecke werden sie durch *Diascia* ersetzt, in einer andern durch *Echeveria* ›Imbricata‹, und dazwischen mischen sich das bronzefarbene Laub von

55

Günsel und die weißen Blüten von *Epilobium glabellum*. Einen Blickfang von Januar bis März bilden die altbekannten Krokusse und diverse Nieswurzen, die wir aufgrund ihrer schönen Farbe ausgewählt haben, darunter eine ungewöhnliche Sorte mit primelgelben Blüten. Ihr immergrünes Laub hebt sich wirkungsvoll von den schmalen, spitz zulaufenden Blättern der gelben Junkerlilien ab. An Tulpen haben wir für dieses Beet die Sorten ›White Triumphator‹ und die lachsrosa ›Apricot Beauty‹ ausgesucht.

Die gerade Seite dieser und der danebenliegenden Rabatte sind insofern bedeutend, als sie das Herz des Gartens vom weitläufigeren Rasen und dem naturnahen Bereich abgrenzen. Ich wollte nie einen Garten mit streng strukturierten Räumen schaffen, die durch viele mauerartig geschnittene Hecken getrennt sind, aber mir wurde bewußt, wie wichtig in einem Areal dieser Größe Bereiche mit verschiedener Thematik und eigenständigem Charakter sind. Aus diesem Grund waren Unterteilungen erforderlich, die sowohl in dieser Rabatte als auch in Beet 3 durch eine zwanglose Bepflanzung mit hohen, laubabwerfenden und wintergrünen Blütensträuchern entstehen.

An immergrünen Sträuchern finden sich in dieser Rabatte eine 90 cm hohe Steinlinde, ein *Ceanothus*, eine ungeschnittene, buntlaubige Stechpalme, eine purpurblättrige Berberitze, ein hoher und wunderbar wohlriechender Duftblütenstrauch und eine noch kleine *Sarcococca hookeriana*. Hinzu kommen die sommergrünen Sträucher *Lavatera* ›Barnsley‹, Falscher Jasmin und ein Perückenstrauch. Sie verleihen dem Herzen des Gartens nicht nur eine Atmosphäre der Geschlossenheit, sondern bieten auch Schutz vor dem vorherrschenden Westwind.

❧ ❧ ❧

Die nächste Rabatte (Beet 3) ist mit einem Teppich aus weißen, holländischen Krokussen bedeckt, die im Februar zwischen den austreibenden Tulpen und Narzissen hervorkommen. Die Auswahl der Tulpen haben wir hier auf die intensiv rosarote, lilienblütige Sorte ›Mariette‹ und ›China Pink‹ beschränkt. Sie wirken sehr hübsch zusammen mit dem zwergwüchsigen *Prunus*, dessen Ausläufer die Rabatte durchziehen, und verschmelzen mit dem jungen Laub von *Berberis* × *ottawensis* f. *purpurea*, die die Südecke markiert. Durch diese Berberitze ranken Staudenwicken und eine spätblühende weiße Klematis.

Auch Vergißmeinnicht ziehen sich durch die ganze Rabatte. Um 1960 haben wir den mittleren Streifen mit Sträuchern bepflanzt, die hier erneut als Unterteilung dienen und längst zu groß und verholzt wären, hätten wir sie nicht stets kräftig zurückgeschnitten. Zu einer Gruppe

Goldliguster gesellen sich *Deutzia scabra* und *Cytisus battandieri*. Dazwischen und im Vordergrund wachsen der von August bis September blühende Eisenhut und *Aster novae-angliae* ›Andenken an Alma Pötschke‹. *Penstemon* und *Lobelia* ›Pink Flamingo‹ werden im Herbst ausgegraben; wir schneiden dann viele Stecklinge für die sommerliche Blütenpracht im nächsten Jahr. Ihren Platz nehmen erneut Vergißmeinnicht und Tulpen ein.

Soviel zur Bepflanzung der geraden Seite der Rabatte. Den geschwungenen Bereich versuchen wir ganz locker und zwanglos zu gestalten. Das dominierende Thema heißt hier »naturnahe Bepflanzung«. Da alles ineinander übergeht und miteinander zu wetteifern scheint, habe ich bewußt Pflanzen mit gleichen Standortansprüchen ausgewählt, die sich ausbreiten und verwildern. Vielleicht sollte ich aber eher von einer gepflegten Blumenwiese sprechen, die mir große Freude bereitet. Pflanzen wie die hübsche Nachtkerze, *Oenothera biennis*, dürfen sich hier nach Belieben versamen und im darauffolgenden Jahr an der gleichen Stelle blühen. Die herrliche, stark wuchernde Knäuelglockenblume versucht sich zwischen *Achillea ptarmica* ›The Pearl‹ und *Acanthus spinosus* zu behaupten; es sind ausnahmslos starkwüchsige Pflanzen, die man strikt im Zaum halten muß. Später im Jahr erregt *Chrysanthemum uliginosum* (neuerdings *Leucanthemella serotina* genannt) Aufmerksamkeit und bildet mit seinen hohen Blütenstielen den Hintergrund für eine großartige blaue Bergaster und *Cornus alba* ›Sibirica‹. Manchmal wünschte ich, die Pflanzennamen würden sich nicht ändern, aber in diesen Fällen sind die beiden Artbezeichnungen ganz aufschlußreich: »uliginosum« deutet darauf hin, daß die Pflanze einen feuchten Standort bevorzugt, »serotina« weist sie als Spätblüher aus. Die verschiedenen *Hebe*-Arten gehören zu den wertvollsten Rabattensträuchern, und hier, am schmalen Ende, bildet die kuppelförmige *Hebe rakaiensis* einen markanten Abschluß. Wo immer sich eine Lücke findet, füllen wir sie mit dem leuchtenden Blau von *Salvia patens* und *Penstemon* ›Garnet‹. Dank unserer kleinen Gärtnerei können wir uns leisten, großzügig mit den Pflanzen umzugehen.

Diese Rabatte ist aber nicht nur als eines der Parterre-Beete bedeutend, ihre gerade Seite bildet auch einen Teil des Blickfelds vom Tempel zum Brunnen. Wir stoßen also erneut auf ein Element der Begrenzung, das verschiedene Bereiche trennt, ohne sie streng in »Räume« zu unterteilen. Obgleich sich der Garten vor dem Haus verneigt, sollte er eine eigene Prägung, eigene Blickachsen, Strukturen und ein Gefühl der Weite vermitteln und fließend von einem Bereich zum andern überleiten. Wünschenswert erscheint mir, daß man sich in seinem Garten wohl fühlt und nicht durch hohe Hecken oder eine allzu rigorose Ordnung eingeschränkt wird.

☙ ☙ ☙

Morgens an meinem Schreibtisch hatte ich mit Beet 4 eine nie versiegende Quelle der Inspiration vor Augen. Es wird als letztes zurückgeschnitten und abgeräumt, sollte aber vor Weihnachten so weit gerichtet sein, daß Blumenzwiebeln gesteckt werden können. Dann treten die immergrünen Pflanzen stärker in den Vordergrund. Ursprünglich war die Struktur dieser Rabatte abgestimmt auf unseren *Juniperus × media* ›Pfitzeriana‹, den *Acanthus spinosus*, einen panaschierten Kreuzdorn, den alten Birnbaum, aus dessen Früchten sich Most bereiten ließ, und eine große Gruppe dunkelroter *Paeonia delavayi*. Entlang der einen Seite setzten wir immergrüne Sträucher, um dem Wassergarten eine geheimnisvollere Atmosphäre zu verleihen. Gepflanzt hatten wir 1962 ursprünglich *Berberis gagnepainii* var. *lanceifolia*, eine Scheinzypresse, *Chamaecyparis lawsoniana* ›Elegantissima‹, einen Feuerdorn, *Pyracantha rogersiana* ›Flava‹, einen Spierstrauch, *Spiraea* ›Arguta‹, und noch eine immergrüne Berberitze, die ich ohne genaue Bezeichnung bekam.

Dann richtete der Hallimasch so großen Schaden an, daß sich das ganze Bild grundlegend änderte. Als erstes fielen ihm die Baumpäonien zum Opfer, dann *Berberis gagnepainii* var. *lanceifolia* – im Frühling hatte ihr herrlicher Blütenduft stets die Bienen angelockt. Am schlimmsten war es, als schließlich der alte Birnbaum einging. Wie lieb war mir dieser Baum wegen seiner weißen Blütenpracht im Frühling, dem Schatten, den er an heißen Sommertagen spendete, und seiner hohen, ebenmäßigen Silhouette, die sich am Winterhimmel abzeichnete! Er hatte eine ganz besondere Ausstrahlung und muß wohl an die hundert Jahre alt gewesen sein. Wenn eine Pflanze eingeht oder ein Baum vom Sturm umgestürzt wird, kann sich der Verlust für das Gesamtbild bisweilen durchaus vorteilhaft auswirken, aber diesen Birnbaum, der mir über fünfzig Jahre vertraut war, werde ich immer vermissen!

Dann wurde auch noch die namenlose Berberitze vom Hallimasch befallen, und wenn sie weg ist, wird an dieser Stelle eine riesige Lücke entstehen. Aber wie schon in anderen Fällen wird die Ecke ohne den Strauch wahrscheinlich besser zur Geltung kommen. Die beiden panaschierten Kreuzdorne sind ausgewachsen und werden ihrer Aufgabe, teilweise den Blick auf den Wassergarten zu verbergen, immer besser

gerecht. Das blaue Gitter wird mehr ins Blickfeld rücken und eine Stütze für *Clematis × durandii* und die im Herbst blühende *C. tangutica* oder die zierliche *C.* ›Etoile Rose‹ bilden. Hier wird also eine ganz besondere Stelle entstehen, von der aus jedes Detail genau betrachtet werden kann.

Im Frühling wirkt das Farbenspiel dieser Rabatte weniger streng als das der anderen drei. Zu den zahlreichen holländischen Krokussen gesellen sich Vergißmeinnicht und verschiedene Narzissen. Die Auswahl der Tulpen reicht von der gefransten ›Burgundy Lace‹, einer leuchtend weinroten Sorte mit kristallhellem Fransenrand, über ›Queen of Night‹, einer ganz dunklen kastanienbraunen, nahezu schwarzen Varietät bis zu der später blühenden ›Angélique‹ mit blaßrosa-weißen Blüten. Ich hoffe, daß der Regen ihren Zauber nicht zerstört und sich die austreibenden roten Schosse von *Euphorbia griffithii* ›Fireglow‹ nicht zu sehr mit den ›Angélique‹-Tulpen beißen.

Gegen Frühlingsende werden dann die oft übersehenen Taubnesseln wunderschön blühen, die Blätter des Ziests haben sich dann allmählich von der winterlichen Kälte erholt, und die gelben, holländischen Iris und mauvefarbenen Akeleien, die sich um das Heiligenkraut scharen, wirken frisch und schön. Von da an freue ich mich den ganzen Sommer über am Mohn, dessen Blüten zwischen dem Storchschnabel erscheinen, und danach am Rittersporn, den ich vor mehreren Jahren von Blackmore and Langdon bekommen habe. Er erhebt sich über den Blättern des *Acanthus*, den Glockenblumen und der im August und September blühenden Indianernessel.

Ich weiß sehr wohl, daß wir immer wieder versuchen sollten, unterschiedliche Wirkungen zu erzeugen, und nicht vergessen dürfen, daß jede Jahreszeit bestimmte Blüten hervorbringt, die zwar gewöhnlich, aber nicht zwangsläufig nach dem gleichen Muster kombiniert werden müssen. Hohe gelbe Margeriten, ein Schmetterlingsstrauch, *Buddleja davidii* ›Dartmoor‹, und ein Kissen mit Knöterich, *Persicaria bistorta* (früher hatte ich ihn unter dem Namen *Polygonum* gekauft), füllen die Lücken und die restlichen freien Stellen. Wenn der Sommer zu Ende geht, reifen die Samen des Silberpfennigs, *Lunaria annua*, und es lohnt sich, die äußeren Membrane aufzubrechen, um die flachen Perlmuttscheiben zu enthüllen.

Im November werden die Stauden zurückgeschnitten, und der Rahmen der immergrünen Pflanzen beherrscht erneut das Bild, das mir vom Fenster meines früheren Arbeitszimmers vertraut ist.

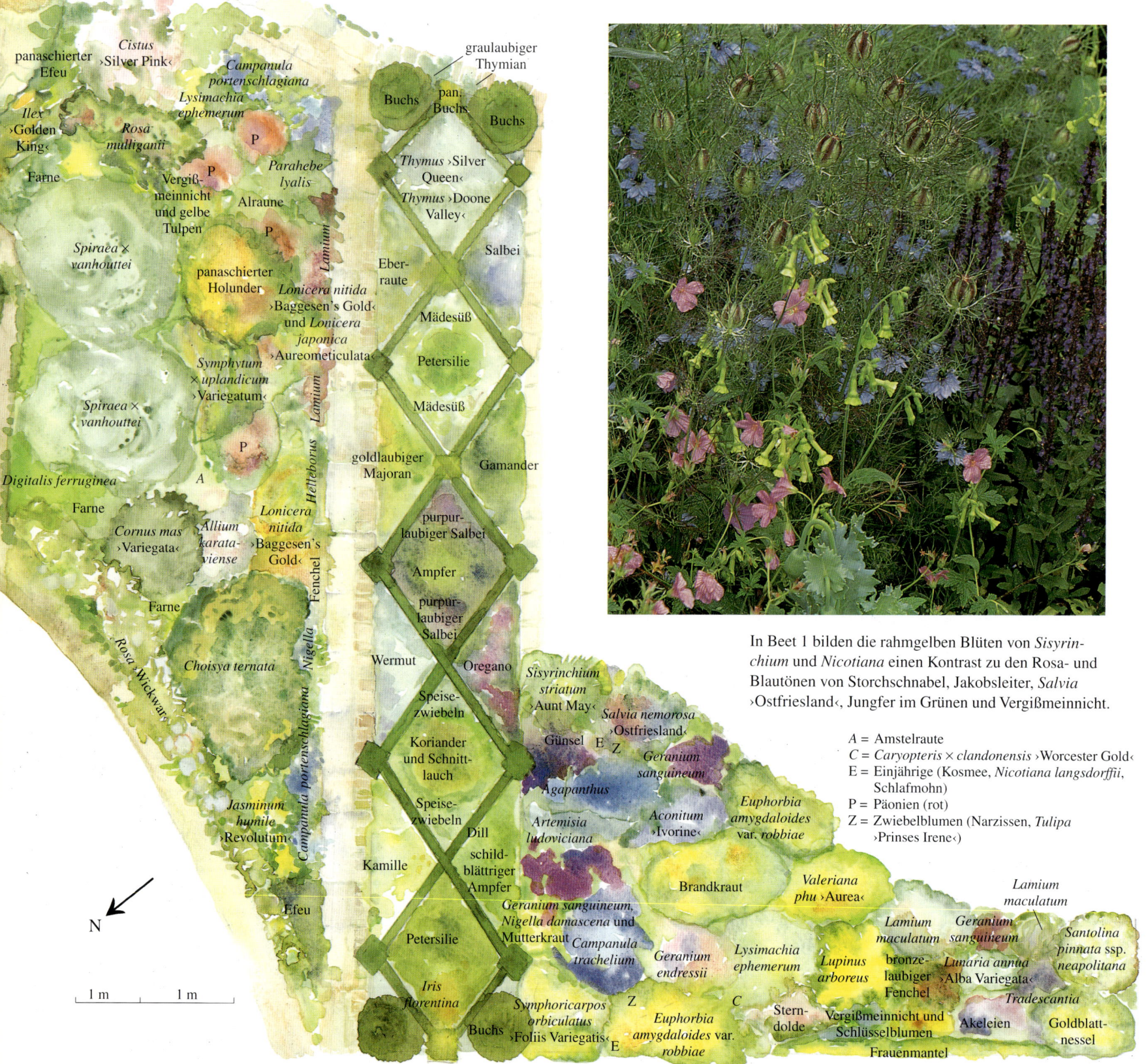

panaschierter
Efeu

Cistus
›Silver Pink‹

*Campanula
portenschlagiana*

Ilex
›Golden
King‹

*Lysimachia
ephemerum*

Farne

*Rosa
mulliganii*

Vergiß-
meinnicht
und gelbe
Tulpen

*Parahebe
lyalis*

Alraune

graulaubiger
Thymian

Buchs   pan.
Buchs

Buchs

Thymus ›Silver
Queen‹

Thymus ›Doone
Valley‹

Salbei

*Spiraea ×
vanhouttei*

panaschierter
Holunder

Lonicera nitida
›Baggesen's Gold‹
und *Lonicera
japonica*
›Aureometiculata‹

Eber-
raute

Mädesüß

Lamium

*Symphytum
× uplandicum*
›Variegatum‹

Petersilie

*Spiraea ×
vanhouttei*

P

Mädesüß

Lamium

goldlaubiger
Majoran

Gamander

Digitalis ferruginea

Farne

A

Helleborus

Cornus mas
›Variegata‹

*Allium
karata-
viense*

*Lonicera
nitida*
›Baggesen's
Gold‹

purpur-
laubiger Salbei

Ampfer

purpur-
laubiger
Salbei

Farne

Fenchel

Choisya ternata

Nigella

Campanula portenschlagiana

Wermut

Oregano

*Sisyrinchium
striatum*
›Aunt May‹

Rosa ›Wickwar‹

Speise-
zwiebeln

Salvia nemorosa
›Ostfriesland‹

Günsel E Z

*Geranium
sanguineum*

Koriander
und Schnitt-
lauch

Agapanthus

*Euphorbia
amygdaloides
var. robbiae*

*Jasminum
humile*
›Revolutum‹

Speise-
zwiebeln

*Artemisia
ludoviciana*

Aconitum
›Ivorine‹

Dill

Kamille

schild-
blättriger
Ampfer

Brandkraut

*Valeriana
phu* ›Aurea‹

*Lamium
maculatum*

*Geranium sanguineum,
Nigella damascena* und
Mutterkraut

Efeu

*Campanula
trachelium*

*Geranium
endressii*

*Lysimachia
ephemerum*

*Lupinus
arboreus*

*Lamium
maculatum*

*Geranium
sanguineum*

*Santolina
pinnata* ssp.
neapolitana

Petersilie

bronze-
laubiger
Fenchel

Lunaria annua
›Alba Variegata‹

Tradescantia

*Iris
florentina*

*Symphoricarpos
orbiculatus*
›Foliis Variegatis‹

Z

*Euphorbia
amygdaloides* var.
robbiae

C

Stern-
dolde

Vergißmeinnicht und
Schlüsselblumen

Akeleien

Goldblatt-
nessel

Buchs

E

Frauenmantel

N

1 m   1 m

In Beet 1 bilden die rahmgelben Blüten von *Sisyrin-
chium* und *Nicotiana* einen Kontrast zu den Rosa- und
Blautönen von Storchschnabel, Jakobsleiter, *Salvia*
›Ostfriesland‹, Jungfer im Grünen und Vergißmeinnicht.

A = Amstelraute
C = *Caryopteris × clandonensis* ›Worcester Gold‹
E = Einjährige (Kosmee, *Nicotiana langsdorffii*,
      Schlafmohn)
P = Päonien (rot)
Z = Zwiebelblumen (Narzissen, *Tulipa*
      ›Prinses Irene‹)

Mit Blau, Violett, Rosa und Weiß klingt in Beet 2 der Frühling aus. Überraschend und erfreulich zugleich wirken *Thalictrum* und Akeleien, beide aus Samen gezogen. Taubnessel empfiehlt sich als Füllpflanze mit schönem Laub das ganze Jahr über, während Vergißmeinnicht gut zwischen Frühlingszwiebelblumen und im Mai blühenden Stauden zur Geltung kommt.

Af = *Argyranthemum frutescens*
Na = *Nicotiana affinis*

Schlüsselblumen und Günsel, gefolgt von *Echeveria* ›Imbricata‹ und *Nemesia umbonata*

Sarcococea hookeriana var. digyna

Veilchen

Geranium endressii

Iris unguicularis

Epimedium grandiflorum

Lysimachia ephemerum

Symphoricarpos orbiculatus ›Foliis Variegatis‹

Scharlachfuchsie

Foeniculum vulgare ›Purpureum‹

Philadelphus coronarius ›Aureus‹

Digitalis × mertonensis

Osmanthus × burkwoodii

Holodiscus discolor

Sterndolde

Berberis × ottawensis f. *purpurea*

Origanum vulgare ›Aureum‹ (goldlaubiger Majoran)

Cornus mas ›Variegata‹

Philadelphus ›Beauclerk‹

Amstelraute

Lamium maculatum

Tulipa ›Apricot Beauty‹

Akeleien

Aconitum carmichaelii ›Arendsii‹

Hebe rakaiensis

Potentilla fruticosa ›Abbotswood‹

Anemone × hybrida ›Honorine Jobert‹

Tulipa ›Orange Favourite‹

Staudenpäonien

Daphne mezereum

Viola

Funkien

Fingerhut

Perückenstrauch

Geißklee

Weigela ›Bristol Ruby‹

Geranium × oxonianum ›Claridge Druce‹

Nectaroscordum siculum

Anthemis punctata ssp. *cupaniana*

Viola ›Belmont Blue‹

Verbascum phoeniceum

Lavatera ›Barnsley‹

Geranium ›Johnson's Blue‹

Sterndolde

Caryopteris × clandonensis

Phlomis fruticosa

Af

Na

Lobelia ›Pink Flamingo‹

Erysimum ›Constant Cheer‹

Aster × frikartii ›Mönch‹

Ilex × altaclerensis ›Golden King‹

Af

Hebe ›Mrs Winder‹

Clematis ›Madame Edouard André‹

Storchschnabel (winterhart)

Spiraea japonica ›Little Princess‹

Penstemon

Vergißmeinnicht und rosa Tulpen

Geißbart

Na

Hebe ›Mrs Winder‹

Hebe topiaria

Echium vulgare ›Blue Bedder‹

Tulipa ›Dillenburg‹, gefolgt von *Echium vulgare* ›Blue Bedder‹

Af

Lysimachia clethroides

Skimmien

Hebe rakaiensis

weiße und violette Krokusse und Primeln, gefolgt von *Diascia stachyoides*

Asphodeline lutea

Symphoricarpos orbiculatus ›Foliis Variegatis‹

Akeleien

Helleborus orientalis

Na

Vergißmeinnicht und *Tulipa* ›Hoangho‹

Ceanothus thyrsiflorus var. *repens*

Helleborus orientalis

Alchemilla mollis mit *Lamium maculatum*

Geranium × oxonianum

Nieswurz

Santolina rosmarinifolia ssp. *rosmarinifolia*

Hebe topiaria

Phillyrea angustifolia

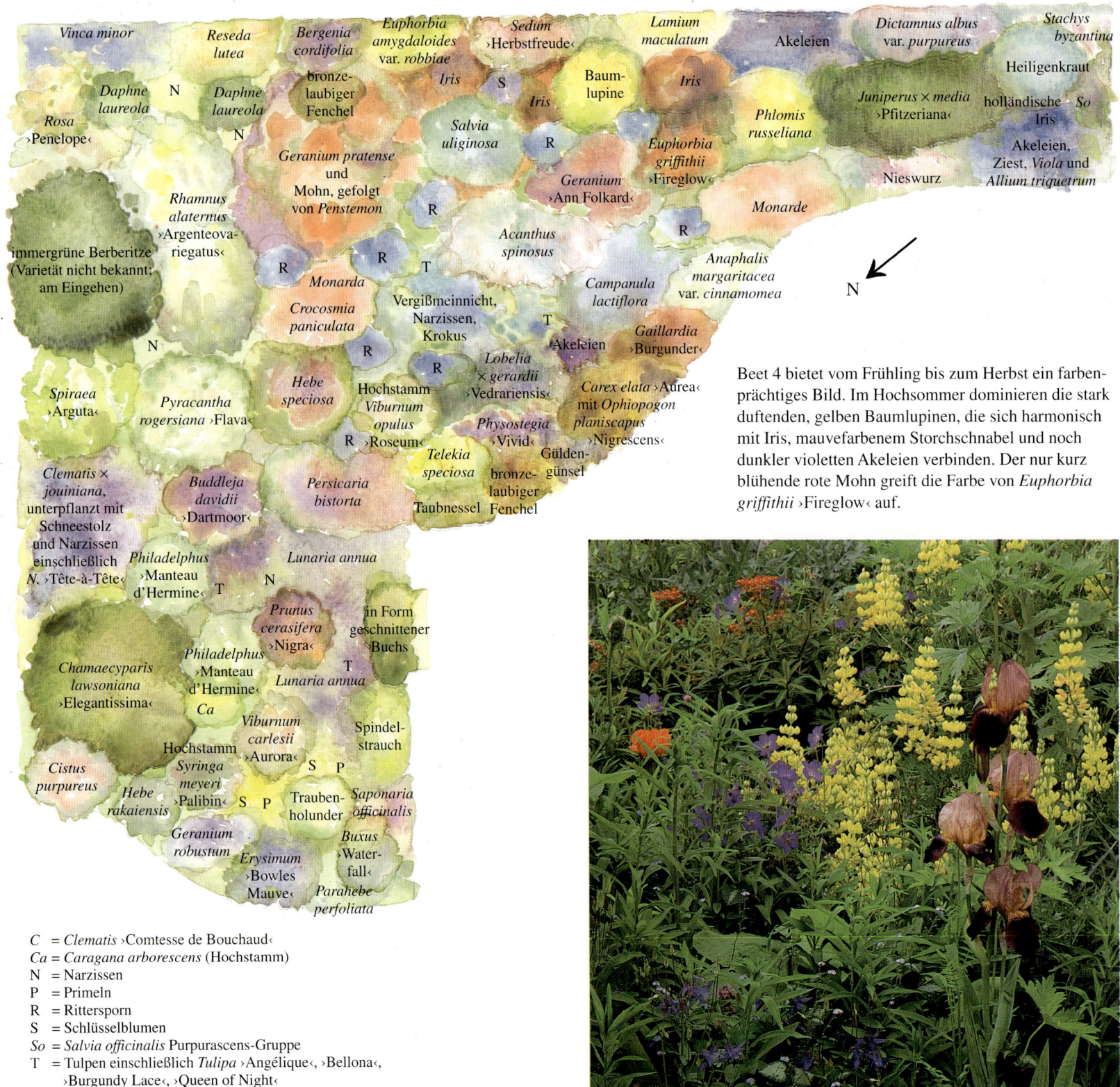

Vinca minor

Reseda lutea

Bergenia cordifolia

Euphorbia amygdaloides var. robbiae

Sedum ›Herbstfreude‹

Lamium maculatum

Akeleien

Dictamnus albus var. purpureus

Stachys byzantina

Daphne laureola

N

Daphne laureola

bronze-laubiger Fenchel

Iris

Iris

S

Baum-lupine

Iris

Juniperus × media ›Pfitzeriana‹

Heiligenkraut

hölländische Iris

So

Rosa ›Penelope‹

Salvia uliginosa

R

Phlomis russeliana

Euphorbia griffithii ›Fireglow‹

Akeleien, Ziest, Viola und Allium triquetrum

Geranium pratense und Mohn, gefolgt von Penstemon

Rhamnus alaternus ›Argenteova-riegatus‹

R

Geranium ›Ann Folkard‹

Monarde

Nieswurz

immergrüne Berberitze (Varietät nicht bekannt; am Eingehen)

R

R

T

Monarda

Acanthus spinosus

R

Anaphalis margaritacea var. cinnamomea

N

Crocosmia paniculata

Vergißmeinnicht, Narzissen, Krokus

Campanula lactiflora

N

R

T

Spiraea ›Arguta‹

Pyracantha rogersiana ›Flava‹

Hebe speciosa

Hochstamm Viburnum opulus ›Roseum‹

R

Lobelia × gerardii ›Vedrariensis‹

Akeleien

Gaillardia ›Burgunder‹

Carex elata ›Aurea‹ mit Ophiopogon planiscapus ›Nigrescens‹

Beet 4 bietet vom Frühling bis zum Herbst ein farbenprächtiges Bild. Im Hochsommer dominieren die stark duftenden, gelben Baumlupinen, die sich harmonisch mit Iris, mauvefarbenem Storchschnabel und noch dunkler violetten Akeleien verbinden. Der nur kurz blühende rote Mohn greift die Farbe von Euphorbia griffithii ›Fireglow‹ auf.

Physostegia ›Vivid‹

Güldengünsel

Clematis × jouiniana, unterpflanzt mit Schneestolz und Narzissen einschließlich N. ›Tête-à-Tête‹

Buddleja davidii ›Dartmoor‹

Persicaria bistorta

Telekia speciosa

bronze-laubiger Fenchel

Taubnessel

Philadelphus ›Manteau d'Hermine‹

Lunaria annua

N

T

Chamaecyparis lawsoniana ›Elegantissima‹

Prunus cerasifera ›Nigra‹

in Form geschnittener Buchs

Philadelphus ›Manteau d'Hermine‹

Lunaria annua

T

Ca

Viburnum carlesii ›Aurora‹

Spindel-strauch

Cistus purpureus

Hochstamm Syringa meyeri ›Palibin‹

S

P

S

P

Trauben-holunder

Saponaria officinalis

Hebe rakaiensis

Geranium robustum

Erysimum ›Bowles Mauve‹

Buxus ›Water-fall‹

Parahebe perfoliata

C = Clematis ›Comtesse de Bouchaud‹
Ca = Caragana arborescens (Hochstamm)
N = Narzissen
P = Primeln
R = Rittersporn
S = Schlüsselblumen
So = Salvia officinalis Purpurascens-Gruppe
T = Tulpen einschließlich Tulipa ›Angélique‹, ›Bellona‹,
    ›Burgundy Lace‹, ›Queen of Night‹

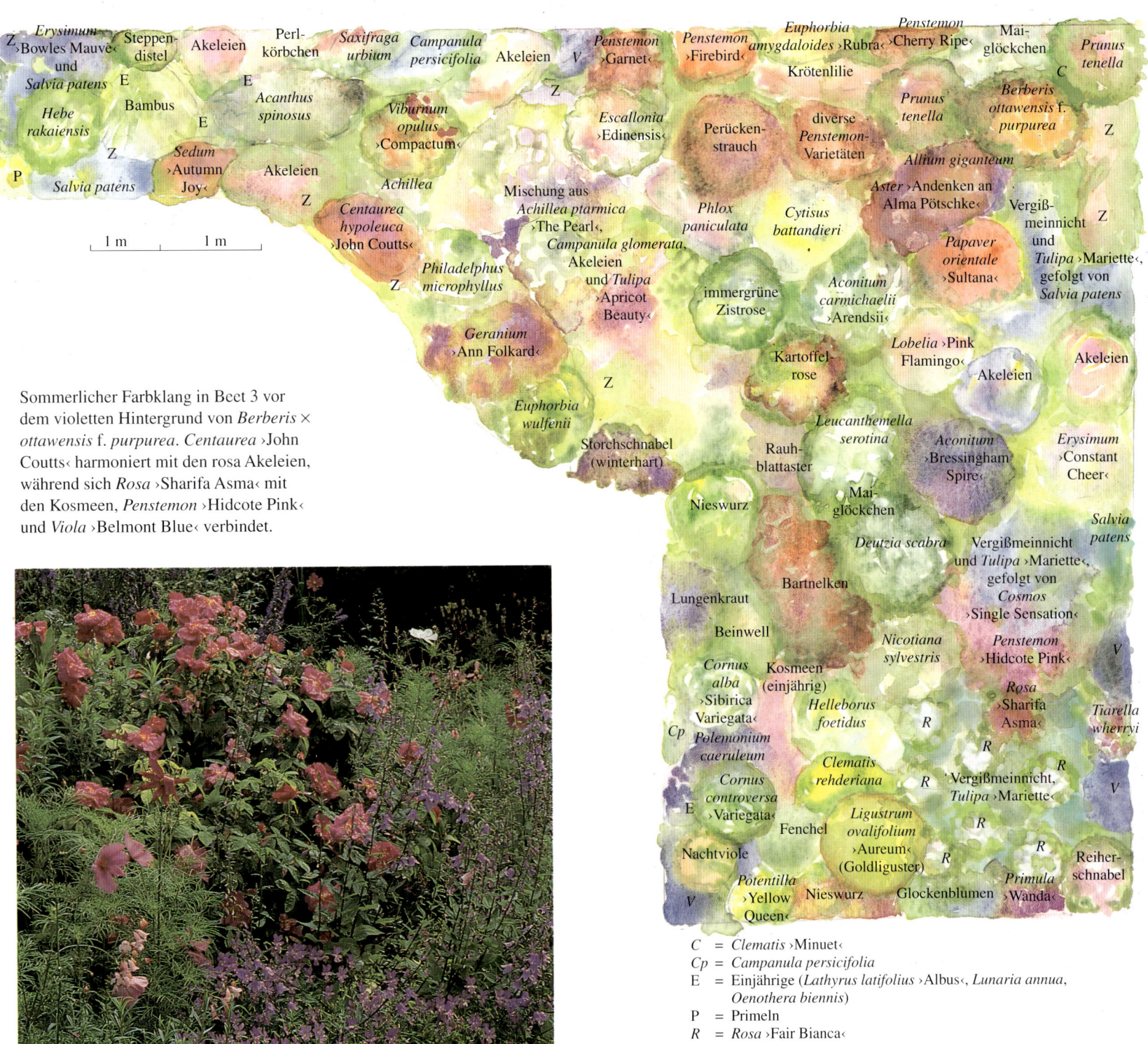

Z *Erysimum* ›Bowles Mauve‹ und *Salvia patens*

E

Steppendistel

Akeleien

Perlkörbchen

Saxifraga urbium

Campanula persicifolia

Akeleien

V

Z

Penstemon ›Garnet‹

Penstemon ›Firebird‹

Euphorbia amygdaloides ›Rubra‹

Penstemon ›Cherry Ripe‹

Maiglöckchen

C

Prunus tenella

Hebe rakaiensis

E

Bambus

E

Acanthus spinosus

Viburnum opulus ›Compactum‹

Escallonia ›Edinensis‹

Krötenlilie

Perückenstrauch

diverse *Penstemon*-Varietäten

Prunus tenella

Berberis ottawensis f. *purpurea*

Z

Z

P

Salvia patens

Sedum ›Autumn Joy‹

Akeleien

Z

Achillea

Centaurea hypoleuca ›John Coutts‹

Mischung aus *Achillea ptarmica* ›The Pearl‹, *Campanula glomerata*, Akeleien und *Tulipa* ›Apricot Beauty‹

Phlox paniculata

Cytisus battandieri

Allium giganteum

Aster ›Andenken an Alma Pötschke‹

Papaver orientale ›Sultana‹

Vergißmeinnicht und *Tulipa* ›Mariette‹, gefolgt von *Salvia patens*

Z

1 m   1 m

Z

Philadelphus microphyllus

Geranium ›Ann Folkard‹

immergrüne Zistrose

Aconitum carmichaelii ›Arendsii‹

Lobelia ›Pink Flamingo‹

Akeleien

Akeleien

Sommerlicher Farbklang in Beet 3 vor dem violetten Hintergrund von *Berberis* × *ottawensis* f. *purpurea*. *Centaurea* ›John Coutts‹ harmoniert mit den rosa Akeleien, während sich *Rosa* ›Sharifa Asma‹ mit den Kosmeen, *Penstemon* ›Hidcote Pink‹ und *Viola* ›Belmont Blue‹ verbindet.

Z

Euphorbia wulfenii

Storchschnabel (winterhart)

Kartoffelrose

Nieswurz

Rauhblattaster

Leucanthemella serotina

Maiglöckchen

Aconitum ›Bressingham Spire‹

Erysimum ›Constant Cheer‹

Salvia patens

Lungenkraut

Deutzia scabra

Bartnelken

Vergißmeinnicht und *Tulipa* ›Mariette‹, gefolgt von *Cosmos* ›Single Sensation‹

Beinwell

Nicotiana sylvestris

Penstemon ›Hidcote Pink‹

V

Cornus alba ›Sibirica Variegata‹

Kosmeen (einjährig)

Helleborus foetidus

R

Rosa ›Sharifa Asma‹

Tiarella wherryi

Cp

Polemonium caeruleum

R

R

Cornus controversa ›Variegata‹

Clematis rehderiana

R

Vergißmeinnicht, *Tulipa* ›Mariette‹

R

V

E

Fenchel

Ligustrum ovalifolium ›Aureum‹ (Goldliguster)

R

R

Nachtviole

Potentilla ›Yellow Queen‹

Nieswurz

Glockenblumen

Primula ›Wanda‹

Reiherschnabel

V

C = *Clematis* ›Minuet‹
Cp = *Campanula persicifolia*
E = Einjährige (*Lathyrus latifolius* ›Albus‹, *Lunaria annua*, *Oenothera biennis*)
P = Primeln
R = *Rosa* ›Fair Bianca‹
V = *Viola* ›Belmont Blue‹
Z = Zwiebelblumen (weiße Narzissen, weiße Krokusse, *Crocus tommasinianus*, Osterglocken, holländische Iris und Tulpen)

61

Duftende Kräuter vor der Küchentür

Ich habe meine Kräuter nicht wie im typischen Cottage-Garten da und dort verteilt, sondern mich vor 20 Jahren für ein formal gestaltetes Beet entschieden. In den durch Buchs abgegrenzten »Feldern« baue ich meine bevorzugten Kräuter, nach Arten getrennt, in unmittelbarer Reichweite an. Das Beet war ursprünglich direkt vor meiner Küchentür; heute ist hier der Eingang zum Antiquitätenladen meiner Schwiegertochter. Im Vordergrund (links) erkennt man verschiedene Thymiansorten. Der graulaubige Thymian, den wir aus der Provence mitgebracht haben, verströmt an heißen Sommertagen ein unverkenn-

bares Aroma. Das erste Dreieck rechts enthält Eberraute und daneben eine bewährte Form des goldlaubigen Majorans. Diesen Goldton greift *Buxus sempervirens* ›Aureovariegata‹ mit seinem leuchtenden Laub auf. Der Salbei behält das ganze Jahr über seine reizvolle Form, insbesondere der schmalblättrige *Salvia lavandulifolia*. Bis in den Oktober hinein blüht der Gamander, *Teucrium × lucidrys*, und das Laub der ägyptischen Zwiebel hat sich inzwischen strohgelb gefärbt. Rechts hinten steht die Orangenblume in voller Blüte; ihr Duft begleitet uns, wenn wir den schmalen Pfad entlanggehen.

Neben der Orangenblume entfaltet der gelbe *Jasminum humile* ›Revolutum‹ im Juli ein Meer von Blüten (oben links), über dem die ausladenden Zweige der *Rosa* ›Wickwar‹ hängen (wir

bekamen sie als Sämling aus dem Garten des verstorbenen Keith Steadman in Wickwar). Ihre mehrtriebigen Blüten duften köstlich und bilden im Herbst aufsehenerregende Büschel orangegelber Hagebutten.

Die hohlen grünen Triebe der aus Ägypten stammenden Zwiebel, *Allium cepa* var. *proliferum* (oben rechts), tragen an den Spitzen dichtstehende, winzige Zwiebelchen, die, kleingeschnitten, dem Salat einen Hauch Aroma verleihen. Im Vordergrund wachsen purpurlaubiger Salbei, der graue Wermut und – kurz vor dem Aufblühen – *Origanum laevigatum*. Oft stehen sich auch andere Sämlinge in das Beet; hier darf sich der Storchschnabel *Geranium endressii* ausbreiten, solange er nicht zu viel Platz beansprucht.

Blumenwiesen

Ich habe eine Vorliebe für lilienblütige Tulpen und versuche, in jedem Beet nur eine Farbe vorherrschen zu lassen, so daß im Frühling eine wahre Explosion entsteht. Die rosa ›Mariette‹ – Tulpen (**unten**) entfalten ihre anmutigen Blütenblätter über einem Teppich aus Vergißmeinnicht. Diese Tulpen wirken sehr schön vor dem austreibenden Laub von *Berberis × ottawensis* f. *purpurea* und dem der Zwergmandel, *Prunus*

amygdalis ›Nana‹. Nach der Blüte nehmen wir die Tulpen und Vergißmeinnicht in diesem Bereich heraus, so daß wir reichlich Platz für einige Einjährige gewinnen, die wir für ein farbenprächtiges Bild im Sommer gezogen haben – Kosmeen und *Nicotiana sylvestris* –, aber auch für frostempfindliche Stauden wie *Penstemon* und *Lobelia*.

Wenn man um die Berberitze herumgeht, kommt man zu einem zwangloser gestalteten Beet, das sich mit den Jahren zu einer Blumenwiese wie im Mittelalter entwickelt hat. Ich weiß sehr wohl, daß ich hier nur ganz vorsichtig ein-

greifen darf, wenn ihr spontaner Zauber nicht verlorengehen soll. Die hübsche rosa *Tulipa* ›Apricot Beauty‹ blüht Ende April zusammen mit weißen büschelständigen Narzissen. Den Frühlingszwiebeln folgen *Campanula glomerata* und *Achillea* ›The Pearl‹. Aber im Vorfrühling benötigen wir Unmengen von Krokussen. *C. tommasinianus* versamt sich inzwischen selbst, und ich werde jeden Herbst noch mehr weiße, holländische Krokusse dazusetzen, um sicherzugehen, daß sich meine Vorstellung von einer Bepflanzung in Lagen verwirklichen läßt.

Eine Folge von Zwiebelblumen

Seit einem Besuch in Holland habe ich immer mehr Zwiebeln in die Rabatten gesetzt. Der Anblick jenes farbenprächtigen Tulpenmeers hat meine Vorstellungen von einem Frühlingsgarten völlig gewandelt. So muß ich mich schon sehr beherrschen, nicht Unmengen von Zwiebeln aus den Herbstkatalogen zu bestellen. Ich kalkuliere alljährlich eine bestimmte Summe dafür ein – einmal hauptsächlich für Tulpen, ein anderes Mal für Narzissen oder kleinere Zwiebelblumen wie Schneestolz, *Scilla* und die hübsche frühblühende Schwertlilie. Obgleich wir sie ganz gewissenhaft mit Namensschildern versehen, sind im Lauf der Jahre viele Bezeichnungen in Vergessenheit geraten, insbesondere bei den Narzissen, die meist im Boden bleiben, um sich zu vermehren. Es hat sich bewährt, die Tulpen sofort nach ihrer Blüte auszugraben und in mit Erde gefüllten Kisten natürlich einziehen zu lassen.

Beet 1 (**links**) Mitte April mit der Kräuterrabatte dahinter. Das dominierende Farbspektrum reicht hier stets von Weiß über Creme und Hellgelb bis zu kräftigeren Goldtönen. Die Narzissen sind von Taubnesseln, Akeleien, *Euphorbia amygdaloides* var. *robbiae* und winterhartem Storchschnabel umgeben.

Das gleiche Beet ist hier drei Wochen später abgebildet (**unten links**). Die Narzissen sind verblüht und werden von *Tulipa* ›Prinses Irene‹ und Schlüsselblumen abgelöst. Die Taubnessel *Lamium galeobdolon* steht in Blüte.

In Beet 2 (**unten**) mischen sich die lilienblütige *Tulipa* ›White Triumphator‹ und *T.* ›China Pink‹ mit der kräftiger gefärbten *T.* ›Dillenburg‹, die in großen Gruppen vor einer panaschierten Stechpalme und krautigen Pflanzen stehen.

Beet 4 (**rechts und unten rechts**) in ganz unterschiedlichen Stimmungen im April. Die weiße *Narcissus triandus* ›Thalia‹ mischt sich unter die goldgelbe Osterglocke ›Unsurpassable‹. *Tulipa* ›Bellona‹, Vergißmeinnicht und der dunkelviolette Silberpfennig scharen sich um den Hochstamm eines *Viburnum opulus* ›Roseum‹.

Pflanzen, die sich selbst verbreiten

Manche Pflanzen breiten sich erfreulicherweise selbst aus, vor anderen müssen wir uns allerdings hüten. Zwei meiner im Juni blühenden Lieblinge sind die mehrjährigen Stauden Amstelraute und die duftende Nachtviole (oben). Die Amstelraute versamt sich selbst, und da die Samenstände so attraktiv sind, lassen wir sie immer stehen. Sie tragen intensiv rosarote Blüten, aber mir

wurde auch eine weißblühende Form versprochen, die in einer weißen Rabatte großartig zur Geltung kommen wird. Die Nachtviole blüht über einige Wochen und duftet am Abend besonders intensiv. Das von der Royal Horticultural Society herausgegebene »Dictionary of Plants« beschreibt sie als zwei- bis mehrjährig. Obgleich unserer Erfahrung nach die Horste jedes Jahr größer werden, vermehren wir zur Sicherheit stets weitere aus Samen. Auch Jungfer im Grünen und Fenchel, im Vordergrund dieses Fotos, versamen sich großzügig.

Manche sich selbst versamende Pflanzen sind allerdings mit Vorsicht zu genießen. Das hübsche rosafarbene Weidenröschen, *Epilobium angustifolium album*, **(links)** ist zwar sehr dekorativ, sollte aber einen Platz bekommen, auf dem es sich uneingeschränkt ausbreiten darf. Falls Sie es wie wir in die Rabatte setzen, müssen Sie unbedingt die Samenkapseln entfernen, bevor sie sich öffnen. Wenn Sie die Blütenähren genauer betrachten, sehen Sie, daß sich oben neue Blütenknospen entfalten, während die Samenkapseln nur darauf warten, sich zu öffnen. *Acanthus spinosus* prägt das Bild unserer Rabatten von August bis zum Spätherbst. Er breitet seine fleischigen Wurzeln rund um die Mutterpflanze aus; sie müssen im Herbst oder Frühling abgestochen werden, um die Pflanze einzudämmen.

Der reizende weiße Lauch, *Allium triquetrum*, **(oben)** würde den ganzen Garten einnehmen, wenn man ihn nicht am Aussamen hinderte – greifen Sie also unbedingt ein!

69

Strukturbildende Sträucher

Diese Bilder zeigen, wie wichtig immergrüne und laubabwerfende Sträucher für Rabatten in Hausnähe sind. Mit ihrer Form erregen sie im Winter Aufmerksamkeit und sorgen für Höhe, wenn die Stauden eingezogen haben; im Sommer bilden sie einen starken Hintergrund. In den Beeten 2 und 3 sind sie jeweils in der Mitte eingesetzt, um eine Trennung zwischen dem Herzen des Gartens und dem größeren Rasen mit der langen Rabatte zu schaffen.

In Beet 2 (**links**) bildet der Perückenstrauch die entsprechende Kulisse. Obgleich ursprünglich für jedes der vier Parterre-Beete bestimmte Farbpläne vorgesehen waren, haben sich mit der Zeit unweigerlich andere Töne eingeschlichen, die wir bewußt dulden, auch wenn ich mich bisweilen über meine eigene Kühnheit wundere. In diesem Feuerwerk der Farben harmonieren die gelben und orangefarbenen Taglilien erstaunlicherweise mit dem karmesinroten *Penstemon*, und gemeinsam leiten sie zu dem blasseren Dunstschleier des Perückenstrauchs über. Dieses Bild zeigt beispielhaft, wie gut sich Grün als verbindendes Element zwischen verschiedenen Farben eignet, die nicht unmittelbar komplementär sind – Kompositionen, auf die sich die Impressionisten meisterhaft verstanden.

Der Ausschnitt aus Beet 2 (**rechts oben**) zeigt die kuppelförmige *Phillyrea angustifolia*, die nicht nur als Hintergrund dient, sondern im Winter auch den

Westwind abhält und im Mai dem blühenden *Ceanothus* Schutz bietet. Seine blauen Blüten verschmelzen harmonisch mit den dunkleren Akeleien. Um diesen Farbklang zum Leuchten zu bringen, darf sich die rosablühende Form der Amstelraute hier aussamen und uneingeschränkt vermehren.

In Beet 4 (**rechts unten**) bildet der Wacholder, *Juniperus × media* ›Pfitzeriana‹, das dominierende immergrüne Element. Wir haben sämtliche Zweige an der Basis abgenommen, um die tänzerische Anmut seiner elegant nach oben gerichteten »Beine« zu unterstreichen. Darüber breiten sich die starkwüchsigen Zweige wie eine Tischplatte aus; wir müssen sie im Frühjahr kräftig zurückschneiden, um Größe und Form dieses bedeutenden Blickfangs zu erhalten. Darunter mischen sich Nieswurz mit Veilchen, *Iris* aus Holland, *Santolina pinnata* ssp. *neapolitana*, Akeleien und *Stachys byzantina*. Im Juli sind die 1,2 m hohen Blütentrauben der *Campanula latiloba* von den Ähren des Rittersporns eingerahmt. Der Fenchel darf sich in den Rabatten aussamen und bildet häufig einen prächtigen Hintergrund für Pflanzen mit großen, markanten Blättern. Hier ist auch *Telekia speciosa* zwischen dem Fenchel aufgegangen, dahinter der Storchschnabel, *Geranium psilostemon*. Ich hätte das etwas derbe Gelb von *Telekia* bestimmt nicht mit den drei andern Farben kombiniert, doch nun hat es sich als unübersehbarer Blickfang bewährt.

Hohe und horstbildende Sträucher

Die laubabwerfende *Berberis × ottawensis* f. *purpurea*, die Ende August fotografiert wurde, bildet ein prägendes Element an der Südecke **(links)**; ganz gleich, welchen Weg man hier einschlägt, immer öffnet sich ganz überraschend ein Ausblick. Weitere Sträucher, die in diesem Beet als Kulisse dienen, sind *Cytisus battandieri*, *Deutzia scabra* und (nicht abgebildet) Goldliguster. In diesem Bereich herrscht reger Wechsel: im Frühling dominieren die Tulpen, im Sommer farbenprächtige *Cosmos* ›Sensation‹ und *Nicotiana sylvestris*.

Leider ist 1994 in Beet 2 die *Populus alba* ›Richardii‹ mit ihren goldgelben Blattoberseiten und weiß schimmernden Unterseiten

eingegangen **(rechts oben)**. Die Unterpflanzung besteht hier aus Zierlauch, gelben Tulpen, Funkien und *Viola*.

Hohe Sträucher bilden einen Hintergrund in dem Beet neben der Kräuterrabatte **(rechts unten)**. Das Laub von *Cornus mas* ›Variegata‹ hebt sich mit seinen cremeweißen Rändern gut von dem Fruchtbehang roter Beeren im Herbst ab. *Lonicera nitida* ›Baggesen's Gold‹ **(rechts im Vordergrund)** unterstreicht das vorherrschend gelbe Farbthema.

Im Vordergrund blüht Mitte Juni *Santolina rosmarinifolia* ssp. *rosmarinifolia* **(unten)**. Hinter der weißblühenden, graulaubigen *Hebe topiaria* erhebt sich ein immergrüner *Ceanothus thyrsiflorus* var. *repens*. Alle bilden Horste und sind ausgesprochen winterhart, denn diese Westecke von Beet 2 ist in der kalten Jahreszeit ganz und gar dem Wind ausgesetzt.

Bodendecker

Bestimmte Pflanzen eignen sich hervorragend als Bodendecker und bleiben jahrein, jahraus gesund und ansehnlich. Abgesehen davon, daß man Verblühtes ausbrechen und das Laub ausputzen muß, bilden sie einen wirksamen Schutz gegen aufkommendes Unkraut. Nackter Boden bleibt nie lange unbewachsen, sondern wird rasch mit Unkraut überzogen. Warum ihn also nicht lieber mit Pflanzen bedecken, die uns gefallen?

Anfang Mai (**oben links**) sind die purpurvioletten und weißen Blüten von *Lamium maculatum* umgeben von *Alchemilla mollis*, und *Geranium endressii* (60 cm hoch) zeigt sich im Hintergrund. Die Blüten des Frauenmantels müssen vor dem Aussamen entfernt werden; wir schneiden sie im Juli stark zurück, und innerhalb von ein paar Tagen erscheinen bereits junge, frische Blätter.

Ein anderer winterharter Storchschnabel, *G. sanguineum*, eignet sich mit lediglich 35 cm Höhe gut für den vorderen Bereich der Rabatte (**oben rechts**). Er blüht wochenlang, und im Herbst nehmen seine tief eingeschnittenen grünen Blätter herrliche Rot- und Bronzetöne an.

Immergrüne Sträucher mit tief ansetzenden Zweigen betrachte ich ebenfalls als Bodendecker. Dieser *Cistus purpureus* (**oben Mitte**) gedeiht mit seinen zartgrünen Blättern am besten in magerem Boden mit guter Wasserführung. Hier hat er sich am Fuß einer niedrigen Stützmauer angesiedelt. Seine rosa-karmesinroten Blüten mit dem intensiv schokoladenbraunen Basalfleck entfalten sich in reicher Folge den ganzen Sommer und Herbst hindurch und harmonieren farblich sehr schön mit der darunter stehenden blauvioletten *Campanula portenschlagiana*. Diese Glockenblume erscheint hier seit Jahren und erfordert keinerlei Pflege, außer daß wir die welken Blütenstiele ausbrechen.

Ich setze Bodendecker gern an die Ecken der Beete (**links**). Im Frühling drängen sich Wildkrokusse durch den Teppich des bronzefarbenen Günsels, und nach dem letzten Frost erscheinen die erstaunlich symmetrisch geformten Rosetten von *Echeveria* × ›Imbricata‹. Eine kleinwüchsige Fetthenne hat sich ebenfalls eingeschlichen.

An einer weiteren Stelle, die sich selbst überlassen bleibt (**rechts**), mischen sich rote und weiße Lichtnelken unter *Reseda* und Fenchel, der sich hier versamt hat.

Kräftige Farben

All diese Bilder zeigen Beet 4, für das ich vor vielen Jahren leuchtende Rot- und kräftige Gelbtöne ausgewählt habe.

Im Mai bildet *Euphorbia griffithii* ›Fireglow‹ mit leuchtend roten Blütendolden einen Blickfang **(links oben)**. Obgleich sich die Pflanze erfahrungsgemäß stark ausbreitet, hat sie sich bis jetzt gut in unsere Rabatte eingefügt. Auch ihr Laub trägt zum Gesamtbild bei, und wenn die Blüten verwelkt sind, wirken die Samenstände nicht weniger reizvoll.

Die Idee, orangefarbene Inkalilien mit magentarotem *Geranium psilostemon* zu kombinieren **(links unten)**, habe ich von Graham Stuart Thomas übernommen – er empfiehlt sie in seinem Klassiker »Perennial Garden Plants«. *Acanthus spinosus* gewinnt allmählich an Höhe, und bald schon wird der Rittersporn das Bild beherrschen.

Obgleich sich für den Türkischen Mohn nur schwer geeignete Partner finden lassen, kann ich seinen herrlichen Knospen und den zerknitterten, pergamentartigen Blütenblättern nicht widerstehen, zumal er unzählige Hummeln anlockt **(rechts)**. Bei Tagesanbruch im Juli lassen der Mohn und die gelben Baumlupinen einen leuchtenden Farbklang entstehen. Ich wünschte, die üppig blühenden Baumlupinen wären langlebiger, aber während sie im ersten Jahr ansehnlich und im zweiten großartig wirken, weiß man im dritten, daß sie ersetzt werden müssen. Zum Glück lassen sie sich leicht aus Samen ziehen. Im Hintergrund erheben sich hoher Rittersporn und *Geranium psilostemon*. Rechts im Bild: der blaue Storchschnabel, *G. pratense*, der im Juni zuverlässig blüht.

Herbstfreuden

Was tun wir nicht alles, damit unsere Rabatten im Hochsommer prächtig blühen! Aber obgleich ihnen Sonnenblumen, Sonnenaugen, Astern und andere Korbblütler auch im Herbst noch Farbe und Leben verleihen, habe ich mich in den letzten beiden Jahren eingehend damit beschäftigt, wie sich die Wirkung unserer Pflanzen bis in den November ausdehnen ließe. Es geht mir darum, die Blütezeit vom Sommer über den Herbst bis zum Winter hinauszuziehen.

Wie geschaffen dafür sind Salbei, Lobelie, *Leucanthemella serotina*, *Lysimachia ephemerum* und mehrere ausdauernd blühende Einjährige. Wie erfolgreich sich diese Idee verwirklichen läßt, hängt allerdings weitgehend vom Zeitpunkt des ersten Frostes ab, auf den wir keinen Einfluß haben.

Die Rabatte neben dem Kräuterbeet (**rechts**) zeigt *Cornus mas* ›Variegata‹ Ende September mit reichem Fruchtbehang (Kornelkirschen). Davor sorgt eine *Lonicera nitida* ›Baggesen's Gold‹ zusammen mit bronzefarbenem Fenchel und dem mit einem goldenen Netzmuster überzogenen Laub des Geißblatts für Spannung, zumal dessen Triebe überall hindurchbrechen und hochklettern.

Im Oktober (**unten**) erheben sich in meinem farbenfrohen »Laissez faire«-Beet 4 die markanten Blütenähren des *Acanthus*, die hohen Samenstände des Fenchels und die spitzen Blätter und Blütenstiele von *Crocosmia paniculata*, einer eindrucksvollen Pflanze mit kleinen orangeroten Trompetenblüten.

Was uns im Herbst erfreuen soll, bedarf rechtzeitiger Planung. Die blaue *Lobelia siphilitica* gehört wie *L. × vedrariensis* zu den Pflanzen, die den Winter bei uns überstehen. Die andern vertragen den Frost hier nicht, aber verschiedene Salbeiarten wie *Salvia azurea, coccineas, discolor, guaranitica* und *involucrata* erweisen sich immer wieder als dankbare Gartenpflanzen und lassen sich gut mit *Aster × frikartii, Caryopteris × clandonensis*, der Sterndolde und der einjährigen *Nicandra physalodes* kombinieren.

Das Foto von Beet 3 (**unten**) beweist, wie stark die Lobelien das Gesamtbild prägen, wenn man die Mühe nicht scheut, sie heranzuziehen. Manche winterharte Arten (*L. × vedrariensis* und *L. siphilitica*) versamen sich selbst, andere wie meine geschätzte *L.* ›Pink Flamingo‹ müssen eigens gezogen werden. Wir schneiden im frühen Herbst Stecklinge, die dann, sobald die Tulpen und Vergißmeinnicht im Boden sind, in die Rabatten gepflanzt werden können. Im Hintergrund werden sie von *Cotinus coggygria* reizvoll unterstrichen. Sterndolde, *Lychnis* ›Hoar Frost‹ und *Aster × frikartii* ›Mönch‹ blühen noch immer, und überraschenderweise hat die einjährige *Nicandra physalodes*, die wir vor mindestens zehn Jahren gepflanzt haben, gekeimt und präsentiert in der Mitte des Bildes ihre Blüten und Samenstände.

Die gleiche Rabatte (**folgende Doppelseite**) bietet drei Wochen später, am 14. Oktober, mit einjährigem *Cosmos* ›Single Sensation‹, der frostempfindlichen Staude *Lobelia* ›Pink Flamingo‹ und der winterharten *Leucanthemella serotina* noch immer ein aufregendes Schauspiel. *Deutzia scabra* und *Ligustrum ovalifolium* ›Aureum‹ verfärben sich allmählich.

Tempel
und Wassergarten

Unser Tempel ist zum bedeutendsten Element des Gartens geworden. Er ist ein Ort, der Ruhe ausstrahlt und zum Sichniederlassen einlädt, um den Blick auf den Froschbrunnen zu genießen. Andeutungsweise abgetrennt durch das blaue Tor, bildet er einen Blickfang, wenn man vom Brunnen aus zurückschaut über den Rasenweg zwischen den Rabatten, die formierten Linden und den Goldregenlaubengang. Unter der langsam wandernden Sonne erscheint dieses klassische Gebäude in ständig wechselndem Licht, stets aber fühlt man sich magisch davon angezogen. An wolkenlosen Tagen spiegeln sich die weißgekalkten Wände auf der flimmernden Oberfläche des Teichs.

An seinem ehemaligen Standort im Fairford Park war der Tempel nicht mit dem Element Wasser kombiniert, und seine Wände bestanden aus grob behauenem Stein. Er war vor zweihundert Jahren als Blickfang erbaut worden und stand in einiger Entfernung vom Haus, eingerahmt von Bäumen in einer für das 18. Jahrhundert typischen Waldszene. Als wir ihn zum ersten Mal sahen, bröckelte der Stein ab, und der Sturz über den Mittelsäulen war zusammengebrochen; David ließ sich davon aber nicht entmutigen – er betrachtete den Tempel als großartiges Vermächtnis des Ernest Cook Trusts. Im Jahre 1962 traf er, Stein für Stein sorgfältig numeriert, auf einem Lastwagen bei uns ein. David hatte bei der Wahl des Standorts eine glückliche Hand, denn die Proportionen des Tempels und die dafür vorgesehene Fläche waren wie füreinander geschaffen. Das 1954 angelegte Wasserbecken entsprach im Durchmesser genau der Breite des Bauwerks, und vier bereits vorhandene Irische Säulenwacholder halfen, ihn in die neue Umgebung einzugliedern.

Wie günstig sich auswirken sollte, daß der Tempel auf drei Seiten von unseren 1770 erbauten Mauern umgeben war anstatt von Bäumen, war mir zunächst keineswegs bewußt. Hätte ich Gartengestaltung von der Pike auf erlernt, wäre mir zweifellos mit einem Blick klar gewesen, welche Möglichkeiten dieser Standort barg, so aber dauerte es in der Tat an die zehn Jahre, bis ich, nicht zuletzt durch den Besuch von Gay Hellyer im Jahr 1974, das Ganze in einem anderen Licht sah. Mit ihrem untrüglichen Gefühl für Raum überzeugte mich Gay, den Bereich um das Wasserbecken zu öffnen, anstatt ihn mit Sträuchern zuzupflanzen, für die auch anderswo im Garten Platz war. Auf der einen Seite standen in einer Reihe vier Schmetterlingssträucher, auf der andern war ein richtiger Wald aus *Paeonia delavayi*. Drei der Schmetterlingssträucher verschwanden, und Tim Sherrard tauschte die meisten der vielen Baumpäonien gegen die Buchskugeln ein, die nun den Winterweg säumen.

Durch diese Veränderungen gewannen wir zwar eine größere offene Fläche, aber wie sollte der Boden bedeckt werden? Durch einen glücklichen Zufall besuchten wir kurz danach Gordon Russells Garten in Chipping Camden. Der Platz, an dem wir dort Tee tranken, war von Hecken umgeben und hatte die gleichen Proportionen wie unser Wassergarten; er war größtenteils mit Platten ausgelegt, zwischen denen Stellen für bodendeckende Pflanzen und schattenspendende Sträucher ausgespart waren. Hinzu kam, daß ich in der Zeitschrift der Royal Horticultural Society auf einen Artikel stieß, der sich mit dem Verlegen von Pflaster auf trockenem Zement und Sand befaßte. All dies gab mir den Impuls, mit der Umgestaltung zu beginnen. Fred und ich fuhren also mit meinem alten Traktor und dem Anhänger zu einem Bauernhof, um eine Ladung malerisch verwitterter, flacher Steine zu besorgen, die wir rund um das Wasserbecken legten, wo sie heute noch sind.

Eine hohe Sandbirke im Nordwesten und eine Esche, *Fraxinus angustifolia* ›Raywood‹, auf der anderen Seite tragen dazu bei, den Tempel in das Gesamtbild einzubinden. Unter der Birke bedecken Steinsamen und einige Goldliguster den Boden. Im Sommer lassen wir uns hier gern nieder, um den Duft der *Rosa* ›Camaïeux‹ zu genießen, die David gepflanzt hat. Nancy Lindsay steuerte einen besonders großblättrigen buschigen Efeu bei, der üppig blüht und fruchtet; er ist 1,5 m hoch und nur wenig breiter und bildet eine vollendete Kuppel.

Zu dem noch verbliebenen Schmetterlingsstrauch gesellen sich ein *Hibiscus syriacus* ›Blue Bird‹ und die im Spätsommer reichblühende *Clematis viticella* ›Purpurea Plena Elegans‹. Der Schlund der Hibiskusblüte paßt im Ton genau zu der Farbe der *Clematis*. Die 1962 gepflanzte *Magnolia × soulangeana* muß hier im Zaum gehalten werden. Ihre pelzigen braunen Blütenknospen erscheinen vor Weihnachten und öffnen sich Ende April. Lediglich zweimal sind sie in all den Jahren Opfer eines späten, strengen Frosts geworden. Ein anmutiges Bild bietet zwischen den Steinen darunter *Campanula rapunculoides*.

Zwei Bäume sind auf der Südostseite dieses Gartens von besonderer Bedeutung: die Quitte, die im Frühling über und über mit Blüten von *Hedera helix* ›Goldheart‹ eingehüllt ist. Die *Gleditsia triacanthos* ist eines der sechs Gehölze, die ich aus einer Samenschote – ich hatte sie 1964 im Botanischen Garten von Madrid aufgesammelt – gezogen habe. Es dauerte über ein Jahr, bis die Samen keimten. Ich war schon versucht gewesen, sie wegzuwerfen, als am Schluß offenbar Temperatur und Feuchtigkeit stimmten und alle innerhalb einer Woche auf einmal keimten. Als sie kräftig herangewachsen waren, verschenkte ich sie bis auf die eine, die wir in den Wassergarten pflanzten. Sie ist zum Lieblingsplatz einer unserer Drosseln geworden, die jedes Mal, wenn sich eine Gruppe von Besuchern naht, besonders schön und laut singt.

Obgleich die Pflasterung auf dieser Seite lichter ist, finden sich auch hier noch zwei Stellen mit Baumpäonien. Ihr elegantes Laub bildet den ganzen Sommer über einen frischgrünen Blickfang, und Ende Mai erregen die intensiv duftenden Blüten zwei Wochen lang ungeteilte Bewunderung. Diese Päonien verbinde ich in Gedanken stets mit Hiram Winterbotham, dessen einfallsreich gestalteter Garten in Woodchester, in der Nähe von Stroud in Gloucestershire, zu den frühsten Impulsen meines gärtnerischen Wirkens gehört. Die neun schwarzen Päoniensamen, die er mir gab, keimten alle. Inzwischen sammeln wir unsere eigenen Samen und säen sie, sobald sie im Herbst reif sind, in tiefen Pflanzschalen aus. Meist bilden sie zunächst eine einzelne starke Wurzel, später erscheint dann ein Trieb. Nach zwei Jahren sind sie soweit, daß wir sie verkaufen können, und nach vier Jahren blühen sie.

Die Rabatte bei dem blauen Gitter enthält mehrere besondere Pflanzen – von *Narcissus* ›February Gold‹ im Frühling bis zu den Trieben des *Rubus* im Herbst –, die durch ihre interessante Staffelung Aufmerksamkeit erregen. *Rosa* ›Dearest‹ zog ich aus einem Steckling, den ich aus unserem Hochzeitsgeschenk für meinen Sohn Chris und seine Frau Jenny geschnitten hatte. (Ein weiteres Geschenk waren *Rosa* ›Wedding Day‹, die durch einen Apfelbaum im naturnahen Garten klet-

tert, und ›Sweetheart‹ an der Gartenmauer. In diesem Trio sah ich ein gutes Omen für den Ehestand, nahm aber auch für mich rasch einen Steckling von jeder Rose.) Die als Ansteckrose beliebte ›Cécile Brunner‹ zogen wir ebenfalls aus einem Steckling. Die Unterpflanzung besteht aus dem Zierlauch *Allium christophii*, dessen riesige, kugelförmige Köpfe mit den silbrig purpurvioletten Blüten im Juli erscheinen und deren Samenstände für Winterarrangements geschätzt werden.

Der alte Feigenbaum stand schon viele Jahre, bevor ich nach Barnsley kam, in einem Winkel hinter dem Tempel. *Actinidia kolomikta* breitet sich um die Ecke im Westen aus, und ein Rosmarin, der mir einst im Garten Gethsemane gegeben wurde, hat sich in der Mauer darüber ausgesamt. Auch die kugelförmig geschnittene Eibe hat sich selbst ausgesät. Verschiedene *Clematis*- und Geißblattarten trotzen der Kälte unseres Winters. Nachdem im März die rosa Blüten von *Rubus spectabilis* verblüht sind, prägt *Clematis × jouiniana* das Bild der Nordecke im Sommer. Auch mehrere Christrosen finden sich hier, und immer wieder reiße ich Sämlinge der Herkulesstaude aus.

Vom Wasserbecken sickert Wasser in die angrenzenden schmalen Beete, die mit *Iris sibirica* und Sommerprimeln sowie zwei alten *Phormium tenax* bepflanzt sind, die durch ein Meer von Bergenien und Taglilien brechen.

ဝ႞ဝ ဝ႞ဝ ဝ႞ဝ

An der Innenwand des Tempels sieht man oben das in Stein gehauene Familienwappen der Barkers, das den Schlußstein im Fairford Park geschmückt hatte. David hatte es gerettet, bevor der Tempel hier eintraf.

Töpfe und Kübel mit Duftpelargonien und anderen von uns geschätzten Pflanzen stehen im Innern des Tempels. Rupert Golby bepflanzte einige Terrakotta-Töpfe für uns: zwei flache mit in Form geschnittenen Buchshochstämmchen als Mittelpunkt, von denen der eine mit Gamander und der andere mit Thymian eingerahmt ist. Hübsch wirkt auch die Kombination aus bronzefarbenem Fenchel und dem Weichen Flattergras, *Milium effusum* ›Aureum‹.

In diesem Bereich des Gartens fühle ich mich besonders wohl, ganz gleich zu welcher Stunde. Morgens sitze ich im Schatten, und die schräg einfallenden Sonnenstrahlen beleuchten den Brunnen. Später, wenn die Sonne weitergewandert ist, spiegelt sie sich im Teich. Gegen Abend ist das Licht wieder ein ganz anderes, die Schwalben schießen auf einen Schluck Wasser herunter, und die Fledermäuse fliegen rascher, um im letzten Augenblick vor uns abzudrehen. Dann ist es Zeit, innezuhalten und zur Ruhe zu kommen.

N

alter Birnbaum

alter Birnbaum

Efeu

Rubus spectabilis

Farn

sehr alter Feigenbaum

Birke, unterpflanzt mit Steinsamen und Schneeglöckchen

Clematis × jouiniana

Töpfe

Fraxinus angustifolia ›Raywood‹

Ligustrum ovalifolium ›Aureum‹

bogig wachsender Wacholder

Helleborus argutifolius

Oemleria cerasiformis

Clematis ›Henryi‹

Topf

Topf

Zwergmispel

Primeln

Topf

Nieswurz

Rosa ›Camaïeux‹

Hedera helix ›Goldheart‹, durch eine Quitte kletternd

Efeu (Buschform)

Thuja

Schmetterlings-strauch

Jakobs-leiter

Stein-trog

Euonymus japonicus ›Aureus‹

Paeonia delavayi

Sumpfdotter-blumen

Hibiscus syriacus ›Blue Bird‹ mit *Clematis viticella* ›Purpurea Plena Elegans‹

Gleditsia triacanthos, unterpflanzt mit Nieswurz und Primeln

I

S

in Form geschnittene Eibe

I

I = Iris sibirica
S = Sommerprimeln

S

Paeonia delavayi

Christrosen

Yucca

Rosa ›Dearest‹

Actinidia kolomikta

Seerosen

Narcissus ›February Gold‹

Cupressus macrocarpa

Magnolia × soulangeana mit *Clematis* ›Minuet‹, unterpflanzt mit *Campanula rapunculoides* und Goldkamille

Taglilien

Taglilien

Rubus spectabilis

Bergenie

Bergenie

Allium christophii

Juniperus communis ›Hibernica‹

Phormium tenax

Phormium tenax

Juniperus communis ›Hibernica‹

Rosa ›Cécile Brunner‹

Clematis heracleifolia ›Côte d'Azur‹

Geißblatt

Alchemilla mollis

Clematis × jouiniana

Spiraea ›Arguta‹

Clematis × durandii

Immergrün

Eryngium giganteum

Rubus phoenicolasius

Clematis alpina ›Frances Rivis‹

1 m   1 m

Kübel, mit *Verbena variegata* bepflanzt

Rhamnus alaternus ›Argenteovariegatus‹

85

Töpfe im Tempel

Für die hinteren Ecken des Tempels erstand David zwei Marmorbüsten. Fräulein Pompeji (**links**) blickt hinüber zu Kaiser Augustus (**rechts** und **rechts außen**). Im Winter bietet der Tempel empfindlicheren Pflanzen Schutz, und Primeln in Töpfen sorgen für Farbe. Im Sommer heben sich einige unserer Pelargonien hübsch von den weißgekalkten Wänden ab.

1993 wählten wir als dominierendes Farbthema einen blassen Mauveton. Das Bild zeigt *Pelargonium* ›Royal Oak‹ (**links**) und *P.* ›Santa Paula‹ (**rechts außen**), die wir vor Jahren von Joe Elliott, Spezialist für alpine Pflanzen, bekommen haben. Beide zeichnen sich durch duftende Blätter aus.

1994 kombinierten wir verschiedene Rottöne. Kaiser Augustus' Kopf ist von *P.* ›Blakesdorf‹ umgeben, einer beliebten Pelargonie mit dekorativ gerundeten Blättern. Die Pelargonie rechts

davon nennen wir ›A1 Albany‹, da sie aus Peter Coats' Apartment in Albany im Londoner Stadtteil Piccadilly stammt. Ihren richtigen Namen kenne ich nicht, aber sie hat schönes Laub. Auch ›Scarlet Unique‹ und eine andere namenlose Sorte mit panaschierten Blättern stehen hier.

Bronzefarbener Fenchel, *Milium effusum* ›Aureum‹ und das goldlaubige Geißblatt, *Lonicera japonica*, teilen sich einen großen Topf **(unten links)**. Der gleiche Topf hier **(unten Mitte)** früher im Jahr. Rechts davon haben sich *Helleborus argutifolius* (syn. *corsicus*) und Günsel ausgesät und ihre Wurzeln in die kühle Erde unter der Pflasterung geschlagen. *Lonicera nitida* ›Baggesen's Gold‹ zeigt sich zusammen mit *Viola* ›Bowles' Black‹ im Topf ganz vorn **(unten rechts)**. Darüber sieht man im Hintergrund einen Vierertopf, der in den Whichford Potteries eigens für uns angefertigt wurde – hier gefüllt mit Petersilie für den Winter.

Spiegelungen und Wasserpflanzen

Auf der Steineinfassung des Wasserbeckens (**unten**) hat sich eine schöne Patina aus Moos und Flechten gebildet. Moos bedeckt die Ränder des Steintrogs, der ganz links gerade noch sichtbar ist – er ist mit rosa Reiherschnabel gefüllt. Da ständig Wasser aus dem Teich sickert, werden die angrenzenden schmalen Beete feucht gehalten. Die Sumpfdotterblumen, *Caltha palustris*, würden die blaue *Iris sibirica* verdrängen, wenn wir sie nicht im Zaum hielten.

Blickt man vom Tempel über das Wasserbecken, den Rasenweg entlang bis zum Brunnen (**rechts**), spiegelt das Wasser die verschiedenen Laubformen und Konturen wider. Die Säulenwacholder bilden neben dem Neuseeländer Flachs *(Phormium)* mit seinen kräftigen, schmalen Blättern einen Hintergrund für die bogig überhängenden Blätter der Taglilien und das runde Laub der Seerosen. Eine *Clematis × durandii* rankt durch das blaue Gitter, und links leuchten die Kugelköpfe von *Allium christophii* in metallischem Violettblau. Die *Iris sibirica*, die den Teich einrahmen, blühen zur gleichen Zeit wie die *Magnolia × soulangeana* auf der rechten Seite.

Blick auf den Tempel

Ein weiter Blick auf den Tempel im Morgenlicht Anfang Juni (**links**). Die Lindenplatanen werfen ein eigenwilliges Schattenmuster auf den Rasen. Im Vordergrund der breiten Rabatte stehen *Viola cornuta* ›Alba‹-Gruppe und eine gefüllt-blühende blaßrosa *Gallica*-Rose, *R.* ›Professeur Emile Perrot‹. Weiter vorn greift das rot überlaufene Laub des Ahorns, *Acer palmatum* ›Osakazuki‹, den rötlichen Purpurton der Berberitze wieder auf.

Morgenlicht und lange Schatten im April (**rechts oben**); die Sonne steht im Südosten und hat noch nicht das Innere des Tempels erreicht. Unter der *Juniperus* × *media* ›Pfitzeriana‹ leuchtet ein Fleck aus rosablühenden Taubnesseln, daneben das stark wuchernde weiße *Allium triquetrum*. Weiter hinten steht *Magnolia* × *soulangeana* in Blüte, und dahinter ist die Sandbirke mit ihrem jungen Laub zu sehen.

Ich liebe den Herbst (**rechts unten**) mit seiner vergänglichen Schönheit und der friedvollen Ausstrahlung. Oft verändern sich die Farben des Sommer dramatisch, bisweilen auch nur in feinen Nuancen und während eines kurzen Zeitraums. Die Blätter von *Acer japonica* leuchten nur wenige Tage, dann legen sie sich wie ein karmesinroter Teppich auf den Rasen. Um so wichtiger ist es deshalb, immer wieder innezuhalten und sich an der Schönheit des Augenblicks zu freuen. Die schweren Blätter der Linden fallen nicht alle auf einmal ab. Wir versuchen sie mit einem Laubsammler aufzunehmen, bevor sie der Wind in die Rabatten weht, wo sie weit mehr Arbeit verursachen.

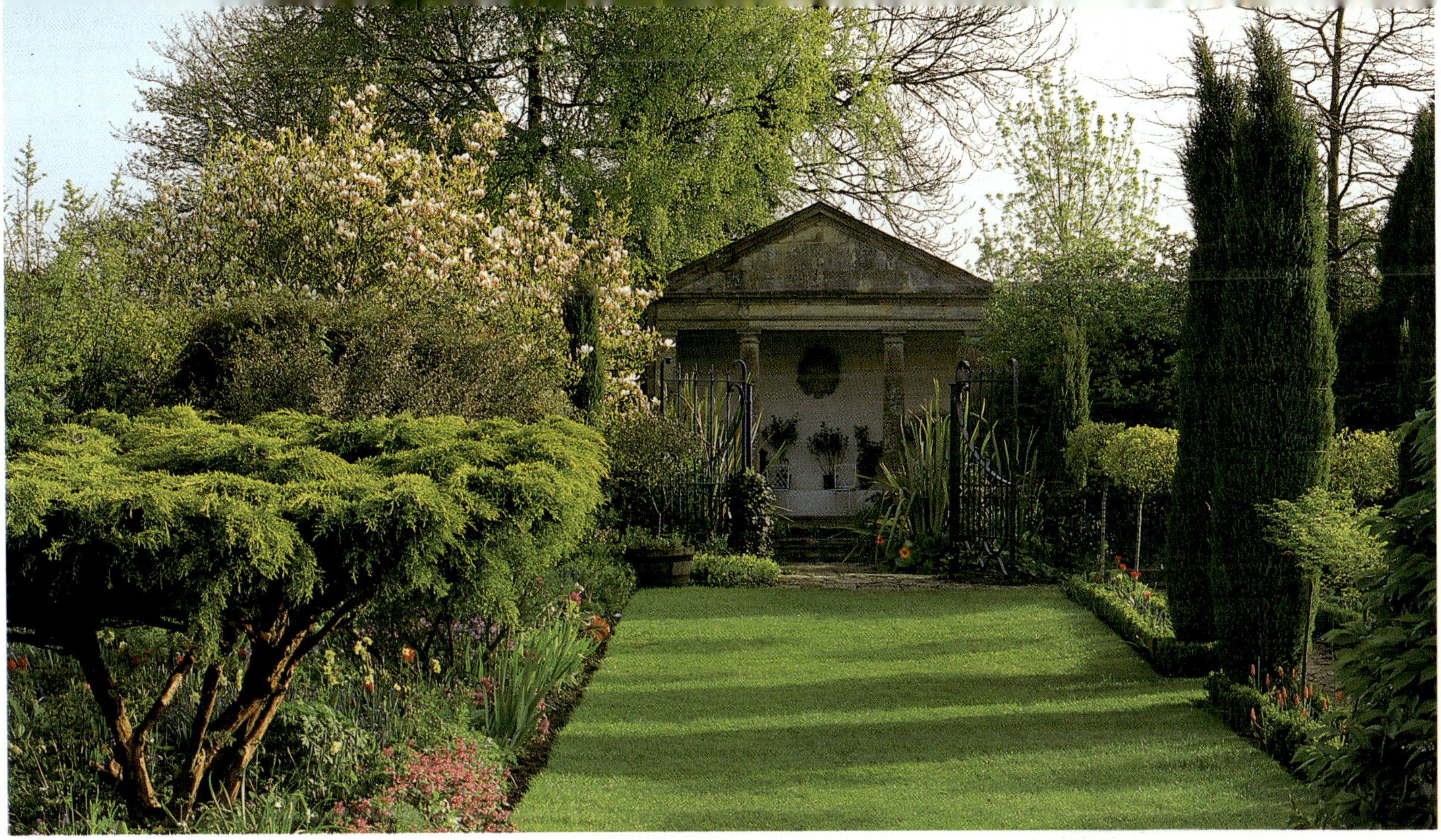

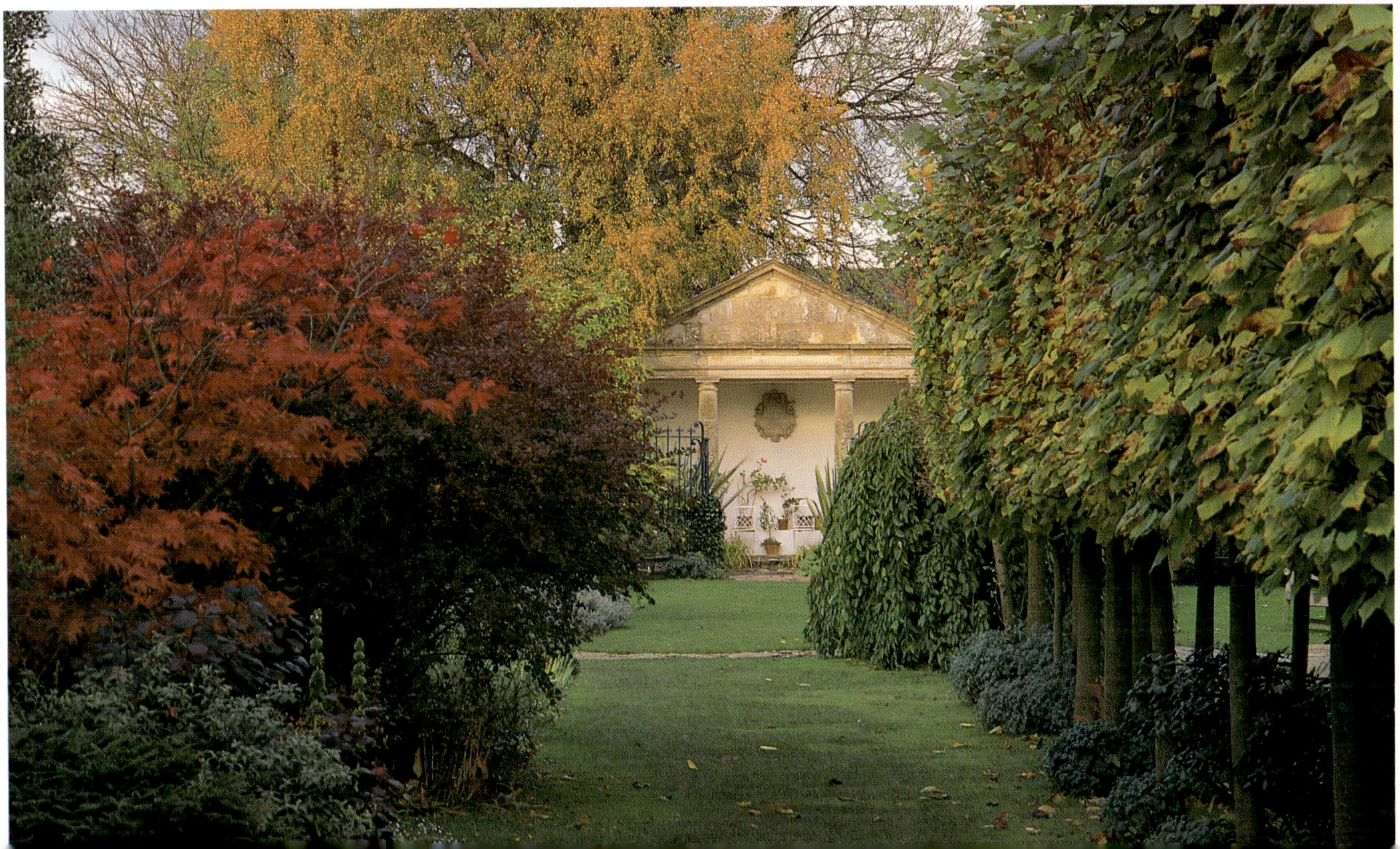

Froschbrunnen und Rabatten

Spiegelung, Bewegung und Klang – das sind laut Russell Page die drei Funktionen von Wasser im Garten. Die Spiegelung erleben wir im stehenden Wasser des Teichs, welches das Bild des Tempels zurückwirft. Da wir keinen Bachlauf haben, um Bewegung und Klang zu erzeugen, baten wir Simon Verity, vor dem Hintergrund der 1770 erbauten Begrenzungsmauer einen Brunnen zu entwerfen, der den Blick vom Tempel aus abschließt. Da spektakuläre Wasserspiele nicht in den Garten gepaßt hätten, war Simon der Gedanke gekommen, das Wasser auf einen flachen Stein auftreffen zu lassen; so würde der Strahl das Licht einfangen und ein zartes Plätschern erzeugen.

In seinem Hof hatte er einen funkelnden, mit Fossilien durchwachsenen Purbeck-Steinblock, der uns an das wollige Vlies der Cotswold-Schafe erinnerte. Diese Schafe entwickeln dicke Fellmäntel als Schutz gegen die bissige Winterkälte in den Cotswold Hills, und ihre Wolle, die in Calais gehandelt wurde, war unter den Wollfabrikanten in Italien und Frankreich hochbegehrt. Um Gott für den erworbenen Wohlstand zu danken, errichteten die Herdenbesitzer gemeinsam mit den Wollhändlern im 15. und 16. Jahrhundert die herrlichen »Woll-Kirchen«, die so typisch für die Hügellandschaft der Cotswolds sind. Zeugnisse dafür finden sich in Fairford, Northleach, Cirencester, Chipping Campden und Burford. Simon arbeitete aus diesem Purbeck-Stein ein Relief zweier Cotswold-Schafsböcke heraus, und als Sockel wählte er dunkelgrauen Hornton-Stein, der in nassem Zustand wie Blei aussieht. Judith Verity gestaltete die vier dicken Frösche für den Beckenrand, die Wasser auf die Schafsböcke spritzen.

Als die künstlerische Gestaltung soweit abgeschlossen war, brachten wir zu dritt die praktische Arbeit in Rekordzeit hinter uns: Fred Willis mit seinen mehr als siebzig Jahren, Arthur Turner um die Sechzig und ich in meinen Fünfzigern. Das Wasser konnte problemlos vom Hahn des Schwimmbads abgezapft werden, aber für das Elektrokabel der Pumpe war ein Graben in vorgeschriebener Tiefe vom Haus aus

mitten durch den Rasen erforderlich. Arthur nahm die Grassoden ab, weigerte sich aber, den Graben auszuheben, so daß Fred und ich zum Spaten griffen. Ich hatte keine Ahnung, ob wir auf harten Fels oder weiche Erde stoßen würden. Arthur befürchtete das Schlimmste. Zum Glück war die lockere Erdschicht erstaunlicherweise so tief, daß wir an einem einzigen Morgen den 45 m langen Graben ausheben konnten. Eine derart tiefe Bodenschicht ist für die Cotswold Hills höchst ungewöhnlich und läßt darauf schließen, daß dieser Bereich des Gartens in der Vergangenheit wohl intensiv genutzt wurde. Fred begann mit dem Graben beim Sommerhaus und ich bei der Tür zum Herrenzimmer, bis wir uns schließlich auf halbem Weg trafen. Am Nachmittag verlegten wir das Kabel und füllten Erde auf; als sich der Boden nach ein paar Tagen gesetzt hatte, fügten wir die Rasensoden wieder ein.

Das nächste größere Projekt war das Ausheben der Grube für das kleine Brunnenbecken. Wieder machten sich Fred und ich daran, während Arthur den Aushub in seinen Gemüsegarten karrte. Wir legten die Grube mit Betonblöcken aus und gaben Zement darüber, wobei wir für die oberste Schicht eine wasserfeste Mischung verwendeten. Dann fuhren Fred und ich, zufrieden mit dem Ergebnis, mit Traktor und Anhänger zum Bauernhof und hatten unseren Spaß dabei, Steine für eine natürlich aussehende Einfassung auszusuchen.

ॐ ॐ ॐ

Am Samstag, dem 4. Juni 1972, erschien Simon, und es war erstaunlich, wie geschickt eine derart zartgliedrige Gestalt die schweren Steinskulpturen zu bewegen verstand. An jenem Tag sollte der Garten geöffnet sein für das National Gardens Scheme, das ist eine Vereinigung privater Gartenbesitzer, die ihre Gärten der Öffentlichkeit zugänglich machen. Mein Sohn Christopher sorgte für den Elektroanschluß, und plötzlich schoß aus dem Maul der Frösche ein Wasserstrahl. Die Cotswold-Schafsböcke zeigten ein neues, feuchtglänzendes Bild. David schrieb an jenem Abend in sein Tagebuch: »Mehr als 300 Leute haben den Garten besichtigt, der tadellos gepflegt und sehr schön wirkte. Allgemeine Bewunderung erregten die gelungenen Farbkombinationen, die Aufteilung etc., der Goldregenlaubengang, der beinahe seinen Höhepunkt erreicht hat, und das lebhafte Plätschern der Fontäne als willkommene Abwechslung.« Russell Page sollte recht behalten: Ohne den Klang und die Bewegung des Wassers ist kein Garten vollkommen.

Auf einmal gewannen die Rabatten links und rechts des Brunnens neue Bedeutung. Während sie vorher schlichtweg am Ende des Gartens lagen, war das Rieseln des Wassers nun so verlockend, daß jeder ihm unwillkürlich folgte. Die wasserspeienden Frösche verliehen dem Bereich eine prickelnde Kühle, und obgleich der Boden hier keineswegs wasserhaltiger war als der in den angrenzenden Beeten, galt es, diese frische und feuchte Atmosphäre durch eine Auswahl geeigneter Pflanzen wie *Ligularia dentata* ›Desdemona‹ und *L. przewalskii* zu unterstreichen – feuchtigkeitsliebende Gewächse, die auch in gewöhnlichem Gartenboden gedeihen. Vorhanden waren bereits mehrere *Angelica* sowie der Riesenfenchel, *Ferula communis*, und als uns der Gartengestalter Ryan Gainey aus Atlanta besuchte, schenkte er mir eine ganz vortreffliche *Aralia elata* ›Variegata‹. Mit ihren großen, ausdrucksvollen Blättern verwandeln diese Pflanzen den schattigen Winkel in ein wahres Szenarium aus Laub.

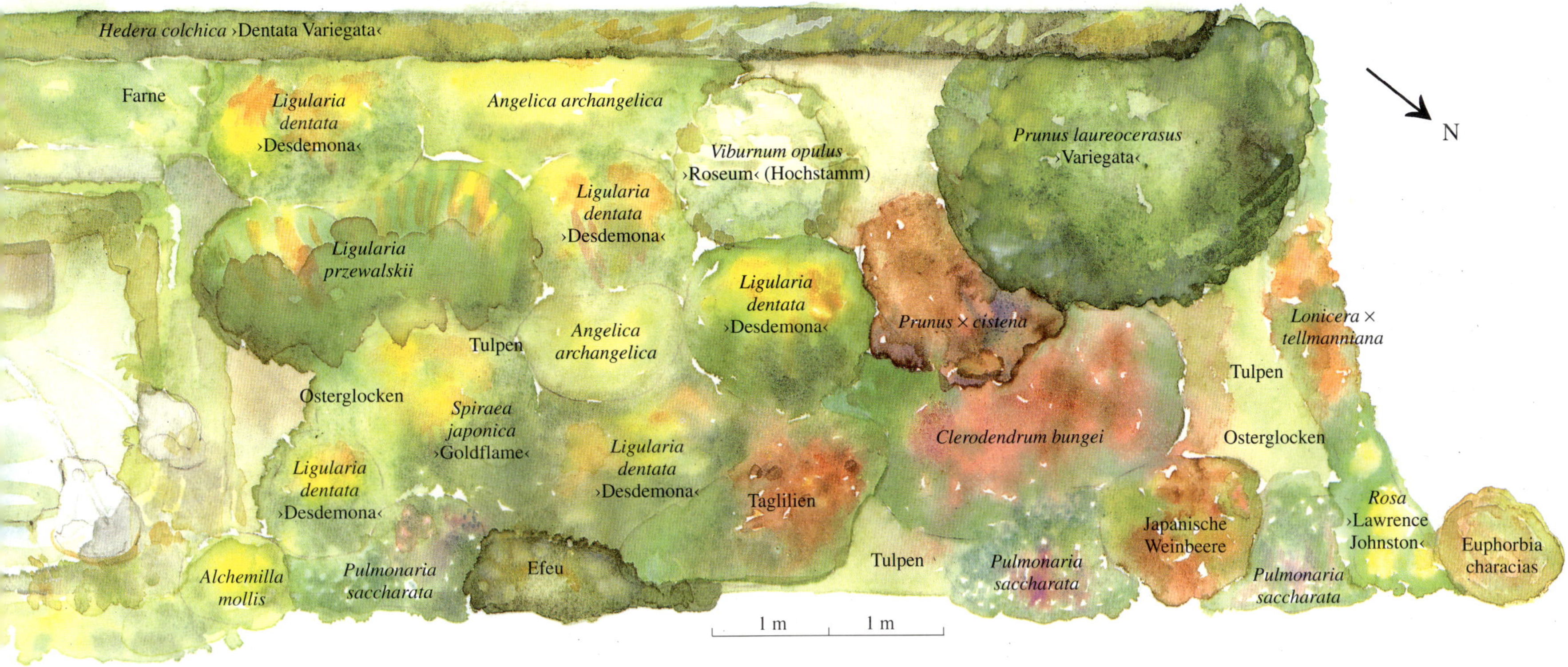

Hedera colchica ›Dentata Variegata‹

Farne

Ligularia dentata ›Desdemona‹

Angelica archangelica

Viburnum opulus ›Roseum‹ (Hochstamm)

Prunus laureocerasus ›Variegata‹

Ligularia przewalskii

Ligularia dentata ›Desdemona‹

Ligularia dentata ›Desdemona‹

Prunus × cistena

Lonicera × tellmanniana

Tulpen

Angelica archangelica

Tulpen

Osterglocken

Spiraea japonica ›Goldflame‹

Clerodendrum bungei

Osterglocken

Ligularia dentata ›Desdemona‹

Ligularia dentata ›Desdemona‹

Taglilien

Japanische Weinbeere

Rosa ›Lawrence Johnston‹

Euphorbia characias

Alchemilla mollis

Pulmonaria saccharata

Efeu

Tulpen

Pulmonaria saccharata

Pulmonaria saccharata

N

1 m 1 m

Die leuchtenden Blätter von *Spiraea japonica* ›Goldflame‹ (**ganz links**) glühen im Frühling zwischen dem grünen und purpurnen Laub der Ligularien. Gemeinsam werden sie bald schon die Blätter der verblühten Narzissen kaschieren.

Die seit 1972 ununterbrochen wasserspeienden Steinfrösche haben mit der Zeit Flechten angesetzt und tragen einen dicken Umhang aus Moos (**links**).

Wie blaue Tupfen wirken die Blüten des Lungenkrauts. Im April treibt das panaschierte Laub von *Arum italicum* ssp. *italicum* ›Marmoratum‹ aus, und die Blätter der Baumpäonien, *P. delavayi*, hängen über dem Wasser.

Dekorativ wirkt im Hintergrund der Rabatte (**rechts**) der buntlaubige Efeu, *Hedera colchica* ›Dentata Variegata‹, der sich entlang der Mauer vom gotischen Sommerhaus bis über den Brunnen hinaus ausbreitet. Im Mai werden die Ligularien durch die Laubstruktur von *Angelica archangelica* und die Tupfer der cremeweißen Tulpen ergänzt.

Blick auf die Frösche

Mit den Jahreszeiten ändert sich auch der Charakter des Weges, der entlang der formierten Linden **(links)** und dem goldenen Abschluß der breiten Rabatte **(rechts)** zum Brunnen führt. Selbst im Winter **(links oben)** liegt ein Hauch Gold über der Szenerie.

Im Mai **(unten links)** blühen die weißen *Tulipa* ›Mount Tacoma‹ zwischen Vergißmeinnicht, *Viola* und *Senecio* ›Sunshine‹. Im Hintergrund wird *Angelica* Tag für Tag größer. Rechts verwebt sich die *Clematis macropetala* wirkungsvoll in einem Goldliguster; davor blühen die roten Tulpen *T.* ›Schnoord‹ und ›Gordon Cooper‹.

Mitte Juni **(rechts)** bringen Günsel und *Viola* zartere Töne ins Bild. Die weißen Blütentrauben des Fingerhuts erheben sich vor der Engelwurz *(Angelica)* und finden gegenüber in der Sterndolde eine farbliche Entsprechung. Den unverändert bleibenden Mittelpunkt bildet, eingerahmt von *Alchemilla mollis*, der Brunnen mit seinem vertrauten Plätschern – eine willkommene Abkühlung an heißen Tagen.

Die einzelnen Bereiche eines Gartens sollten im Betrachter unterschiedliche Stimmungen wecken. Beim Brunnen angelangt, setze ich mich gern auf eine Bank am Ende des Goldregenwegs. Ein Gefühl der Ruhe erfüllt mich, während ich das Haus durch die Bäume schimmern sehe, und ich weiß, daß mir dieses Stück Land für ein paar Jahre seines Daseins anvertraut ist. Die efeu-überwachsene Mauer, die Charles Coxwell 1770 erbauen ließ, ist mir, so glaube ich, ebenso wert, wie sie ihm einst gewesen sein muß.

Gartenwege

Wie die meisten Dinge in diesem Garten sind die drei Hauptwege ganz allmählich entstanden. Jeder Weg hat eine andere Bestimmung und Entstehungszeit, und alle haben unterschiedliche Beläge. Als erstes schufen wir den Linden- und den Goldregenweg, dann folgte der Rasenweg von den blauen Toren zum Brunnen und als letztes der Winterweg.

Den Besuchern, die durch die blauen Tore vom Wassergarten kommen, schlage ich vor, sich nach links zu wenden und dann gleich rechts den Steinweg zwischen den schmalen Beetstreifen zu nehmen – den Beginn des mittleren der drei Wege. Er ist mit schönen, flachen Cotswold-Steinen belegt und mit Zement ausgefugt, und obgleich er über fünfzig Jahre alt ist – oder vielleicht noch älter, denn er bestand bereits, als ich hierherkam –, ist er nach wie vor in tadellosem Zustand.

Der Weg verläuft parallel zu der 1770 erbauten Mauer; diese macht einen Knick, den der Weg ebenfalls aufgreift. Ich bin darüber ganz froh, denn dieser Knick verleiht dem Weg Charakter und beantwortet zugleich die Frage: »Warum eine einfache Lindenreihe auf der einen Seite und eine doppelte auf der anderen?« – ein Trick, um diese Abweichung im Rasenweg auszugleichen.

Die beiden schmalen Beete, die den Weg auf jeder Seite säumen, sind lediglich 30 cm breit. Hinter den gepflegten Buchseinfassungen leuchten hier im Frühling blaue Traubenhyazinthen und ›Groenland‹-Tulpen. Im Sommer, nachdem die Tulpen herausgenommen und trocken gelagert wurden, erscheinen *Salvia patens* und rosa *Oenothera speciosa* sowie leuchtend orangefarbener Goldmohn, die sich alljährlich selbst aussamen. Obgleich sich Rosa und Orange in meinen Augen beißen und ich nie eine orangefarbene Schärpe zu einem rosa Kleid tragen würde, habe ich von Christopher Lloyd gelernt, daß kräftige Effekte und Überraschungen im Garten eine besondere Wirkung haben. Die schmalen Beete sind durch vier an Wachposten erinnernde Irische Säulenwacholder getrennt, die inzwischen die Mauer überragen.

Nun kommt man an zwei Kirschen, *Prunus* × *yedoensis* ›Shidare-yoshino‹ (syn. *P.* × *y.* ›Perpendens‹), mit »trauerförmig« herabhängenden Zweigen vorbei. Damit sie nicht zu sehr in den Weg hineinragen, müssen wir sie stark zurückschneiden. Unter dem Einfluß des großartigen Bildes von *Erythronium* ›Pagoda‹ in einem Garten, den wir 1972 in Devon gesehen hatten, pflanzten wir eine ganze Schar von ihnen unter die Kirschen, denn als typische Waldpflanzen lieben sie im Sommer den Schatten. Kurz bevor im April das Laub der Kirschen austreibt, haben alljährlich nun die zierlichen gelben Hundszahnveilchen mit den hängenden Köpfen ihren großen Auftritt.

❦ ❦ ❦

Nun folgen wir dem Weg zwischen der doppelten und einfachen Reihe formierter Linden, jeweils neun an der Zahl, die mich immer wieder erfreuen. Wir bezeichnen die Linden zwar als »formiert«, doch als wir sie pflanzten, haben wir sie nicht mit Hilfe eines »Gerüsts« erzogen, sondern lediglich Schnüre zwischen den einzelnen Bäumen gespannt und die Zweige horizontal daran ausgerichtet und festgebunden. Außerdem haben wir von Anfang an alle nach außen und in den Weg wachsenden Triebe gekappt. Sie werden Anfang Juni und später im Sommer noch einmal gestutzt, damit sie gepflegt wirken. Beim zweiten Schnitt lassen wir die oberen vertikalen Schosse aber stehen. So bilden sie den ganzen Winter über einen Blickfang, da sie einen intensiveren Rotton annehmen, wie auch ihr Name, *Tilia platyphyllos* ›Rubra‹, sagt.

Die Lindenstämme sind bis zu einer Höhe von 1,2 m kahl. Wenn man unter den Bäumen hindurchgeht, hat man das Gefühl, von der Außenwelt abgeschirmt zu sein, obgleich die Beine natürlich deutlich sichtbar sind. Da wir gern jeden Fleck Erde im Garten bedecken, haben wir auch die Basis dieser Linden mit einem Meer von Wildkrokussen, Anemonen, Steinbrech, winterharten Alpenveilchen und Raute bepflanzt. Die Bäume dicht neben der Mauer tragen alle Gamaschen oder Fußwärmer aus Efeu, die aber nicht mehr als 45 cm hoch werden dürfen. Ich habe diese Idee von einer Allee in einem französischen Schloßpark übernommen und wünschte inzwischen, wir hätten beide Seiten einbezogen. Oder hätte das Ganze dann zu symmetrisch gewirkt?

Wenn wir unter den Linden hindurchgegangen sind, kommen wir zum Goldregenlaubengang. Zum Zeitpunkt seiner Entstehung hatte ich den Goldregenweg im nordwallisischen Bodnant noch nicht gesehen. Er war also nicht Vorbild für meinen Laubengang, denn hätte ich jenen bereits gekannt, wäre der unsrige ganz bestimmt breiter ausgefallen. Den Anstoß dazu bekam ich durch die Lektüre von Russell Pages 1962 veröffentlichtem Werk »Education of a Gardener«. Als Erinnerung an unseren 25. Hochzeitstag im Jahre 1964 pflanzten wir auf jeder Seite fünf Bäume und kombinierten jeden Goldregen mit einer Glyzine, die durch seine Zweige kletterte. So genießen wir Ende Mai, Anfang Juni etwa drei Wochen lang dieses gelb-blauviolette Farbenspiel. Wir müssen allerdings aufpassen, daß sich die Glyzine nicht zu fest um die Goldregentriebe wickelt, da diese sonst ganz rasch ersticken und eingehen würden.

Die sorgfältig durchdachte Unterpflanzung dieses Bereichs bietet eine Folge interessanter Eindrücke. Im Frühling erregen die roten ›Apeldoorn‹- und ›Diplomate‹-Tulpen Aufmerksamkeit. Ich glaube übrigens, daß es ganz wichtig ist, Rot mit Weiß zu kombinieren, um beide Farben zum Leuchten zu bringen – hier also weißer Silberling mit weiß panaschiertem Laub, weiße Nieswurz und Knotenblumen. Ihnen folgt der Zierlauch *Allium aflatunense*, der mit seinen runden Blütenköpfen zur gleichen Zeit wie die Glyzine den Mauveton unterstreicht. Ein weiteres Erlebnis ist dann der Austrieb der Funkie.

Aber auch Enttäuschungen lassen sich im Garten nicht ausschließen. Ich erinnere mich an den heißen, trockenen Sommer 1976, in dem sich der Rasen strohgelb färbte und all die herrlichen Funkien, die mir einst Nancy Lindsay gegeben hatte, Botrytis bekamen und eingingen. Es waren ausgewachsene Pflanzen, die sich vermehrt hatten, und sie zu ersetzen hätte ein Vermögen gekostet. Aber immer wieder mache ich die Erfahrung, daß Gärtner großzügige Leute sind. Als Penelope Hobhouse von meinem Kummer hörte, brachte sie mir einen ganzen Wagen voll junger Funkien, die sie in Hadspen gezogen hatte. Ich werde diesen Freundschaftsdienst nie vergessen und denke immer an Penny, wenn »ihre« Funkien austreiben und im Juli blühen, nachdem die Zierlauchköpfe Samenstände gebildet haben.

Der Goldregen kommt und geht ebenso wie die Tulpen, der Zierlauch und die Funkien, doch Davids individuell gestalteter Weg ist das ganze Jahr über eine unvergängliche Freude für das Auge. Als er noch in

Pembrokeshire tätig war, sammelte er am Strand interessant geformte Steine und füllte damit den Kofferraum des Autos. Cecil Tomblin, der uns damals half, fertigte einen Holzrahmen und sorgte für genügend Zement. So schuf David unter dem Goldregen diesen einzigartigen Weg, der sich aus unterschiedlich gestalteten Quadraten zusammensetzt.

Als Blickfang steht am Ende des Goldregenwegs eine Steinsäule, in die Simon Verity zu Ehren von Davids 70. Geburtstag einen Vers John Evelyns eingraviert hat:

»Vergängliches Glück schenkt uns ein Garten auf Erden,
Ewiges Glück nur ein Garten im Paradies …
Wo Adam, der erste Mensch, einst die zweite Rose brach.«

Mit dem Hauptweg habe ich zugleich auch den abwechslungsreichsten beschrieben, und als Besucher würde ich ihn einschlagen. Er ist mir zu jeder Jahreszeit lieb, und ich beobachte, wie er sich wandelt, bevor ich mich zum Schluß auf dem etwas feuchten Steinsitz unter den überhängenden Trieben von *Rosa longicuspis* ein Weilchen ausruhe.

❧❧ ❧❧ ❧❧

Nun wird es Zeit zurückzugehen. Im Winter und Frühling schlägt man am besten den sogenannten »Winterweg« ein, den Ziegelsteinweg entlang der Mauer, der links und rechts von schmalen Streifenbeeten gesäumt ist. Im Januar eröffnen die Winterlinge das Farbenspiel. Ihnen folgen andere Frühblüher wie Hundszahnveilchen und Alraune, Primeln und Günsel. *Ribes laurifolium* beginnt zu blühen, und später folgt ein Meer aus Akeleien und Christrosen – ob *Helleborus orientalis*, *argutifolius* oder *foetidus*, alle bieten sie ein prächtiges Bild. Die Blüten des Lungenkrauts variieren von Weiß über Rosa bis Blau; *Pulmonaria rubra* erscheint oft früh genug, um meinem Weihnachtsstrauß Farbe zu verleihen.

Nachdem diese Beete in der Regel um Weihnachten zurückgeschnitten und gemulcht sind, beherrschen die zwanzig Buchskugeln zu beiden Seiten das Bild des Ziegelsteinwegs und unterstreichen seinen Charakter als sogenannten Winterweg. Er entstand, als wir auf Anregung von Gay Hellyer das Wasserbecken aushoben und rundum pflasterten. Damals machten wir mit Tim Sherrards Gärtnerei einen Tauschhandel und erhielten für einen Großteil der *Paeonia delavayi*, die wir im Bereich des Wassergartens ausgegraben hatten, eine entsprechende Anzahl fünf- bis sechsjähriger Zwergbuchspflanzen (*Buxus sempervirens* ›Suffruticosa‹), die, kugelförmig geschnitten, den Weg säumen.

Am Ende des Ziegelsteinwegs stehen zwei von Simon Verity geschaffene steinerne Obelisken. Darüber neigt sich eine meiner Lieblingsweiden, *Salix daphnoides* ›Aglaia‹. Ich hatte sie aus Stecklingen aus Peter Birchalls Garten in Cotswold Farm gezogen. Sie entwickelten sich prächtig, und seither warte ich alljährlich im Februar, bis sich die blaßpurpurnen Kätzchen öffnen und an sonnigen Tagen Schwärme von Bienen aus ihrer Behausung im Südwestgiebel ausströmen, um Pollen zu sammeln. Von hier aus gelangt man über einen Rasenweg zum Wassergarten, vorbei an den steinernen Statuen, den blauen Toren und den Kletterpflanzen an der Mauer, an denen man sich in aller Ruhe freuen kann.

᚛᚜ ᚛᚜ ᚛᚜

In einer Linie mit dem Tempel verläuft der dritte Weg. Percy Cane empfahl, stets die längste Achse durch den Garten bestmöglich zu nutzen. Diesen Rat befolgten wir bei der Wahl des Standorts für den Tempel. Wir öffneten schließlich den Blick über das Wasserbecken und weiter bis zur nach Nordwesten verlaufenden Mauer – eine Strecke von beinahe 100 m Länge. Das bedeutete aber zugleich, die Geißblatthecke und die Obst- und Beerensträucher meiner Schwiegermutter herauszunehmen, damit man sich im Tempel niederlassen und das beeindruckende Bild genießen konnte. Später schuf dann Simon Verity als abschließenden Blickfang den Froschbrunnen, der die optische und akustische Wirkung des Wassers in unseren Garten brachte.

Dies alles ging Schritt für Schritt vor sich. Der Tempel wurde hier 1962 errichtet. Als nächstes wurde die alte Geißblatthecke als Einfriedung des alten Obst- und Gemüsegartens herausgenommen; dann säten wir im Herbst 1968 Gras ein, um den langen Rasenweg zu schaffen. Vier Jahre lang diente die Statue eines Kindes, die mir meine Tochter Davina geliehen hatte, als Blickfang. Da sie im Verhältnis zur Entfernung aber zu klein war, beauftragten wir Simon mit dem Entwurf und der Ausführung des Brunnens. Das war, zehn Jahre nachdem der Tempel hier seinen Platz gefunden hatte.

Dem Rasenweg folgend erblicken Sie rechts zunächst die Südostseiten der Parterre-Beete 3 und 4. Sobald Sie den Sonnenröschenweg überqueren, haben Sie die gesamte Fassade des Hauses im Blickfeld, die von den 1946 gepflanzten Eiben (*Taxus* ›Fastigiata‹) eingerahmt ist. Links sehen Sie die formierten Linden und im Anschluß daran den Goldregenweg. Es gibt aber noch zwei weitere Blickachsen. Wenn Sie sich zunächst nach rechts wenden, erhebt sich vor Ihnen die graulaubige Zeder, die wir im Krieg gepflanzt haben. Gehen Sie weiter, dann kommen Sie rechts zu der breiten Rabatte, die durch ein zusätzliches Blickfeld unterbrochen ist. Hier haben wir nämlich eine Öffnung in die Hecke geschnitten, durch die der Blick auf die Statue der Jägerin in der Ferne gelenkt wird. Da das Gelände an ihrem Standort am Ende des Rasens stark abfällt, bedurfte es als Ausgleich einer kräftigen Sockelplatte. Setzen Sie Ihren Weg fort, und wenden Sie sich nach rechts, um zurück auf den Hauptrasen zu kommen. Von hier aus haben Sie das ganze Südwestende des Hauses und die mit Zinnen versehene Veranda im Auge. Der beachtliche Stimmungswandel kommt durch die formale Wirkung der bis ins kleinste durchdachten Bepflanzung einerseits und die Weite des Krocket-Rasens andererseits zustande.

Am Nachmittag mache ich gern einen Rundgang, um auf dem Weg zum Brunnen die Sonne im Rücken zu haben, bevor ich dann über den Rasenweg in Richtung Tempel hinter den blauen Toren wieder auf das Haus zugehe. Auf diese Weise kann ich jedes Beet aus einem anderen Blickwinkel betrachten, und so fallen mir die einzelnen Details innerhalb der dicht bepflanzten Rabatten mehr auf.

1 = Streifenbeete
2 = Lindenweg

3 = Winterweg
4 = Goldregenweg

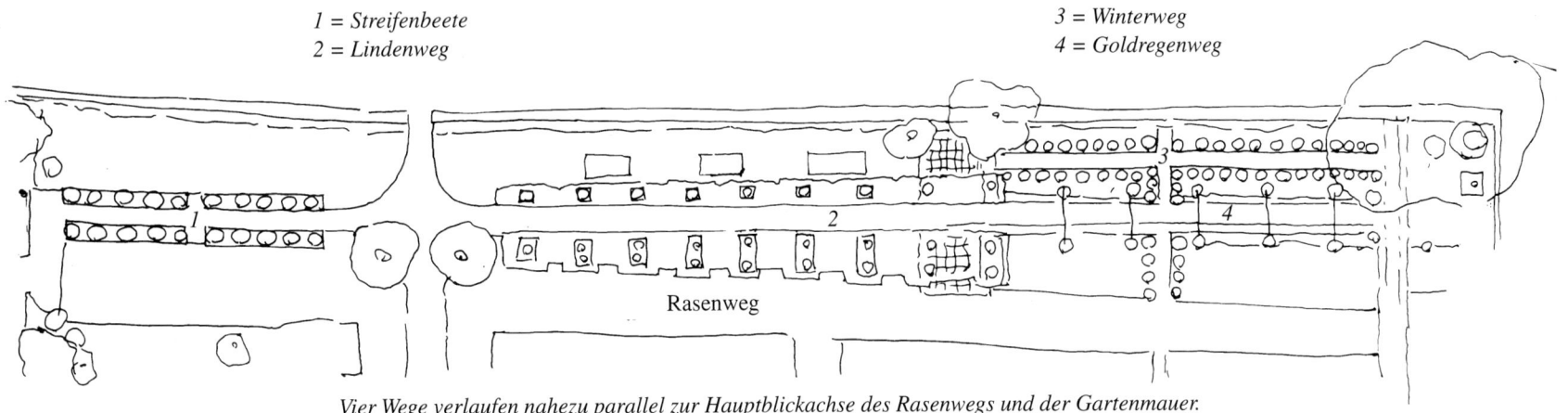

Vier Wege verlaufen nahezu parallel zur Hauptblickachse des Rasenwegs und der Gartenmauer.

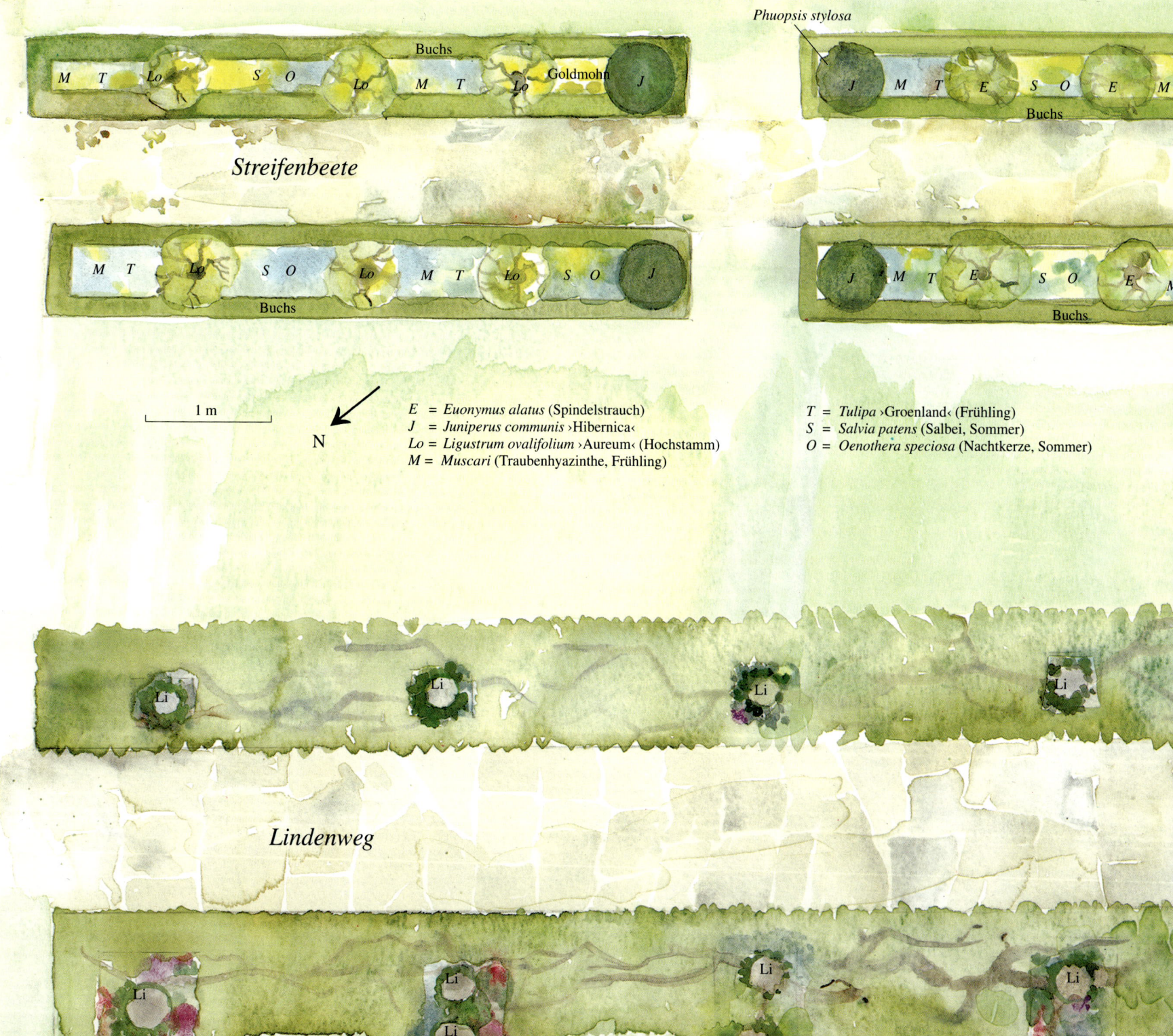

Phuopsis stylosa

Buchs

M T Lo S O Lo M T Lo Goldmohn J

J M T E S O E M

Buchs

Streifenbeete

M T Lo S O Lo M T Lo S O J

Buchs

J M T E S O E M

Buchs

1 m

N

E = *Euonymus alatus* (Spindelstrauch)
J = *Juniperus communis* ›Hibernica‹
Lo = *Ligustrum ovalifolium* ›Aureum‹ (Hochstamm)
M = *Muscari* (Traubenhyazinthe, Frühling)

T = *Tulipa* ›Groenland‹ (Frühling)
S = *Salvia patens* (Salbei, Sommer)
O = *Oenothera speciosa* (Nachtkerze, Sommer)

Li

Lindenweg

Li

Buchs-
pyramide

T *E* *S* *O*

Buchs-
pyramide

T *E* *S* *O*

Prunus × yedoensis
›Shidare-yoshino‹,
unterpflanzt mit
Erythronium ›Pagoda‹

Prunus × yedoensis
›Shidare-yoshino‹,
unterpflanzt mit
Erythronium ›Pagoda‹

Li = Linde (*Tilia platyphyllos* ›Rubra‹), abwechslungsreich unterpflanzt mit Wildkrokussen,
Alpenveilchen, Veilchen, Raute, Mutterkraut und Steinbrech (*Saxifraga × urbium*); der untere
Stammabschnitt ist mit grünem Efeu bewachsen, dazwischen kurzgemähter Rasen

Salix
daphnoides
›Aglaia‹

Jakobsleiter

Knoten-
blume

Eisenhut

Alpen-
veilchen

Pulmonaria
longifolia

Geranium ×
oxonianum

Geranium
psilostemon

Knoten-
blume

Mandragora
officinalis

E

E

E

E

Sterndolde

E

Knoten-
blume

Hundszahn

Storchschnabel
(winterhart)

E

Campanula
persicifolia

Lungenkraut

P

B

P

B

B

B

P

B

B

B

B

B

Nieswurz

B = Buchs
E = Eranthis hyemalis
I = Islandmohn für die Lücken
La = Laburnum-Stämme (Goldregen)
P = Polyanthus
V = Veilchen

Obelisk

B

B

B

B

Waldsteinia
ternata

B

B

B

Bergenia

B

Obelisk

Tanacetum vulgare

Lathyrus
vernus

Lungenkraut

Geranium tuberosum

Helleborus
argutifolius

Günsel

I

Euphorbia
amygdaloides
›Rubra‹

Akeleien

I

Euphorbia

Christrose

Hydrangea
quercifolia

Helleborus
foetidus

Helleborus argutifolius

Nieswurz

B

I

diverse Funkien

Tulipa ›Diplomate‹

Efeu

La

Nieswurz

diverse Funkien

La

Günsel

Tulipa ›Diplomate‹

Zierlauch

B

Tulipa ›Apeldoorn‹

Funkie

Zierlauch

Zierlauch

Linde

La

Funkie

Tulipa ›Apeldoorn‹

Galanthus
reginae-olgae

La

B

Tellima grandiflora

Polemonium
caeruleum

Tellima
grandiflora

Campanula
persicifolia

Iris
foetidissima
und
Saxifraga
stolonifera

Veilchen

Akeleien

Eremurus himalaicus

Tellima grandiflora

B

Dahlia
merckii

Veratrum
nigrum

Kaukasus-
vergißmeinnicht

Tag-
lilien

Tag-
lilien

Stockmalve

Lobelia siphilitica

Akeleien

Linde

Amstelraute

Euphorbia
amygdaloides
›Rubra‹

bronzelaubiger
Fenchel

B

Iris
foetidissima

Akeleien

Amstelraute

Tulpen und Funkien

Penstemon ›Sour Grapes‹

Tränendes
Herz

B

Tulipa ›Diplomate‹

1 m

N

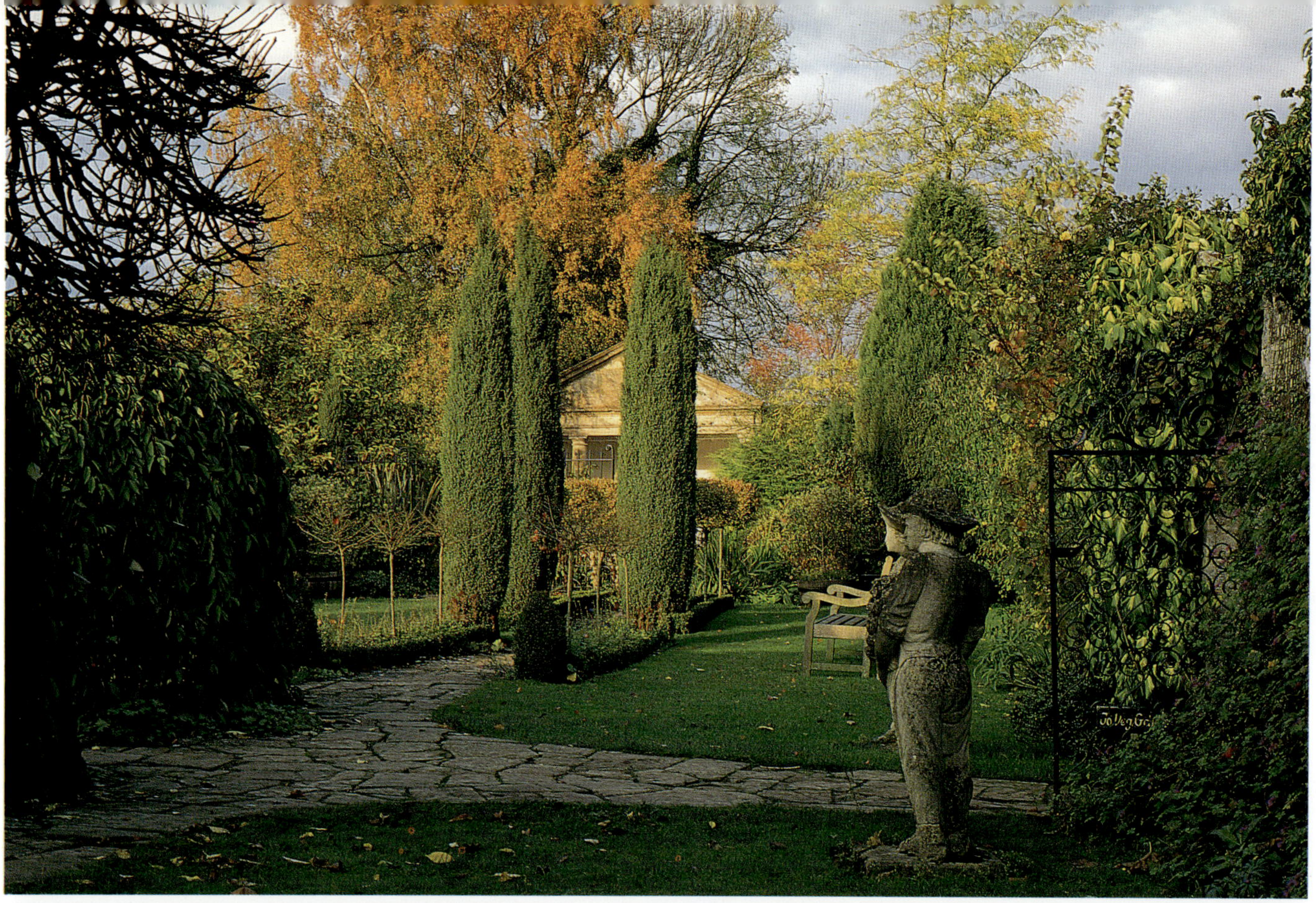

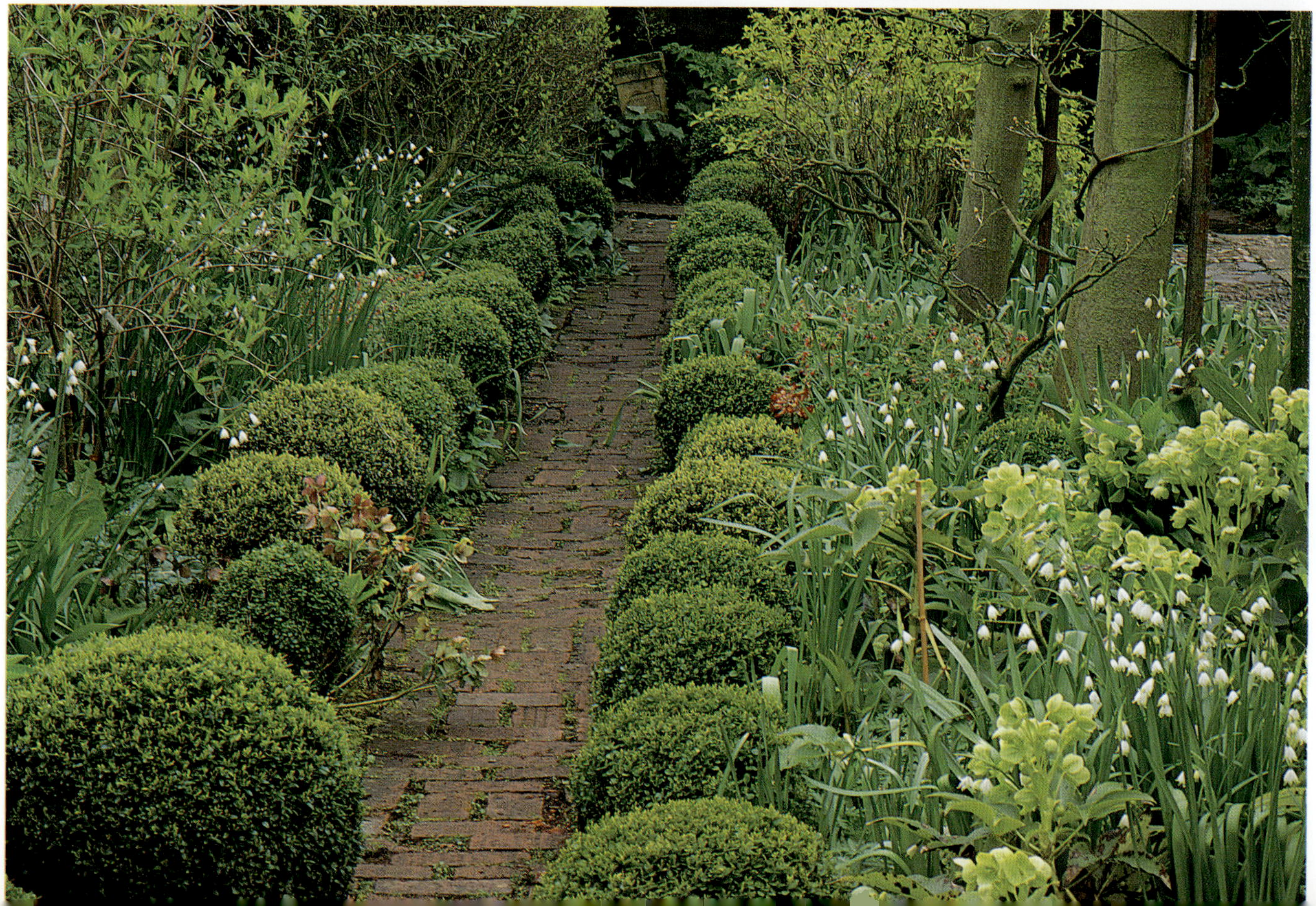

Wege für jede Jahreszeit

Der Winter ist die Zeit der Ruhe im Garten. Wer aber einen Blick dafür hat, wird sich an den ersten Blüten und der Schönheit der Strukturen freuen. Im März erwacht der Winterweg zu neuem Leben mit Knotenblumen, *Helleborus argutifolius*, Nieswurz und *Pulmonaria* ›Sissinghurst‹, die sich in der niedrigen »Allee« hinter den in Form geschnittenen Buchskugeln (*Buxus sempervirens* ›Suffruticosa‹) erheben (**links unten**).

Im April ist die Natur schon einen Schritt weiter (**rechts**). Die Rabatten auf beiden Seiten des Rasenwegs vom Brunnen zum Tempel fangen allmählich zu leuchten an. Die Alpen-Waldrebe überzieht den Goldliguster mit Blüten, und dahinter erhebt sich *Lonicera nitida* ›Baggesen's Gold‹ vor *Tulipa* ›Gordon Cooper‹. Ihr Rot wird von den Tulpen unter dem Goldregen erneut aufgegriffen und lenkt das Auge in Richtung Tempel. Im »Bob Dash«-Beet auf der rechten Seite fällt der Blick auf Vergißmeinnicht mit gefülltblühenden weißen Tulpen ›Mount Tacoma‹ und den kurz vor dem Aufblühen stehenden Günsel.

Im Herbst, wenn die Abendsonne tief steht (**links oben**), freue ich mich an den Statuen und den hohen Säulen des Irischen Wacholders, die einen Kontrast zu den tief herabhängenden Zweigen der Kirschen bilden. Im Hintergrund haben die Blätter der Sandbirke bereits einen zarten Goldton angenommen. Die letzten Blüten von *Geranium procurrens* an der Mauer rechts verschmelzen mit dem goldlaubigen Efeu und einer *Clematis* ›Jackmanii‹, die am Eisentor emporrankt.

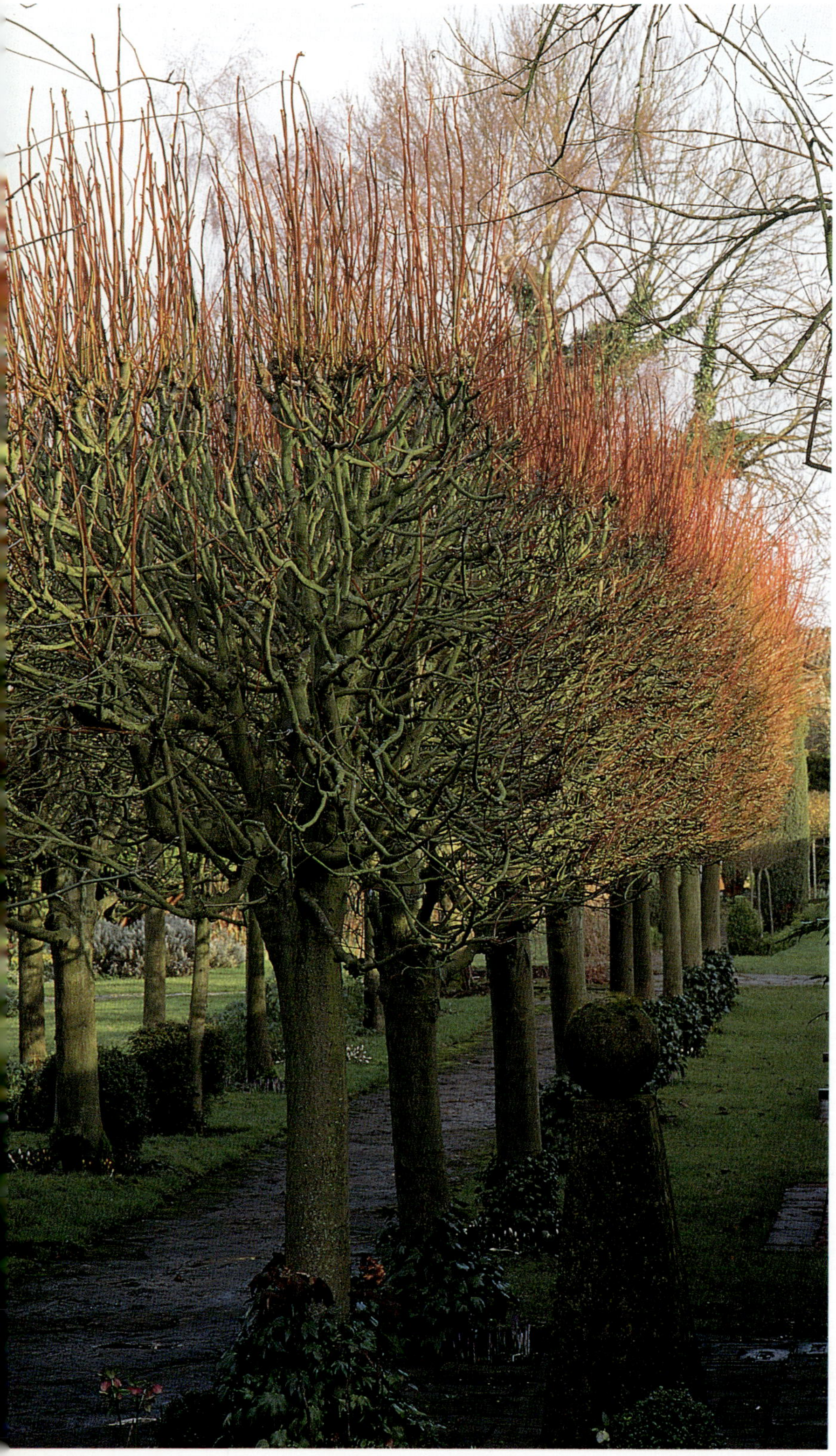

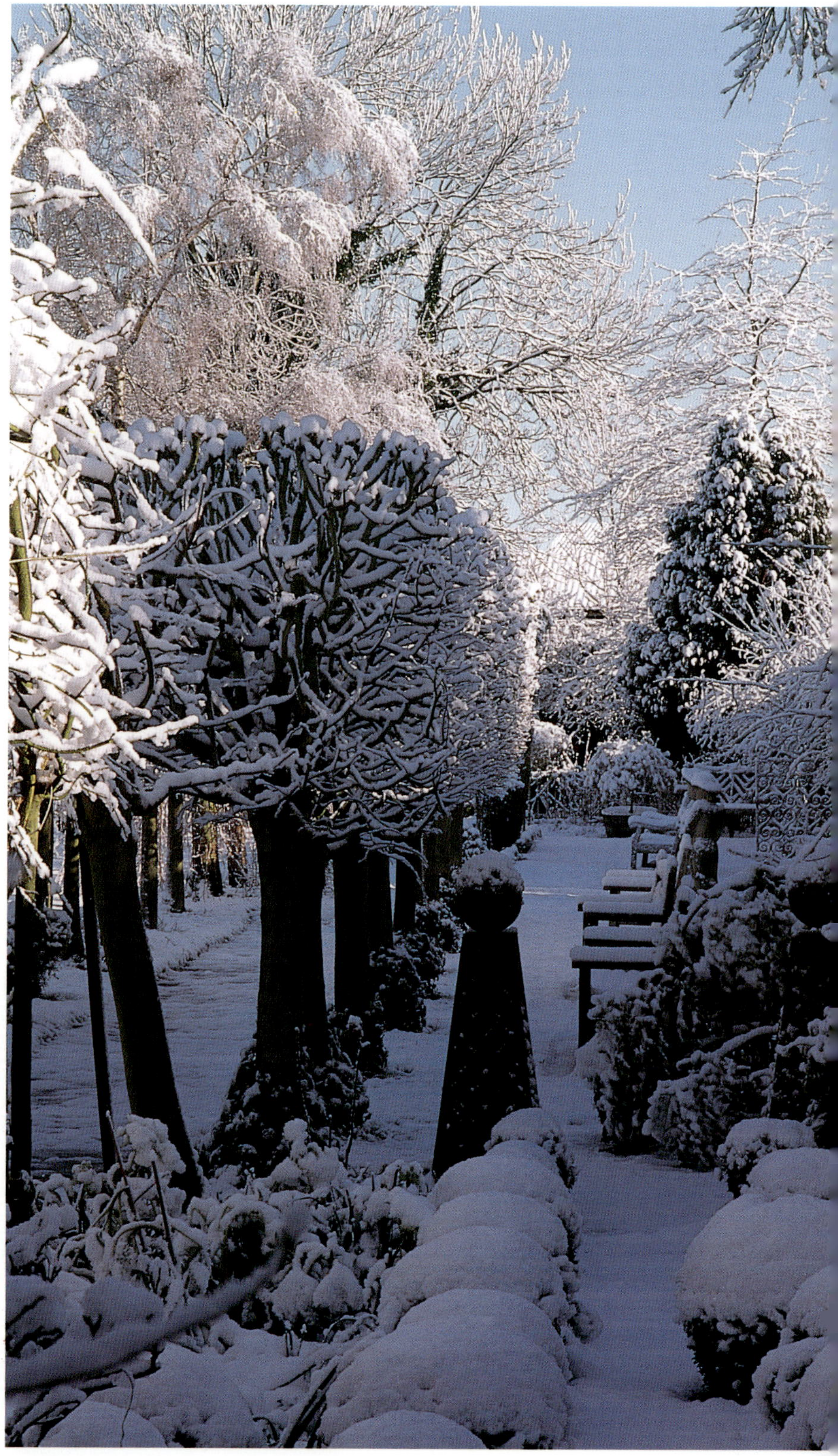

Der Linden- und der Goldregenweg

Läßt man den Blick über den Winterweg schweifen, bevor menschliche Fußspuren die Schneedecke zerstört haben (links), kann man die Stille förmlich hören (links). Die Äste und Zweige der Linden im Vordergrund tragen weiße Hauben, und auch die Birke, die Esche und die Zypresse im Hintergrund heben sich als weiße Silhouetten vom klarblauen Himmel ab.

Zu Beginn des Jahres läßt die frühe Morgensonne die blendend roten Zweige der Linden aufleuchten (ganz links). Die Basis ihrer Stämme ist mit Gamaschen aus Efeu bedeckt, die wir auf eine Höhe von 40 cm zurückschneiden. Umgeben sind sie von im Februar blühenden Wildkrokussen. Im Vordergrund präsentiert sich eine der beiden Steinsäulen, die Simon Verity für uns geschaffen hat.

Ende Mai nun haben die Linden ihr dichtes Laubdach ausgebreitet (unten). Die runden Blütenköpfe von *Allium aflatunense* erheben sich über den fein gefiederten Blättern des Rainfarns, dunklen Akeleien und Wolfsmilch. Unter manchen Linden erheben sich in Form geschnittene Würfel aus *Lonicera nitida*.

In jeder Jahreszeit vermittelt der Goldregenlaubengang unterschiedliche Stimmungen und Impressionen (folgende Doppelseite). Im Winter (links) wirkt Davids phantasievoll strukturierter Steinweg ebenso beeindruckend wie das Astgerüst des Goldregens. Im April und Anfang Mai (Mitte) erscheint die leuchtendrote *Tulipa* ›Apeldoorn‹ wie eine Überraschung – um Rot abzudämpfen, bedarf es einer Menge Grün, während Weiß dessen Leuchtkraft unterstreicht. Im Juni (rechts) wandeln sich Stimmung und Farbschema dann ganz rasch, wenn unter dem Dach des herabhängenden Goldregenflors die Blütenköpfe von *Allium aflatunense* erscheinen.

Die Mauern

Unsere herrliche Gartenmauer habe ich von jeher zu schätzen gewußt, und so empfinde ich große Dankbarkeit gegenüber dem Geistlichen Charles Coxwell, der 1770 in weiser Voraussicht diese 2 m hohe Einfriedung errichten ließ, die den Garten auf drei Seiten umgibt. Der behauene Cotswold-Stein ist noch immer gut erhalten. Einen besonderen Blickfang bilden die schönen, waagrecht liegenden und durch Mörtel verbundenen Schlußsteine. Dank ihrer leichten Keilform fließt der Regen nach außen ab, anstatt in die Mauer zu sickern. Unser Cotswold-Stein ist porös, und so entstehen leicht Schäden, indem Feuchtigkeit in eine der schmalen Ritzen eindringt, gefriert, sich ausdehnt und den verfügbaren Raum wie bei einem Rohrbruch sprengt. Als sich im Bereich der Mauerkrone Anzeichen von Verwitterung zeigten, ließen wir um 1960 die Schlußsteine neu legen und ersetzten einige, so daß die Mauer nun wohl ein weiteres Jahrhundert oder noch länger ihren Zweck erfüllen dürfte.

Der größere Teil der Mauer ist nach Nordwesten gerichtet und damit, wie man eigentlich annehmen könnte, nicht unbedingt ideal für Kletterpflanzen. Dieser Ansicht war ich in den fünfziger Jahren, sollte aber nicht recht behalten. Zwar kommt die Sonne im Sommer erst nachmittags an diese Stelle, dafür profitieren die hier wachsenden Pflanzen bis Sonnenuntergang von ihren wärmenden Strahlen.

❧❧ ❧❧ ❧❧

Wie entstehen neue Gestaltungsideen? Häufig gehen sie auf Eindrücke aus verschiedenen Gärten zurück, die zu einem Bild zusammenfließen, manchmal ist es aber auch ein einzelner Garten, der wie in diesem Fall als Anregung diente. An einem zauberhaften Abend Anfang der siebziger Jahre besuchten David und ich Pyrford Court, einen Garten, in dem Gertrude Jekyll einst gewirkt hatte. Als uns Mr. Chick – seit Jahrzehnten Obergärtner – durch den Garten führte, wurde mir erstmals bewußt, wie wirkungsvoll Sträucher an einer Mauer sind. Unter diesem Ein-

druck machte ich mich umgehend daran, jeden verfügbaren Fleck unserer Begrenzungsmauer zu bepflanzen.

Welche Sträucher wir verwendet haben, läßt sich aus den Pflanzplänen ersehen. Neben »echten« Kletterern finden sich auch normalerweise einzeln stehende Solitärsträucher, die winterhart sind, im Schutz der Mauer aber wesentlich früher blühen. Unerläßlich für Kletterpflanzen ist eine dauerhafte Stütze; wer jedesmal, wenn eine *Clematis* einen neuen, langen Schoß austreibt, nach Nagel und Schnur laufen muß, wird dies bald leid sein. Wir haben das Problem gelöst, indem wir altes, weitmaschiges Drahtgeflecht mit Krampen an der Mauer befestigten. Neuer Maschendraht wäre zu auffallend gewesen; der alte war aber bereits so dunkel und stumpf, daß er sich kaum von dem Stein abhob. Wenn Les und ich nun zwanzig Jahre später auf der Suche nach einem geeigneten Platz für eine weitere *Clematis* oder eine einjährige Duftwicke an der Mauer entlanggehen, haben wir immer Schnur oder Bast in der Tasche, um die heraushängenden Zweige einzubinden.

❧❧ ❧❧ ❧❧

Da es mir ganz wichtig erscheint, im Garten nicht nur in die Höhe, sondern auch auf den Boden zu schauen, weiß ich, wie sehr es auf eine Unterpflanzung der Kletterpflanzen ankommt. Anfangs bildeten die kräftigen Horste von Nieswurz und *Helleborus argutifolius* (ehemals *H. corsicus*) gemeinsam mit herrlichen ›Barnhaven‹-Primeln, die ich zur selben Zeit erstand, den Grundstock der Unterpflanzung. Inzwischen haben sie Verstärkung durch Porzellanblümchen, *Pachyphragma*, *Sisyrinchium* und Jakobsleiter erhalten – ausnahmslos Pflanzen, die an einem trockenen, halbschattigen Standort gut gedeihen.

Das schmale Beet am Fuß der Mauer teilen sich zahlreiche nicht kletternde Sträucher wie Kolkwitzie, *Buddleja davidii* ›Peace‹, *Ceanothus × delileanus* ›Gloire de Versailles‹, *Ribes laurifolium*, mehrere Deutzien, *Mahonia japonica*, *Itea ilifolia* und ein buntlaubiger *Cotoneaster*

Kletterpflanzen an den Mauern

Geißblatt, Rosen und *Clematis* sind die Hauptakteure meiner Mauerbepflanzung, für die Schmetterlingssträucher, Kolkwitzie und Efeu als Kulisse dienen. *Hedera colchica* ›Sulphur Heart‹ ist ein extrem wuchsfreudiger Efeu, der zusammen mit *Rosa* ›Golden Showers‹ an der Mauer hinaufklettert **(ganz links)**. Später blüht dann weiter unten an der Mauer die *Clematis* ›Perle d'Azur‹ **(links unten)**.

Mitte Mai steht ein Geißblatt **(links oben)** in voller Blüte. Es wurde mir als *Lonicera × americana* verkauft, aber Tony Lord, der uns immer wieder in Fragen der Klassifizierung unterstützt, sagt, es handle sich um *Lonicera × italica*. Mit ihrem kräftigen Duft hüllt sie uns förmlich ein.

Wie dekorativ die zahlreichen *Clematis*-Arten in unseren Gärten wirken, darf nicht unterschätzt werden. Jedes Frühjahr pflanze ich einige hinzu. Diese *Clematis macropetala* ›Maidwell Hall‹ **(links Mitte)** wächst seit zwanzig Jahren an unserer Mauer und blüht stets im Mai zur Zeit der Blumenschau in Chelsea. Sehr zart wirken später im Jahr ihre flaumigen Samenstände.

Ein überraschendes, ja fast schockierendes Bild bietet sich dem Betrachter, wenn sich die mauvefarbene *Rosa* ›Veilchenblau‹, das Geißblatt *Lonicera* ›Dropmore Scarlet‹ und die purpurnen Blüten von *Geranium psilostemon* zur gleichen Zeit entfalten **(rechts)**. Auf diesem Foto vom 15. Juli bilden sie einen aufregenden Farbdreiklang in der Höhe des Goldregenwegs.

Die hier in Blüte stehende Kletterpflanze, *Itea ilicifolia*, habe ich in Pyrford Court kennengelernt. Einige lange Blütenquasten genügen, um das Zimmer im Herbst mit Duft zu erfüllen. Die Basis umspielt *Sedum telephium* mit rosa Blüten.

Hier abgebildet ist die in der Regel als einzeln stehender Strauch bekannte Kolkwitzie, die an anderer Stelle auch in unserem Garten als Solitär wächst. Sie läßt sich aber ebenso erfolgreich an unserer nach Nordwesten gerichteten Mauer ziehen.

Wir regen den Storchschnabel *Geranium procurrens* mit seinen ausladenden Trieben an, in die Höhe zu wachsen und sein zartes Netz aus Grün und Magentarot in dem Drahtgitter vor der mit Flechten überzogenen Mauer zu spinnen. Vom Juni bis zum Spätherbst bietet sich dieser hübsche Anblick.

Die nahezu reinweiße Deutzie brachte ich als Stecklinge aus einem Garten in Herefordshire mit, dessen Besitzerin, Mrs. Cadbury, auf ungewöhnliche Sträucher spezialisiert ist. Diese Deutzie blüht im Juni und Juli mit verschwenderischer Fülle an unserer nach Nordwesten gerichteten Mauer.

Die breite Rabatte

Die breite Rabatte wurde im Winter 1969 angelegt. Dieser Bereich war ursprünglich Teil des alten Obstgartens und auf zwei Seiten von einer wild wuchernden Hecke aus *Lonicera nitida* umgeben. Wenn man die Erdbeeren, Stachel- und Johannisbeeren pflücken wollte, mußte man sich zuerst einmal durch ein Dickicht aus Giersch kämpfen. Als wir uns dann entschlossen, eine durchgängige Achse vom Tempel bis zu dem Platz, wo heute der Froschbrunnen plätschert, zu schaffen, mußten wir auch den Obstgarten durchschneiden. Es schien uns nun an der Zeit, den ganzen Bereich von Grund auf umzuwandeln, was für die Gesamtgestaltung des Gartens der entscheidende Durchbruch war.

Die Geißblatthecke wurde 1964 – im gleichen Jahr, in dem wir den Goldregenlaubengang anlegten – herausgenommen; die Erdbeeren wurden verpflanzt, die Stachelbeer- und Johannisbeerbüsche im Garten verbrannt. Dann begann ich, dem mehrjährigen Unkraut zu Leibe zu rücken. Da es damals noch kein geeignetes Mittel gab, das uns die Arbeit hätte abnehmen können, besannen wir uns auf das bewährte Verfahren, Gras auszusäen und den Flecken ein paar Jahre lang zu mähen, um hartnäckiges Unkraut auszurotten. Einen Streifen, der bereits verhältnismäßig frei von Unkraut war, nutzte ich zum Auspflanzen der bewurzelten Stecklinge und als Saatbeet. Meine Tochter Davina half mit, das Unkraut einzudämmen, indem sie Margeriten, Godetsien und andere Einjährige für ihre geliebten Sträuße zog.

Als wir uns dann an die Bepflanzung der Rabatte machten, verwendeten wir neben einer Auswahl gekauften Materials hauptsächlich Pflanzen, die wir aus Stecklingen mit Hilfe einer Sprühnebelanlage selbst gezogen hatten; Cecil Tomblin, unsere Seele von Hausmeister, hatte sie 1963 für uns installiert.

❧ ❧ ❧

Die Bepflanzung der breiten Rabatte stand ganz unter dem Einfluß unseres Besuchs in Pyrford Court (s. S. 113), wo wir bei einem Gang entlang der Gertrude-Jekyll-Rabatten beobachten konnten, wie das Licht der Abendsonne ihre Farbwirkung verstärkte. Wir betrachteten das goldene Beet, kamen dann zum blauen und grünen Beet und schließlich zu einer Rabatte, die in flammenden Rottönen kombiniert mit Grün leuchtete. In diesem Augenblick wurde mir bewußt, welch dramatische Wirkung Farben entfalten und wie sehr es auf Pflanzen mit unterschiedlichen architektonischen Wuchsformen, wie rundlichen Kuppeln, vertikalen Blütenähren und ausgeprägt horizontalem Habitus, ankommt.

Diese Bilder hatte ich vor Augen, als ich den Pflanzplan zusammenstellte. Vor mir lag eine herrliche 23 m lange und 7 m breite freie Fläche, die im Vordergrund vom kurzgeschorenen Rasenweg, im Hintergrund von der Eiben- und Buchenhecke begrenzt war. David schnitt die Eiben dann einige Jahre später zinnenartig in Form. Auf der anderen Seite der Hecke ist ein L-förmiges Beet, das mit *Rugosa*-Rosen bepflanzt dazu beiträgt, den Blick auf das gotische Sommerhaus zu lenken, das sich am Ende unserer im 18. Jahrhundert erbauten Steinmauer erhebt. Diese Rosen haben wir aus Hagebutten gezogen, die uns Marjorie und John Buxton aus ihrem Garten in Cole Park bei Malmesbury geschenkt hatten. Wir legten sie ganz einfach in die Erde im Potager, und als die Sämlinge groß genug waren, haben wir sie hier ausgepflanzt. Ihre Blüten duften köstlich, die Blätter nehmen eine herrliche Herbstfärbung an, und ihre Hagebutten bezaubern nicht nur uns, sondern auch die Vögel.

❧ ❧ ❧

Das gotische Sommerhaus, das der Geistliche Charles Coxwell ebenso wie die Mauer im Jahre 1770 erbaut hat, bildet am Ende der Steinmauer einen markanten Abschluß. Gedacht war es vermutlich als eine Art Überraschung in dem für jene Zeit typischen Landschaftsgarten. Heute ist es auch vom neuen Eingangstor aus sichtbar. Da es nach Norden blickt, wird es lediglich an wolkenlosen Sommerabenden von einigen Strahlen der untergehenden Sonne beschienen. Ich stelle mir gern vor, daß sich Mrs. Coxwell hierher flüchtete, wenn sie von ihren neun Kindern einmal Ruhe brauchte. Seine Fassade erinnert an eine Kirche, und Kinder fragen mich oft, ob es eine Kapelle ist. Nein, antworte ich ihnen, aber es ist zur Heimat einer Kolonie seltener Fransen-Fledermäuse geworden, deren Bestand von der Gesellschaft der Fledermausfreunde jedes Jahr im Juni kontrolliert wird. Die Steinfassade des Gebäudes ist nach zweihundert Jahren am Verwittern und bedarf einer Restaurierung, wenn sie sich noch einmal so lange halten soll.

৩৯ ৩৯ ৩৯

Für die breite Rabatte gliederte ich die Fläche in drei Teile, die farblich auf den Themen Grün und Rot, Grün und Blau und schließlich auf Goldtönen aufgebaut sind. Dazwischen befinden sich mit Trittsteinen belegte Pfade, und ein gewundener Pflegeweg im Schatten der Hecke erleichtert die Instandhaltung und das Jäten.

Ich habe aber nicht nur auf Eindrücke in Pyrford Court zurückgegriffen, sondern bei der Blumenschau in Chelsea 1969 insbesondere auf buntlaubige Pflanzen geachtet. Vieles, was ich dort entdeckt habe, ist in die Gestaltung der breiten Rabatte eingeflossen oder in anderen Effekten im Garten erkennbar. Anhand meiner Aufzeichnungen und der allmählich wachsenden Kenntnisse habe ich im Lauf der Zeit einen Plan zusammengestellt.

Da es sich um eine Rabatte von beträchtlicher Tiefe handelt, bedurfte es einer sorgfältigen Komposition. Um einigermaßen überschaubare Proportionen zu erhalten, entschloß ich mich zu einem Halbkreis immergrüner Pflanzen, die farblich auf die einzelnen Themenbereiche abgestimmt waren, sowie einem dreidimensionalen Entwurf, der in jedem Abschnitt zwei Drittel der Beetbreite einnehmen sollte. In der »roten Rabatte« bestand der Halbkreis aus vier Sicheltannen, *Cryptomeria japonica* ›Elegans‹, mit bronzefarben überlaufener Rinde. Wir hatten sie erstmals in Cornwall gesehen und beschlossen, sie ebenfalls zu pflanzen.

Wir zogen *Penstemon* aus Samen und freuten uns den ganzen Sommer an dem farbenfrohen Bild der breitblättrigen, großblütigen Varietäten mit leuchtendroten Trichtern und meist weißem Schlund. Damals habe ich aber auch gemerkt, daß die schmalblättrigen Sorten ›Evelyn‹ und ›Garnet‹ robuster sind. Wir müßten uns mit mehrjährigen Salbeiarten ab, die jedes Jahr frostfrei überwintert werden wollen. Ich setzte einen jungen Perückenstrauch *Cotinus coggygria* ›Royal Purple‹ in den Vordergrund und schneide ihn seither jedes Frühjahr stark

zurück, damit er wieder neu austreibt. Die Sicheltannen machten sich einige Jahre recht gut, wurden aber mit der Zeit zu groß – sie vertrugen den Rückschnitt nicht – und mußten herausgenommen werden.

Mein Ziel, eine rote Rabatte zu schaffen, gab ich sehr bald auf, und so sollten fortan der Perückenstrauch, ein Ahorn *Acer palmatum* ›Osakazuki‹, den ich vor Jahren geschenkt bekommen hatte und der überraschenderweise in unserem alkalischen Boden überlebte, sowie der immergrüne *Osmanthus × burkwoodii* mit seinen duftenden, weißen Blüten im April das Bild beherrschen. Unter dem *Osmanthus* ist der Boden mit dem Laub der Süßdolde *Myrrhis odorata* bedeckt. Ende Juni schneiden wir sie bis auf die Basis zurück, worauf sie in kürzester Zeit erneut austreibt und ihr filigranes frischgrünes Netz ausbreitet.

Für den Frühlingsflor sorgen Primeln und jedes Jahr andere Zwiebelblumen. Im Sommer versuchen wir, dieser Ecke durch eher ungewöhnliche Pflanzen besonderen Reiz zu verleihen wie mit Steppendisteln, *Francoa ramosa* und der Sukkulente *Echeveria* ›Imbricata‹, deren graues Laub gut mit dem Salbei *Salvia patens* und den weißen Blüten von *Parahebe* harmoniert. 1994 pflanzten wir als Hintergrund eine Gruppe *Hebe* ›Amy‹ mit schönem, leuchtend bordeauxrotem Laub. Da die Sträucher nicht winterhart sind, müssen sie vor dem ersten Frost ins Gewächshaus gebracht werden. Den Boden dahinter bedecken *Trachelospermum jasminoides*, *Anemone × hybrida*, Akelei, Fingerhut, die Hortensie *Hydrangea quercifolia* mit ihrem an Eichenblätter erinnernden Laub und die ausdauernd blühende *Veronica peduncularis* ›Georgia Blue‹, ein Kleinod, das mir Dan Hinkley aus der Heronswood-Baumschule in der Nähe von Seattle gegeben hat.

Untrennbar verbunden mit meinem Garten sind viele Erinnerungen an Menschen, die mir Pflanzen geschenkt haben, und Orte, die mir unvergeßlich bleiben. So entstanden die beiden Fliederbüsche in der Rabatte beispielsweise aus Stecklingen von Büschen, die ich meinem Sohn Chris und seiner Frau Jenny zur Hochzeit schenkte. Der Schneeball *Viburnum henryi* erinnert mich an Mr. Chick in Pyrford Court, von dem ich auch Stecklinge von einer Glanzmispel bekommen habe. Viele der Funkien stammen von Penny Hobhouse, und die Zistrose, die ich aus Samen gezogen habe, ruft mir jenen Herbsttag in Korfu in Erinnerung, an dem ich über die Hügel der Insel gewandert bin.

৩৯ ৩৯ ৩৯

Im folgenden oder mittleren Abschnitt der Rabatte war der halbkreisförmige Hintergrund ursprünglich mit vier aus Stecklingen gezogenen Scheinzypressen, *Chamaecyparis lawsoniana* ›Fletcheri‹, bepflanzt.

Da sie aber zu groß und breit wurden, nahmen wir 1992 zwei heraus und stutzten die unteren Zweige der beiden anderen. Dadurch erhielten wir nicht nur eine größere Pflanzfläche, sondern auch weniger Schatten. Zunächst versuchten wir, diesen Abschnitt der Rabatte nach dem Vorbild Gertrude Jekylls ausschließlich in Blau-, Purpur- und Grüntönen zu halten, bis ich nach kurzer Zeit erkannte, daß wir hier mehr Farbe brauchten. Mit einer Kolkwitzie und Glockenblumen, *Campanula lactiflora* ›Loddon Anna‹, kam Rosa ins Bild, und zusammen mit selbst aufgegangenen Akeleien entstand ein unübersehbarer Blickfang. Erfreulich gut kommt auch die Amstelraute, kombiniert mit der duftenden Nachtviole zur Geltung. Im Frühling greifen rote Tulpen das Farbthema unter dem Goldregen auf und gelbe im goldenen Abschnitt – dazwischen *Pachyphragma* und Nieswurz.

Das ganze Jahr über bieten *Photinia* × *fraseri* ›Red Robin‹, der *Viburnum henryi* aus Mr. Chicks Stecklingen und die Rosen, die ich unlängst von David Austin bekommen habe, einen erfreulichen Anblick. Aus einem Garten, den ich mitgestaltet habe, stammen auch der aus Stecklingen gezogene blaßviolette Flieder, die Weigelie und *Viburnum* × *burkwoodii*.

❦ ❦ ❦

Im nächsten Abschnitt sollten Goldtöne vorherrschen. Da die in unmittelbarer Nähe aufragenden Ulmen reichlich Schatten warfen, galt es, diesen Bereich durch Gelb- und Goldschattierungen aufzuhellen. So betrachtet, kam es der Rabatte sehr zugute, daß die Ulmen durch das um sich greifende Ulmensterben eingingen. Hier bestand mein Halbkreis immergrüner Gewächse aus *Chamaecyparis lawsoniana* ›Stewartii‹ und *C. l.* ›Lane‹, die wir 1960 für den naturnahen Garten gekauft und aus Stecklingen gezogen hatten. 1969 hatten die Stecklinge eine Höhe von 90 cm und waren gerade richtig, um zur Gestaltung dieses Bereichs beizutragen.

Auf der einen Seite stand im Vordergrund ein weißer Flieder, auf der anderen ein Goldliguster, durch den eine *Clematis alpina* kletterte. Hinzu kamen die goldlaubige Ulme, *Ulmus* ›Dicksonii‹, und *Gleditsia triacanthos* ›Sunburst‹ (syn. *G. t.* ›Inermis Aurea‹). Christopher Lloyd riet uns, die Gleditschie jedes Frühjahr stark zurückzuschneiden, damit ihr Laubdach nicht allzu ausladend wird. Ich bin überaus dankbar, daß mir wenigstens die goldene Ulme geblieben ist. Durch den jährlichen Rückschnitt läßt sie sich gut in Form halten. Sie darf sich nämlich nicht zu sehr ausbreiten oder zu hoch werden, weil sie sonst den Rahmen der mit Zwiebelblumen und Stauden bepflanzten Rabatte sprengen würde. Erstaunt bin ich über den Schneeball *Viburnum opulus* ›Roseum‹, der inzwischen den alten Apfelbaum überragt und im April ein großartiges Blütenschauspiel bietet. Die Stechpalme *Ilex* × *altaclerensis* ›Lawsoniana‹ behauptet sich nicht nur im Sommer, sondern bildet auch im Winter ein unübersehbares zentrales Element.

Wie immer versuche ich, die Ecken der Beete durch sorgfältige Bepflanzung ins Blickfeld zu rücken – ein immer wieder anderes Bild bietet die Ecke in unmittelbarer Nähe des Brunnens. Den von einer *Clematis* ›Proteus‹ überzogenen Spierstrauch *Spiraea* ›Arguta‹ halten wir auf höchstens 90 cm Höhe. *Spiraea japonica* ›Goldflame‹ besticht durch ihr leuchtendes Laub, *Angelica* versamt sich selbst, und überall breiten sich die Sterndolden von *Astrantia major* aus. Um die gleiche Zeit wie *Crocosmia masoniorum* blühen auch die ersten Schneeglöckchen, *Galanthus reginae-olgae*, die im September allseits Bewunderung ernten. Sie versamen und vermehren sich in unserem guten Gartenboden sehr zahlreich und beweisen, daß Schneeglöckchen bei uns bis in den Februar hinein blühen können.

Ich habe in die breite Rabatte ganz bewußt auch Bäume und Sträucher aufgenommen, falls sich ein zukünftiger Besitzer je einen pflegeleichteren Garten wünschen sollte. Dann könnten die dazwischengepflanzten Stauden herausgenommen werden und einem weitläufigen, naturnah gestalteten Garten mit Rasen oder wiesenhaft höherem Gras Platz machen.

Eine meiner Lieblingsperspektiven im Bereich der breiten Rabatte ist der schmale Streifen zwischen den Halbkreisen immergrüner Pflanzen und der Hecke mit ihrem zinnenartig formierten Abschluß im Hintergrund. Wir haben hier Platten gelegt, und jedesmal, wenn ich diesem versteckten Weg unter dem grünen Laubdach folge, empfinde ich die Abgeschiedenheit als wohltuend.

Japanische Weinbeere *Rubus phoenicolasiu*

Tropaeolum speciosum

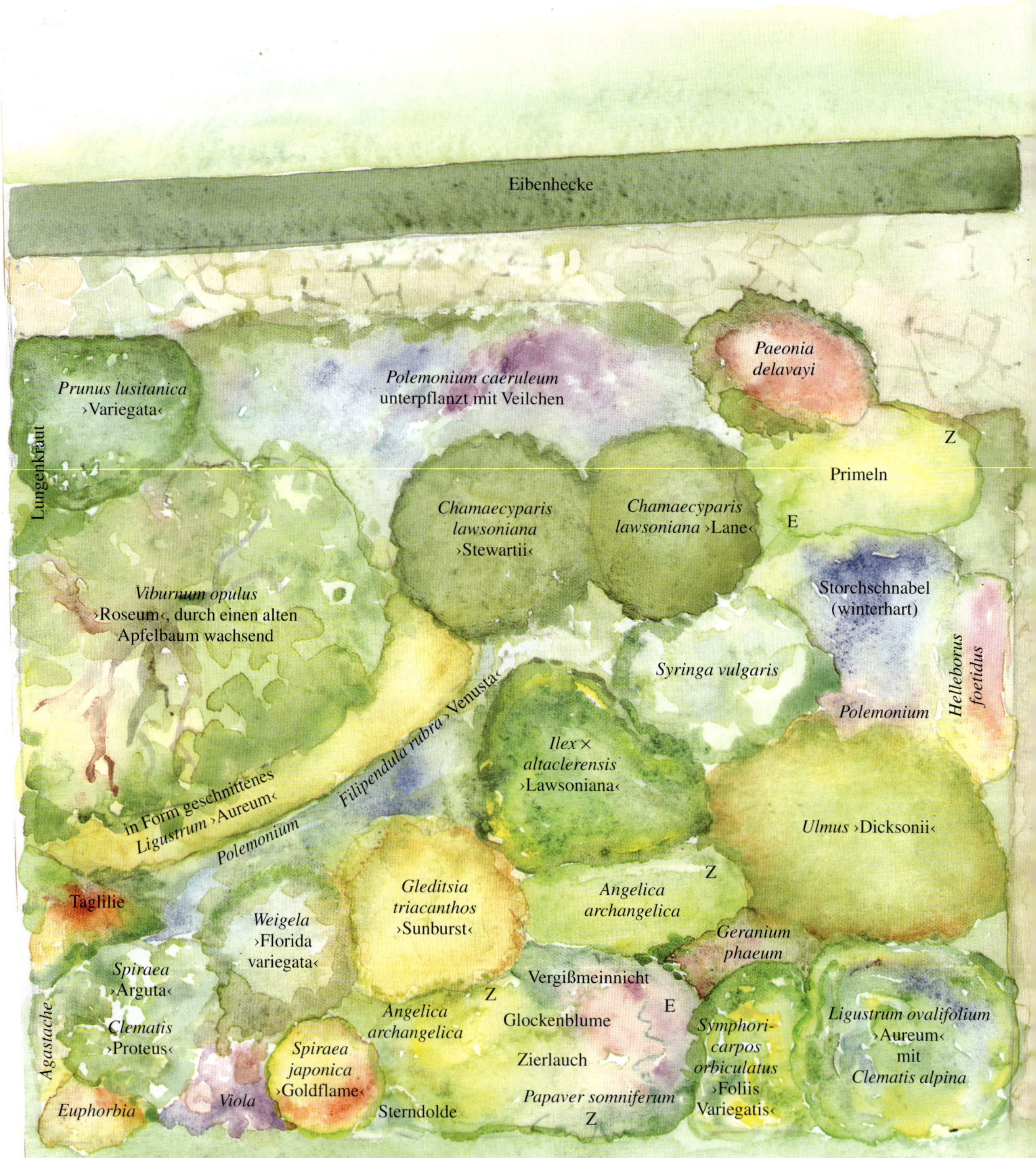

Eibenhecke

Prunus lusitanica ›Variegata‹

Lungenkraut

Polemonium caeruleum unterpflanzt mit Veilchen

Paeonia delavayi

Z

Primeln

Chamaecyparis lawsoniana ›Stewartii‹

Chamaecyparis lawsoniana ›Lane‹

E

Viburnum opulus ›Roseum‹, durch einen alten Apfelbaum wachsend

Storchschnabel (winterhart)

Helleborus foetidus

Syringa vulgaris

Polemonium

Filipendula rubra ›Venusta‹

Ilex × altaclerensis ›Lawsoniana‹

Ulmus ›Dicksonii‹

in Form geschnittenes *Ligustrum* ›Aureum‹

Polemonium

Z

Angelica archangelica

Taglilie

Weigela ›Florida variegata‹

Gleditsia triacanthos ›Sunburst‹

Geranium phaeum

Vergißmeinnicht

Spiraea ›Arguta‹

Z

Angelica archangelica

Glockenblume

E

Ligustrum ovalifolium ›Aureum‹ mit *Clematis alpina*

Clematis ›Proteus‹

Spiraea japonica ›Goldflame‹

Zierlauch

Symphoricarpos orbiculatus ›Foliis Variegatis‹

Euphorbia

Viola

Sterndolde

Papaver somniferum

Z

Agastache

E = andere Einjährige und Mehrjährige (einschließlich *Lobelia × gerardii* ›Vedrariensis‹ und *Tropaeolum speciosum*)
Z = Zwiebelblumen (einschließlich *Galanthus reginae-olgae* und gelber Tulpen)

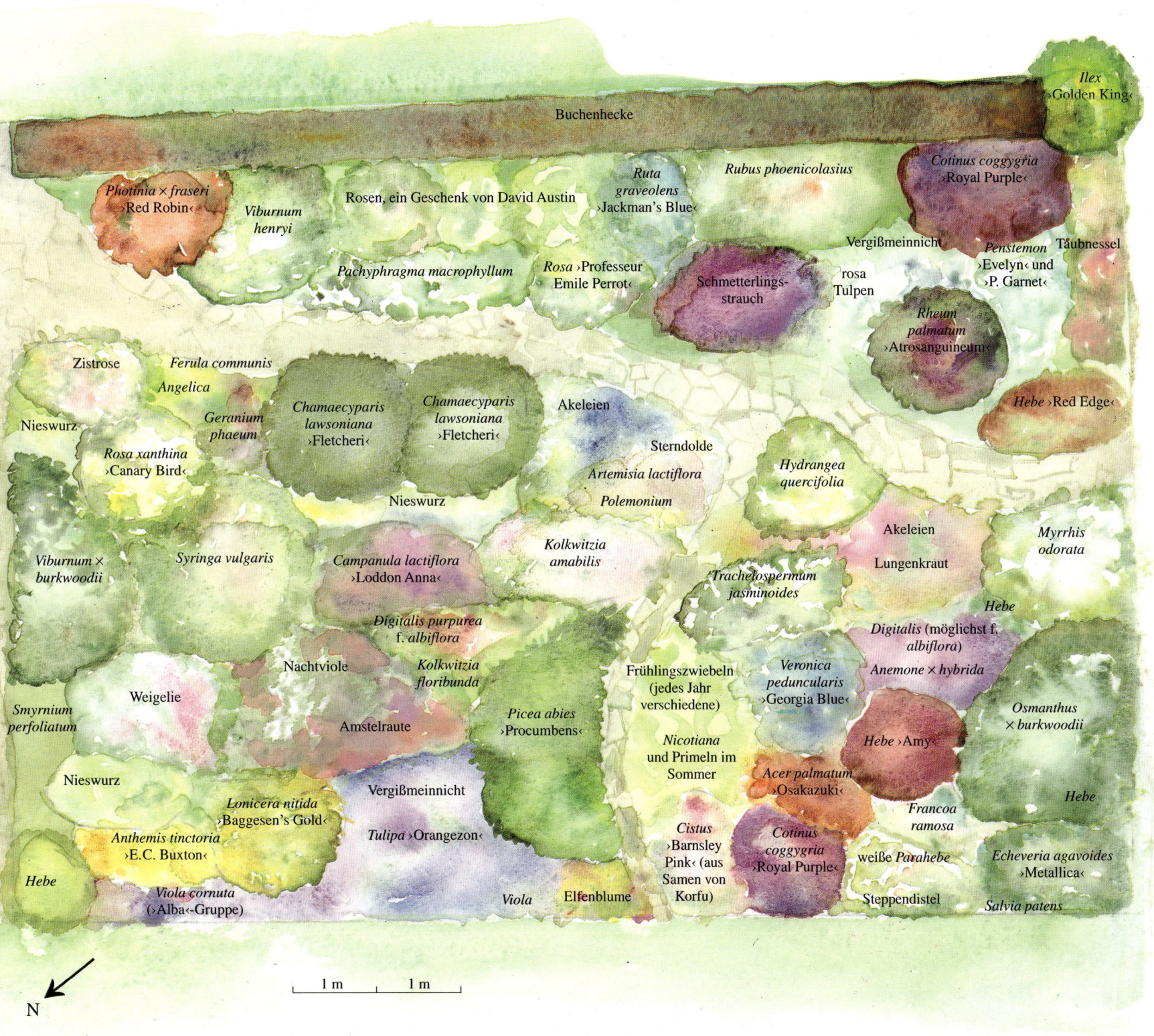

Ilex
›Golden King‹

Buchenhecke

Photinia × fraseri
›Red Robin‹

Viburnum henryi

Rosen, ein Geschenk von David Austin

Ruta graveolens
›Jackman's Blue‹

Rubus phoenicolasius

Cotinus coggygria
›Royal Purple‹

Pachyphragma macrophyllum

Rosa ›Professeur Emile Perrot‹

Schmetterlings-strauch

Vergißmeinnicht

rosa Tulpen

Penstemon
›Evelyn‹ und
›P. Garnet‹

Täubnessel

Rheum palmatum
›Atrosanguineum‹

Zistrose

Ferula communis

Angelica

Geranium phaeum

Chamaecyparis lawsoniana
›Fletcheri‹

Chamaecyparis lawsoniana
›Fletcheri‹

Akeleien

Sterndolde

Hebe ›Red Edge‹

Nieswurz

Rosa xanthina
›Canary Bird‹

Artemisia lactiflora

Polemonium

Hydrangea quercifolia

Nieswurz

Akeleien

Myrrhis odorata

Viburnum × burkwoodii

Syringa vulgaris

Campanula lactiflora
›Loddon Anna‹

Kolkwitzia amabilis

Trachelospermum jasminoides

Lungenkraut

Hebe

Digitalis purpurea
f. albiflora

Digitalis (möglichst f. albiflora)

Anemone × hybrida

Nachtviole

Kolkwitzia floribunda

Frühlingszwiebeln
(jedes Jahr verschiedene)

Veronica peduncularis
›Georgia Blue‹

Smyrnium perfoliatum

Weigelie

Amstelraute

Picea abies
›Procumbens‹

Nicotiana
und Primeln im Sommer

Hebe ›Amy‹

Osmanthus × burkwoodii

Nieswurz

Lonicera nitida
›Baggesen's Gold‹

Vergißmeinnicht

Acer palmatum
›Osakazuki‹

Francoa ramosa

Hebe

Anthemis tinctoria
›E.C. Buxton‹

Tulipa ›Orangezon‹

Cistus
›Barnsley Pink‹ (aus Samen von Korfu)

Cotinus coggygria
›Royal Purple‹

weiße *Parahebe*

Echeveria agavoides
›Metallica‹

Hebe

Viola cornuta
(›Alba‹-Gruppe)

Viola

Elfenblume

Steppendistel

Salvia patens

1 m   1 m

N

125

Ausdrucksvolle Bepflanzung inmitten von Duftwolken

Das Ende der breiten Rabatte unmittelbar neben dem Froschbrunnen war sehr schattig, bis ein alter Baum direkt über der Mauer dem Ulmensterben zum Opfer fiel. Mit seinem hohen, ausladenden Wuchs hatte er den Bereich fast den ganzen Tag in Halbdunkel getaucht. Unter dem Einfluß unseres Besuchs in Pyrford Court wurde mir klar, daß sich das Bild am besten durch einen in Goldtönen leuchtenden Abschluß aufhellen ließe. So wählte ich für den Halbkreis immergrüner Pflanzen als erstes *Chamaecyparis lawsoniana* ›Stewartii‹ und C. l. ›Lane‹, die beide durch goldgelbes Laub auffallen. Zwangsläufig folgten andere Farben wie Grün, Weiß und die schönen, frühlingshaften Gelbgrüntöne, dann auch etwas Rot zum Gelb, so daß ein zarter Orange-Effekt entstand. Da ich weder auf meine Lieblingskombination von Gelb und Mauve noch auf Duft verzichten wollte, pflanzten wir in den Hintergrund einen blaßvioletten Flieder und als Gegengewicht einen weißen; beide blühen um die gleiche Zeit im Mai und Juni.

›Canary Bird‹ gehört zu den am frühsten blühenden Rosen (**links**). Sie verbirgt sich hinter dem mauvefarbenen Flieder und *Viburnum × burkwoodii* (weiße Blüten mit einem Hauch Rosa). Bei diesen bewährten Kombinationen kann nichts schiefgehen. Stets schleichen sich auch selbstaussamende Pflanzen ein; ob sie sich einfügen oder wild wuchern, hängt letztlich vom rechtzeitigen Eingreifen ab.

Obgleich *Angelica* hier willkommen ist, schneiden wir die Blütentriebe stark zurück, bevor die Samen reif sind und sich überall verstreuen.

Am Ende einer Rabatte setze ich gern einen markanten Schlußpunkt (**rechts**). Gertrude Jekyll war sich sehr wohl bewußt, daß eine rundum sorgfältige Unterpflanzung an einer solchen Stelle besonders ins Auge fällt, weil man seine Schritte verlangsamt, bevor man in anderer Richtung weitergeht. Hier dominieren der Pflaumenblättrige Spierstrauch, *Spiraea* ›Arguta‹, und im unteren Bereich die langlebige *S. japonica* ›Goldflame‹ sowie die Sterndolde. Ergänzen läßt sich das Bild im Lauf der Jahre durch immer wieder neue Ideen. Hier sieht man Primeln, die sich selbst ausgesamt haben, Jakobsleiter und *Helleborus foetidus*. Auf der anderen Seite des Wegs und im Schatten der Mauer wachsen *Ligularia* ›Desdemona‹ vor dem Efeu *Hedera colchica* ›Sulphur Heart‹. Die in England heimischen Christrosen, *H. foetidus*, prägen diese Ecke in den Wintermonaten und warten im April nur darauf, ihre reifen Samen zu verstreuen.

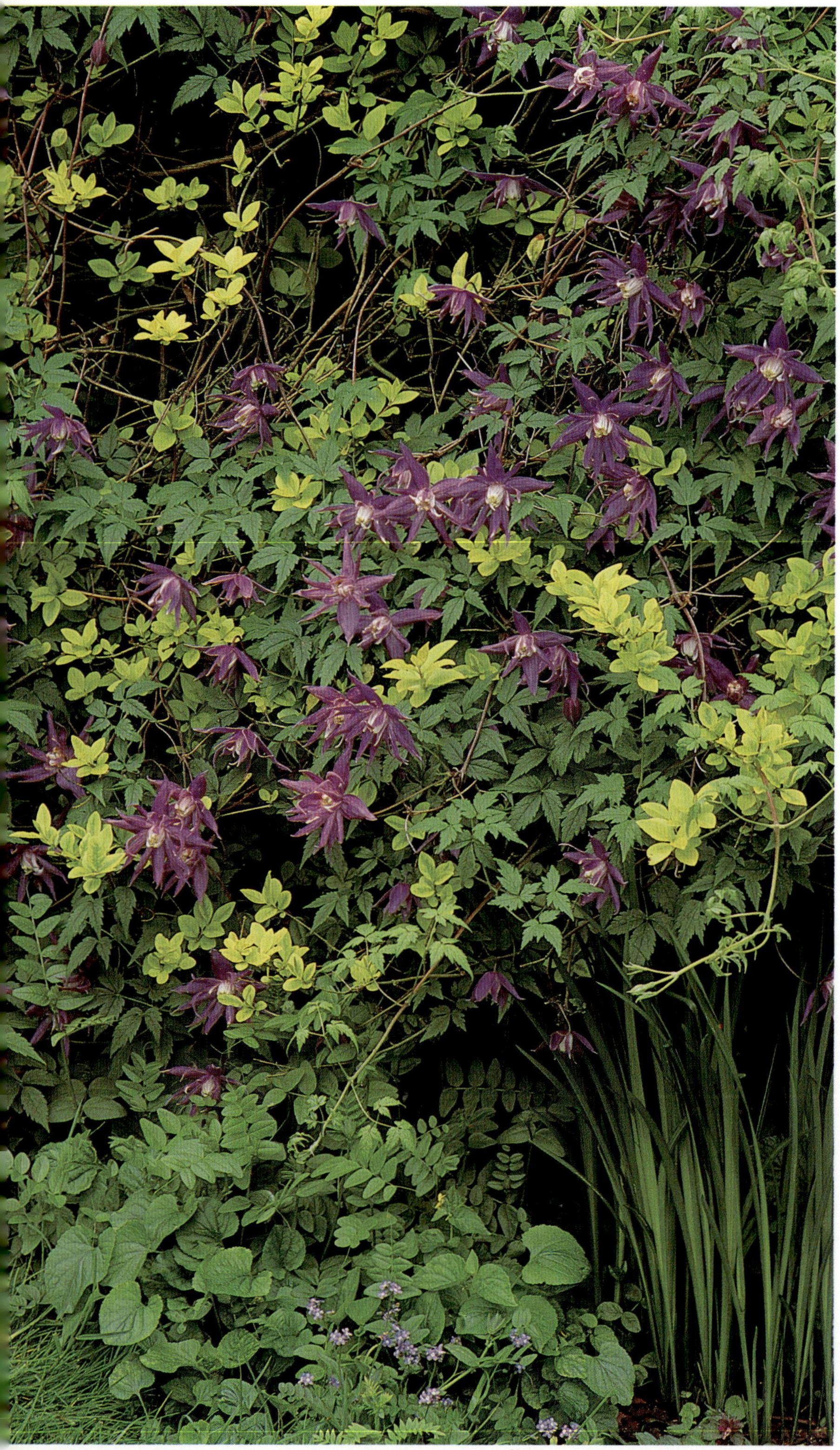

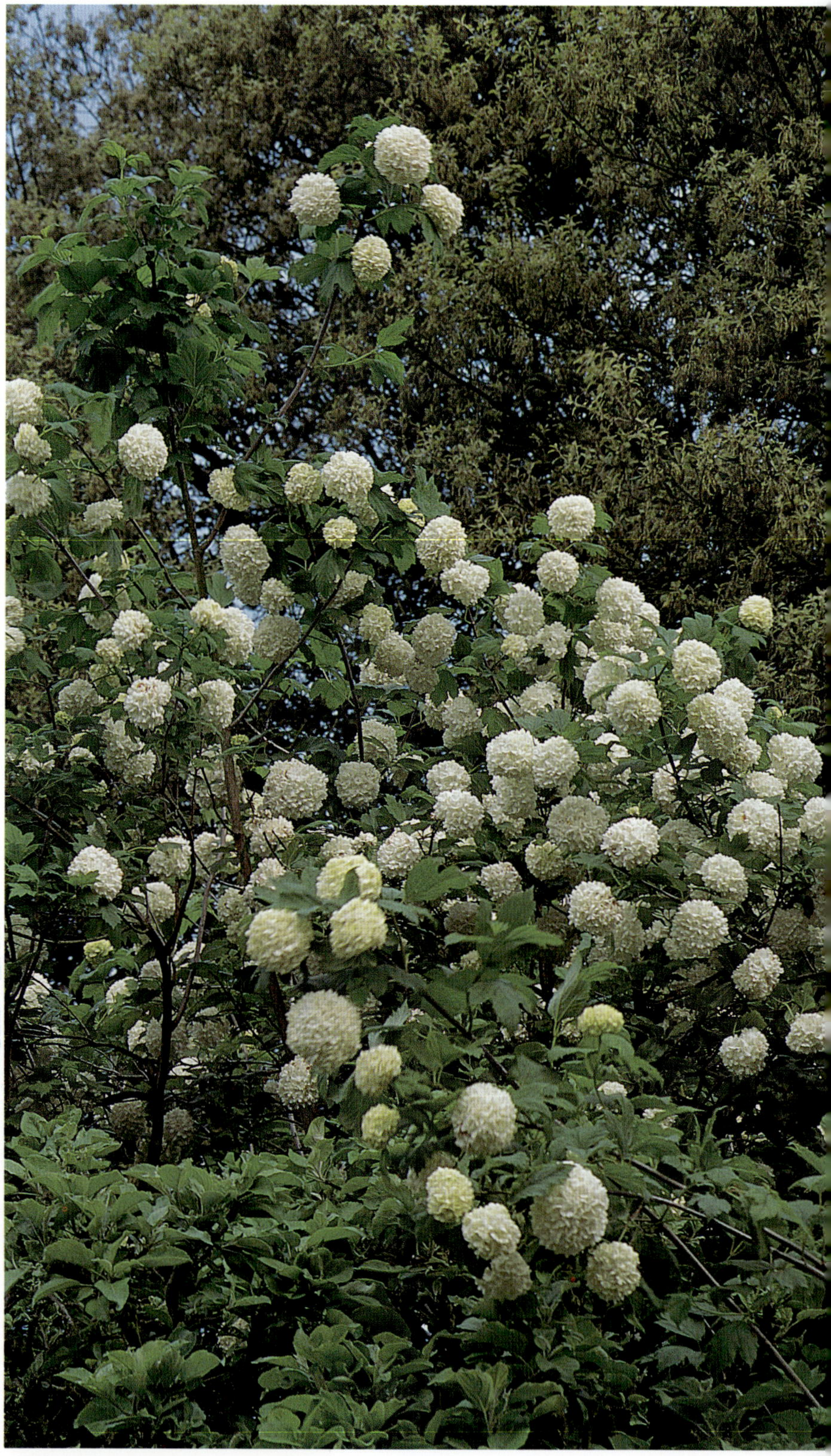

Einzigartige Erlebnisse

Details im Garten sind ungeheuer wichtig. Betrachten Sie im Mai in aller Ruhe den Blütenflor der *Clematis macropetala*, die sich wie ein blauer Mantel um den Goldliguster legt **(ganz links)**. Auch die gelben Veilchen, die sich im Unterholz des Ligusters ausgesät haben und von Schneestolz abgelöst werden, sollte man nicht übersehen.

Mit unbändiger Wuchsfreude und beständiger Schönheit hat uns *Viburnum opulus* ›Roseum‹ **(links)** überrascht. Seine Zweige mit den weißen

»Schneebällen« verflechten sich in dem alten Apfelbaum und bringen Licht in diese Ecke. Blauer Himmel schimmert durch die *Quercus ilex*, die wohl in den dreißiger Jahren des vorigen Jahrhunderts gepflanzt wurde.

Die Sterndolde breitet sich über Wurzelausläufer aus, *Campanula rapunculoides* durch Samen und Wurzeln **(oben links)** – wir lassen die sich aussamenden Einjährigen gern wie zufällig zwischen einer Gruppe von Stauden auftauchen. Der Ziest *(Stachys germanica)* und rosa Schlafmohn haben sich wie der Zierlauch **(links)** soeben entfaltet.

Goldlaubige Sträucher verlangen im Vordergrund nach einem Partner, der den Goldton in irgendeiner Form erwidert, oder einem passenden Farbton wie Blau, Mauve, Blaßgelb (auf keinen Fall Rot) oder Weiß, der mit den goldenen Blättern harmoniert.

Die lilienblütigen ›West Point‹-Tulpen **(oben rechts)** vor *Ilex × altaclerensis* ›Lawsoniana‹ bleiben im Boden und werden jedes Jahr im Herbst durch einige weitere ergänzt. Vergißmeinnicht bilden im Frühling einen Kontrast zu den Tulpen und dem jungen Laub von *Spiraea japonica* ›Goldflame‹.

Laubformen und Farben

Mitte Oktober färben sich die Blätter von *Acer palmatum* ›Osaka-zuki‹ **(oben links)** für wenige Tage leuchtend purpurn, rot und orange, bevor sie abfallen und einen prächtigen Teppich bilden.

Im Juni entfalten sich die eigenartigen rosafarbenen Blüten der Steppendistel über ihren stacheligen Blättern **(links)**. Die Vergißmeinnicht werden durch *Salvia patens* ›Cambridge Blue‹, frostempfindlicher *Hebe* ›Amy‹ und *Francoa ramosa* ersetzt.

Hebe ›Red Edge‹ **(oben)** gehört zu unseren Lieblingssträuchern, denn das Laub behält seine schöne Färbung das ganze Jahr über. Eine Hyazinthe, Schneeglanz und die Blätter der Süßdolde haben sich

zusammen mit der buntlaubigen Akelei daruntergemischt.

Mit seiner stattlichen Erscheinung bildet der Zierrhabarber *Rheum palmatum rubrum* einen Blickpunkt am Ende der breiten Rabatte **(rechts)**. Passend zu den bordeauxroten Unterseiten des Zierrhabarbers wählten wir leuchtend rosarote, lilienblütige ›Mariette‹-Tulpen und die blaßrosa ›China Pink‹, unterpflanzt mit leuchtendblauen Vergißmeinnicht. Wie ein Echo hallt dieser Farbton im Laub des *Cotinus coggygria* ›Royal Purple‹ wider. Ein ausladender Horst der Süßdolde, *Myrrhis odorata*, bedeckt den Boden unter dem immergrünen *Osmanthus × burkwoodii*.

Der naturnahe Garten

Ich bin der Überzeugung, daß jeder Garten, der groß genug ist, eine Stelle haben sollte, wo man spazierengehen, sich niederlassen und allein mit der Natur sein kann. Er sollte Ruhe und Schatten bieten und auf gemähten, sanft gewundenen Graswegen zwischen Zierbäumen und Sträuchern durch mit Blumen übersäte Wiesen führen. Wo ließen sich diese Vorstellungen besser verwirklichen als in einem naturnah gestalteten Bereich, der – wie bei uns in Barnsley – hier den Charakter eines Waldgartens, dort den einer Wildblumenwiese annimmt? Umgeben von Bäumen und Sträuchern freue ich mich an der Schönheit der Natur, denke aber auch manchmal zurück an früher, als all dies noch ein Traum war.

Hier, in der Südwestecke des Gartens befanden sich einst die Staudenbeete meiner Schwiegermutter, die Ende der vierziger Jahre allerdings nur noch spärlich bepflanzt und mit Unkraut überzogen waren. Eine Zeitlang nutzten wir den lediglich mit Gras bewachsenen Platz zum Ponyreiten, bis ich im Winter 1960/61 mit der Bepflanzung beginnen konnte. Die Gelegenheit, eine Reihe interessanter Bäume zu setzen, wollte ich nicht ungenutzt lassen. Während der ersten Jahre hier hatte ich mir nicht nur die Namen unserer Lieblingsbäume notiert, sondern auch eine klare Vorstellung von der schrittweisen Gestaltung des Gartens entwickelt. Noch immer in der Lernphase, erschien es mir am einfachsten, zunächst einmal die Bäume auszuwählen; danach könnte ich mich dann mit größerem Selbstvertrauen den Gemischten Rabatten zuwenden.

Es gibt Bäume, die nicht nur in einer Jahreszeit Aufmerksamkeit erregen, und so setzten wir in das wiesenhaft höhere Gras zwischen die Osterglocken Gehölze, die im Frühling blühen, später Beeren tragen

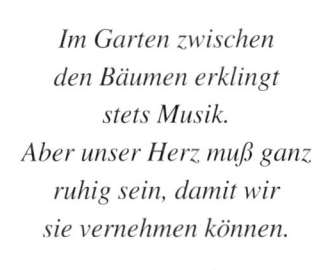

Im Garten zwischen den Bäumen erklingt stets Musik. Aber unser Herz muß ganz ruhig sein, damit wir sie vernehmen können.

MINNIE AUMÔNIER

und im Herbst durch ihre schöne Färbung auffallen. Wir achteten aber auch auf kontrastreiche Formen und Blattstrukturen und fügten immergrüne Pflanzen ein, die vor allem im Winter prägend wirken. Ganz oben auf unserer Wunschliste standen die Ebereschen. In Gärten und auf Ausstellungen hatte ich mir verschiedene Arten angesehen, und im Forest of Arden waren David und mir einige mit unvergleichlich schönen Beeren im September aufgefallen. So stand fest, daß wir eine kleine Auswahl an Ebereschen haben mußten. Aber auch für Kirschen, dekorative Holzäpfel und andere Gehölze hatten wir eine Vorliebe.

Beraten von Tim Sherrard von der gleichnamigen Gärtnerei, wählten wir die großartige weiße Kirsche, *Prunus* ›Taihaku‹, *P. sargentii* und *P.* ›Ukon‹, die im April mit ihren in Büscheln herabhängenden, nahezu gefüllten cremeweißen Blüten ein herrliches Bild bieten. Der Holzapfel *Malus tschonoskii* blüht im Frühling und nimmt im Oktober eine großartige Färbung an; zwischen seinen aufrechten Zweigen wird man die Blüten der Rose ›Wedding Day‹ im Sommer nicht übersehen. Ein anderer Holzapfel, *M.* × *zumi* ›Golden Hornet‹, bringt eine solche Fülle dekorativer gelber Früchte hervor, daß die Zweige im Oktober unter ihrem Gewicht förmlich durchhängen.

Als ich mir anfangs meine Lieblingsbäume notierte, habe ich nicht immer beachtet, welche Ansprüche sie an den Boden stellen, aber die meisten *Sorbus*-Arten – sowohl die Eberesche als auch *Sorbus intermedia* – gedeihen auf alkalischem Boden wie dem unsrigen ausgesprochen gut. Die Blüten von *Sorbus hupehensis*, die sich später zu hängenden Büscheln rosagetönter Beeren entwickeln und anschließend in kleine opake Trauben verwandeln, werden nur selten von den Vögeln geholt. Ein Anziehungspunkt für Zugvögel ist indes die Eberesche *S. commixta* ›Embley‹ daneben; sie eignet sich gut für alkalischen Boden und fällt durch ihre roten Beeren und die schöne Herbstfärbung auf.

Bevor noch die Blätter erscheinen, entfalten sich im April die weißen Blüten der Felsenbirne *Amelanchier canadensis*. Zu Beginn des Herbstes färbt sich das Laub des Baumes flammendrot und fällt dann über Nacht ab, um sich wie ein karmesinroter Teppich unter die kahlen Zweige zu legen. Neben der Felsenbirne erheben sich zwei Ebereschen, *Sorbus* ›Joseph Rock‹ mit gelben und *S. sargentiana* mit roten Beeren. In diesen Winkel des naturnahen Gartens zieht es mich insbesondere im Herbst. Tim Sherrard hatte mir empfohlen, die Zweige von *S. sargentiana* auch im unteren Bereich stehenzulassen, damit wir uns in Augenhöhe an den Büscheln scharlachroter Früchte, der flammenden Laubfärbung und den hübschen, prallen Winterknospen freuen können.

Zwischen diese Bäume haben wir die langsam wachsende, aber bewährte Parrotie gepflanzt. Als Überraschung erwies sich allerdings ihr spezifischer Habitus. Da sie nämlich eher in die Breite als in die Höhe wächst, stört sie inzwischen fast schon ihre Nachbarn. Ich liebe ihre frühen, dezent roten Blüten, mit denen die kahlen, horizontal lagernden Zweige überzogen sind. Im September färbt sich dann ihr Laub und erfreut uns bis Ende Oktober mit seiner Farbenpracht. Die Rot-, Gelb- und Orangetöne erinnern spontan an farbenfrohe Papageienfedern. An solchen Frühlings- und Herbsttagen wird mir bewußt, daß es nicht immer die spektakulären Effekte sind, die mich beeindrucken, sondern häufig ein kleiner bezaubernder Ausschnitt genügt. Ein anderer Strauch, der inzwischen mehr Platz als vorgesehen beansprucht, ist die Kornelkirsche. Im Januar schwellen ihre Blütenknospen an, und im Februar leuchten die kleinen gelben Blüten, die sich, noch bevor die Blätter erscheinen, entlang der ausladenden Zweige entfalten.

Der Urweltmammutbaum, *Metasequoia glyptostroboides*, den wir 1964 bekamen, ist inzwischen mindestens 12 m hoch. Seine vollendet konische Wuchsform wird von den Besuchern ausnahmslos bewundert. Die *Metasequoia* verliert ihr Laub; bevor die schmalen Blätter im November abfallen, färben sie sich auffallend rotbraun. Daneben erhebt sich die immergrüne *Sequoiadendron giganteum*, die wir zu Ehren unseres ersten Enkels Robert im Juni 1966 pflanzten.

❧ ❧ ❧

Vor allem im Winter spielen Form und Farbe eine große Rolle. Besonders bewährt hat sich Weiß, was an den gebogenen Ruten von *Rubus cockburnianus* deutlich wird, die den ganzen Winter über elegant wir-

ken, insbesondere wenn der Boden mit Schnee bedeckt ist. Die grünen Triebe von *Salix irrorata* erscheinen wie mit Weißmehl bestreut. Man sollte die Triebe nicht berühren, weil dies der Blütenbildung schadet.

Eucalyptus gunnii fällt durch die interessante weißgefleckte Rinde und ihr graues Laub auf, das sich das ganze Jahr über hält. Sie gehört zu den frostverträglichsten der australischen Blaugummibäume, und die jungen Zweige mit den graublauen, rundlichen Blättern sind ein beliebter Schmuck in Wintergestecken. Die älteren Zweige tragen länglichere, eher grüne und zähere Blätter. Scheuen Sie sich nicht, alte Stämme zu kappen, denn nur so erhalten Sie reichlich junge Triebe für Ihre Arrangements. Ganz gleich, ob vom alten oder neuen Holz – die Blätter erinnern beim Zerreiben unverkennbar an intensiv duftendes Eukalyptusöl. Wie gern würde ich nach dem Vorbild der Freifrau Elisabeth Murdoch in Melbourne (Victoria) eine Allee aus *E. gunnii* anlegen, wenn ich nicht befürchten müßte, daß einige in einem strengen Winter erfrieren und unübersehbare Lücken hinterlassen.

❧ ❧ ❧

Im Waldgarten finden sich aber auch andere graulaubige Bäume wie *Pyrus salicifolia* ›Pendula‹ und die starkwüchsige Pappel, *Populus alba*, deren unterseits graue Blätter leise im Wind rascheln. Neben diesen beiden breitet sich eine Gruppe immergrüner *Berberis julianae* aus. Immer wieder überrascht mich der Duft ihrer Frühlingsblüten, der über weite Strecken wahrnehmbar ist. Die runde Kuppel einer graulaubigen Mehlbeere, *Sorbus aria* ›Lutescens‹, macht sich ebenfalls erfreulich hübsch. Im Frühling sind ihre blassen Blätter auf der Unterseite mit einem nahezu weißen Flaum bedeckt, bevor schließlich die weißen Blüten erscheinen. Als wirkungsvollen Kontrast und hervorragende Partner der Esche erweisen sich *Acer platanoides* ›Goldsworth Purple‹ und die Bluthasel *Corylus maxima* ›Purpurea‹ vor dem Hintergrund der hundertfünfzig Jahre alten Eiben des Kanonikers Howman.

Das gelbgrüne Laub von *Chamaecyparis lawsoniana* ›Lane‹ hebt sich beeindruckend von der Kulisse der dunklen Eibenhecken ab, die wir um 1930 setzten. Auch drei Perückensträucher habe ich in diese Ecke gesetzt: zwei *Cotinus coggygria* Rubrifolius-Gruppe und einen *C. c.* ›Royal Purple‹. Mit ihren hübschen, intensiv maulbeerfarbenen Blättern bieten die inzwischen reifen Gehölze ein herrliches Herbstbild, zu dem auch ihre duftigen Samenstände beitragen. Eine weitere goldlaubige Gruppe aus neun *Ligustrum ovalifolium* ›Aureum‹ fällt vom Fenster des Salons aus ins Auge.

Dies sind einige der Bäume und Sträucher, die wir in der Anfangsphase für den naturnahen Garten auswählten, nachdem wir sie andernorts ausgiebig bewundert hatten. Inzwischen würde ich manche von ihnen natürlich am liebsten wie Schachfiguren auf dem Brett herumschieben. Wenn ich auf die rund dreißig Jahre meines gärtnerischen Wirkens zurückblicke, erkenne ich, was ich alles falsch gemacht habe, meistens aufgrund mangelnder Kenntnisse oder weil ich mich vom Erscheinungsbild einer reizvollen Pflanze zum Kauf verleiten ließ, ohne genügend über ihren Charakter zu wissen. Hingerissen vom Bild einer ganzen Gruppe Flußzedern *Libocedrus decurrens* im Westonbirt-Arboretum, pflanzte ich eine einzelne neben die Pappel, um einen weiteren vertikalen Akzent zu setzen und dem Grau als Kontrast Grün gegenüberzustellen. Diese Zedern müssen aber unbedingt als Dreiergruppe gepflanzt werden, um zur Geltung zu kommen, und sollten nicht von anderen Sträuchern umgeben sein. Außerdem passen sie am besten in eine parkähnliche Umgebung, wo ihre spektakuläre Wirkung schon von weitem ins Auge fällt. Wir nahmen sie also heraus und ersetzten sie durch die goldlaubige Eibe *Taxus baccata* ›Dovastonii Aurea‹ mit ihrer eher offenen Wuchsform.

Ein weiterer Fehler war, *Acer pseudoplatanus* ›Prinz Handjery‹ viel zu dicht neben die Atlaszeder zu setzen. Einer von beiden mußte also weichen, und so gruben wir den Ahorn aus, obgleich seine aufregend garnelenfarbenen Blattknospen und das junge Laub im Frühling ein dramatisches Bild boten. Trotz aller Sorgfalt sollte er das Verpflanzen aber nicht überstehen und starb.

Neben den Fehlern gab es auch Enttäuschungen. Wir bestellten *Sorbus aucuparia* ›Beissneri‹ eigens wegen ihres großartigen Stamms und mußten nach zwei Jahren feststellen, daß unsere Pflanze falsch klassifiziert war. Unsere *Ginkgo biloba* hat sich in all den Jahren so wenig entwickelt, daß ich annehme, sie steht auf steinigem Boden. Auch *Acer griseum* ist nur ganz langsam gewachsen und würde in nährstoffreicherer Erde gewiß besser gedeihen. Vor mehreren Jahren ist uns auch der goldlaubige Trompetenbaum eingegangen. Der Reiz des Gärtnerns besteht aber gerade darin, daß sich im kommenden Jahr stets aufs neue eine Chance bietet und eine Lücke immer auch eine Möglichkeit ist, andere Ideen zu verwirklichen.

Einmal pflanzten wir zwei *Viburnum plicatum* ›Mariesii‹, die mit ihren horizontal ausgebreiteten Zweigen großartig wirken. Leider sind beide vor einigen Jahren eingegangen. Ihren Platz hat inzwischen der gefülltblühende Falsche Jasmin *Philadelphus* ›Virginal‹ eingenommen, der schön mit den weißen Trieben des nicht weit davon entfernt stehenden *Rubus cockburnianus* harmoniert. Im übrigen bin ich froh, daß ich den Rat der Gartengestalter des 18. Jahrhunderts befolgt habe, im naturnahen Bereich stets auch Sträucher und Kletterpflanzen zwischen die Bäume zu setzen.

❧ ❧ ❧

Ein Spaziergang durch den naturnahen Garten bereitet mir zu jeder Jahreszeit Freude. Selbst der Januar ist voller Vorahnung, und Ende des Monats oder Anfang Februar sind weite Flächen bereits mit Schneeglöckchen überzogen. Um sie hatte sich Andy Anfang der achtziger Jahre als erstes gekümmert, indem er die Schneeglöckchenhorste ausgrub, teilte und einzeln oder in ganz kleinen Gruppen wieder einpflanzte. Die beste Zeit dafür ist unmittelbar nach der Blüte, wenn die Blätter noch kräftig sind. Seither nehmen sich Andy und Anthony jedes Jahr einen Morgen lang dieser Aufgabe an, so daß in schätzungsweise zehn Jahren der ganze naturhaft gestaltete Bereich ein einziger Teppich aus einfach- und gefülltblühenden Schneeglöckchen sein dürfte. Zu der Zeit, da die Schneeglöckchen dann geteilt werden können, haben die Blätter der Osterglocken bereits ausgetrieben, so daß keine Gefahr für die späterblühenden Zwiebelblumen besteht.

Im Frühling, wenn sich die Blätter allmählich entfalten, strahlt jeder Baum eine unglaubliche Frische aus – die Zierkirschen, Holzäpfel und die Felsenbirne beginnen zu blühen, und der Anblick unzähliger Bänder leuchtendgelber und cremefarbener Osterglocken gehört zu den aufregendsten Momenten im Garten. Die Dichternarzisse (*Narcissus poeticus* var. *recurvus*) entfaltet sich später. Im Augenblick versuchen wir, die Schachbrettblume anzusiedeln; ihre Blätter sehen wie Gras aus, dürfen aber nicht gemäht werden. Läßt man ihre Samenköpfe ausreifen, so vermehren sie sich auf natürliche Weise.

Ein neuerliches Experiment ist das Auspflanzen von Sämlingen der Baumlupinen, des Fingerhuts, der Mohnblumen und Königskerzen im Gras. Sie werden in Multitopfplatten aus Samen gezogen, und ich bin zuversichtlich, daß sie im Hochsommer diesem naturnahen Bereich eine ganz neue Wirkung verleihen. Sobald sich die Blätter der Osterglocken zeigen, wollen wir auch Prärielilien und sommerblühende Zwiebeln pflanzen, die in der Wiese gedeihen und sich vermehren. Falls wir damit Erfolg haben, wird mit der Zeit das Bild einer exotisch anmutenden Blumenwiese entstehen. Dann muß nur noch das Problem des Mähens gelöst werden. Ein Versuch in Wisley hat ergeben, daß das Laub der Osterglocken ohne negative Auswirkungen auf die Pflanzen sechs Wochen nach ihrer maximalen Blütezeit abgeschnitten werden darf. Für uns heißt das, daß wir erstmals in der letzten Maiwoche mähen

135

können – nur daß wir künftig die neu gepflanzten Einjährigen und Zweijährigen sowie die Schachbrettblumen aussparen müssen.

Nach dem ersten Schnitt der Wiese mit einem Kreiselmäher ist das Gras noch extrem gelb und strohig; erst nach einem kräftigen Regenschauer beginnt es erneut zu wachsen und grün zu werden. In der Regel erfolgt der erste Schnitt in zwei Etappen: Zunächst nehmen wir uns den mittleren Teil vor, dann zwei bis drei Wochen später die Seiten und den hinteren Teil. Das könnte aber vielleicht zur Lösung der Frage führen, wie sich die neuen Wiesenblumen eingliedern lassen. Wir werden sie wohl in Horsten auf den Rand ringsum verteilen müssen, wo wir bis zum Herbst auf das Mähen verzichten können.

❧ ❧ ❧

Im Sommer haben dann alle Bäume ihr Laubdach entfaltet, und meist blühen auch der Trompeten- und der Tulpenbaum. Wenn ich den kurzgemähten Graswegen folge, fühle ich mich geborgen und abgeschirmt von der Außenwelt, während die übrigen Bereiche des Gartens ganz andere Empfindungen in mir wecken. Bald schon färben sich auch die ersten Blätter herbstlich, allen voran *Sorbus commixta* ›Embley‹, dann die oberen Triebe der Parrotie, während der Perückenstrauch ein intensiveres Purpurviolett annimmt. Will man einen Blick auf das leuchtendrote Laub der Felsenbirne werfen, darf man sich nicht allzuviel Zeit lassen, denn die Blätter fallen beinahe über Nacht.

Ich liebe die Tage, an denen die Sonne scheint, und freue mich an den verschiedenartigen Beeren der Ebereschen, wenn ich in den blauen Himmel aufschaue. Die größten Büschel mit schätzungsweise vierhundert roten Beeren bringt *Sorbus sargentiana* hervor. Die gelben Beeren von ›Joseph Rock‹ heben sich schön von den changierenden Farben der Blätter ab. Immer wieder lassen sich die Vögel irreführen, picken die Beeren ab und lassen sie einfach auf den Boden fallen, wenn sie dann merken, daß sie nicht reif sind. Warum Vögel manche Beeren den anderen vorziehen, ist für unseren menschlichen Verstand nicht unbedingt einleuchtend. Es liegt nicht an der Farbe, viel eher kommt es wohl, wie bei Äpfeln, auf die Reife an. Schließlich pflücken und essen wir unsere Laxton-Äpfel ja auch vor den beliebten englischen Russet-Äpfeln – warum sollten nicht auch Vögel wählerisch sein? *Sorbus vilmorinii* trägt dekorative Fruchtbüschel, die weiter herunterhängen als andere und nicht von den Vögeln geholt werden. Sie sind zunächst so rot wie Rosen, bis ihr intensiver Pinkton allmählich in ein blasseres Rosa und schließlich in Weiß übergeht. An unserem kleinen Baum lassen sie sich in Augenhöhe betrachten und bewundern. Diese schöne

zierliche *Sorbus* ist mit ihrem ausladenden Wuchs wie geschaffen für kleine Gärten mit kalkhaltigem Boden. Das filigrane, farnartige Laub wirft im übrigen so wenig Schatten, daß der Baum sich auch gut für die Gemischte Rabatte eignet. Ich bekam ihn als Präsent zusammen mit der inzwischen 5,5 m hohen *S. scalaris* von Sir James Horlick, der beide aus Samen gezogen hat. Sein Gut liegt auf der Insel Gigha, die zu den Äußeren Hebriden, einer Inselgruppe westlich von Schottland, gehört. Erinnerungen und Assoziationen wie diese lassen mich die Freuden der Jahreszeit doppelt genießen.

Auch eine andere Ecke des naturnahen Bereichs bildet mit einem ausgewachsenen Spindelbaum im Oktober einen Anziehungspunkt. Zwei bis drei Wochen lang zeigen die Blätter dieses laubabwerfenden Buschs ihre einzigartige Farbenpracht. Die Besucher gehen spontan darauf zu und lassen sich von den breiten, flügelartigen Korkleisten an den Zweigen bezaubern. Sehenswert ist auch sein Nachbar, die Korkenzieherhasel, *Corylus avellana* ›Contorta‹, mit ihrem bizarren Wuchs. Im Hintergrund dieser Ecke ragt eine Gruppe schön fruchtender, immergrüner Stechpalmen auf, die inzwischen beinahe 5 m hoch ist und im Winter eine dekorative Kulisse für die gekappte goldlaubige Weide *Salix alba* ssp. *vitellina* bildet. Insbesondere im Winter lernt man die immergrünen Stechpalmen mit ihren stark glänzenden Blättern schätzen.

❧ ❧ ❧

Einen letzten erfreulichen Anblick bieten unsere Bäume und Sträucher im naturnahen Garten an den Winterabenden. Wenn man über den Rasen geht und nach Westen zur bereits tiefstehenden Sonne blickt, zeichnen sich die Zweige in ihren unterschiedlichen Charakteren und Formen wie Silhouetten gegen den Himmel ab. Am höchsten ragen die weißen Pappeln und der Tulpenbaum auf, die wir 1961 gemeinsam gepflanzt haben. Kaum kleiner sind die beiden Spitzen des Mammutbaums und der *Wellingtonia*, die im abendlichen Licht ebenso dramatisch wirken. Besonders gern lasse ich den Blick zu der eleganten *Malus toringoides* mit ihrem anmutig ausgebreiteten Astwerk schweifen; in manchen Wintern bleiben ihre kleinen orangegelben Früchte bis ins neue Jahr hinein hängen.

Vor nicht allzu langer Zeit haben wir hier schließlich zwei Walnußbäume gepflanzt: *Juglans nigra*, die Schwarznuß, und *J. regia*, die Gemeine Walnuß. Mein Sohn Charles, dem inzwischen Haus und Garten gehören, hat sie ausgewählt; schon jetzt freut er sich auf die Nüsse, die sie in späteren Jahren tragen werden.

Crocus sieberi ›Taicolour‹, *Farbsprenkel zwischen dem Herbstlaub im Gras*

Cyclamen hederifolium *unter der immergrünen Eiche*

Die Unterpflanzung besteht aus Schneeglöckchen, Osterglocken, Sommer-Adonisröschen, Narzissen, Alpenveilchen, Krokussen, Kaiserkronen und Schachbrettblumen sowie Fingerhut.

Silberpappel

Ilex × altaclerensis

Gruppe aus *Ligustrum ovalifolium* ›Aureum‹

Kirsche

Eucalyptus gunnii

Davidia involucrata

Sorbus cashmiriana

Malus tschonoskii

Paulownia tomentosa (imperialis)

Kirsche

Acer griseum

Fagus sylvatica (Atropurpurea-Gruppe)

M

Cedrus libani ssp. atlantica (Glauca-Gruppe)

Sorbus scalaris

Pyrus salicifolia ›Pendula‹

Sorbus vilmorinii

Malus transitoria

Parrotie

Trompetenbaum

Tulpenbaum

Silberpappel

Sorbus hupehensis

Cotinus coggygria (Rubrifolius-Gruppe)

Prunus ›Taihaku‹

Prunus lusitanica

T

Amelanchier canadensis

Malus toringoides

P

R

Sorbus sargentiana

Sorbus ›Joseph Rock‹

Kornelkirsche

Ginkgo biloba

Sorbus commixta ›Embley‹

Cl

S

Eibenhecke

Buchenhecke

Sequoiadendron giganteum

Ilex × altaclerensis

Schwimmbecken

Metasequoia glyptostroboides

E

G

Acer platanoïdes ›Goldsworth Purple‹

Ca

Pc

Sa

C

Stechpalme

Haselnuß

Viburnum rhytidophyllum

Buchs

Scheinzypresse

Lonicera nitida

alte Eiben und *Berberis hypokerina*

Eiben

Buchs H

Cedrus libani ssp. atlantica (Glauca-Gruppe)

Tilia × europaea

Tilia × europaea

Prunus lusitanica

Götterbaum

Zerreiche

Bergahorn

Eiben

Eiben

Paeonia delavayi

in Form geschnittene Eibe

Prunus lusitanica

3 m   3 m

N

Quitte

Buche

Quercus ilex

Tilia × europaea

Scheinzypresse

Prunus ›Ukon‹

C = *Corylus maxima* ›Purpurea‹
Ca = *Corylus avellana* ›Contorta‹
Cl = *Chamaecyparis lawsoniana* ›Lane‹
E = *Euonymus alatus*
G = *Garrya elliptica*
H = *Humulus lupulus* ›Aureus‹, über Buchs wachsend
M = *Malus × zumi* ›Golden Hornet‹

P = *Philadelphus* ›Virginal‹
Pc = *Philadelphus coronarius*
R = *Rubus cockburnianus*
S = *Salix* spp. einschließlich *S. alba* ssp. *vitellina* (gekappt) und *S. irrorata*
Sa = *Sorbus aria* ›Lutescens‹
T = *Taxus baccata* ›Dovastonii Aurea‹

137

Blumen unter den Bäumen

Der zwanglose Charakter eines naturnahen Gartens, in dem sich Blütenpflanzen nach Belieben unter den Bäumen ausbreiten dürfen, erscheint Monat für Monat in einem anderen Licht (**rechts oben**). Das Bild zeigt sehr schön, wie sich die Schneeglöckchen vermehrt haben. Die im Vordergrund wurden vor drei Jahren gepflanzt, die unter der Buche sind vier bis fünf Jahre alt.

Im April werden sie von den Osterglocken abgelöst. Läßt man den Blick zum Haus hinüber schweifen (**links**), fällt ins Auge, wie die Stämme der Buche und der Paulownie die Säulen der Veranda widerspiegeln. Die Paulownie habe ich aus einem Samen gezogen, den ich im Botanischen Garten in Padua aufsammelte – ein Vermächtnis mit gewissermaßen historischer Bedeutung, denn als wir nach Jahren erneut nach Padua kamen, war der Baum verschwunden.

Vor die 1830 gesetzten Buchsbüsche (**rechts**) pflanzten wir einen goldlaubigen Hopfen. Jedes Jahr bilden seine bis zur Spitze hinaufkletternden Triebe einen unübersehbaren Blickfang. Dennoch bin ich stets froh, wenn die verbrauchten Zweige im Herbst absterben und der wahre Charakter des Buchses wieder zur Geltung kommt.

Gemischte Gefühle hege ich gegenüber dem Wiesenkerbel (**ganz rechts**). Obgleich seine filigrane Schönheit bezaubernd ist, läßt er sich wie sämtliche *Umbelliferae* nur schwer wieder ausrotten, wenn er sich einmal angesiedelt hat, und muß ständig unter Kontrolle gehalten werden. Wir mähen ihn ab, bevor er aussamt.

Herbstfärbung, Form und Textur

Zwei Ausschnitte zeigen den naturnahen Garten in herbstlicher Färbung. Der höchste Baum **(links)**, ein norwegischer Ahorn, *Acer platanoides* ›Goldsworth Purple‹, bietet ein einzigartiges Bild, wenn sich die lindgrünen Blüten und das junge Laub entfalten und die zunächst rötlichbraune Tönung später in dunkles Purpurrot übergeht. Die orangeroten Früchte von *Sorbus commixta* ›Embley‹ **(rechts)** reifen, wenn sich die spitzen Blättchen feuerrot färben. In der Tönung gehört diese Eberesche zu unseren schönsten Herbstgehölzen, zumal sie die Blätter länger hält als die meisten laubabwerfenden Bäume. Davor färben sich die Blätter der Kornelkirsche, *Cornus mas*, und rechts im Vordergrund das leuchtend violettrote Laub unseres Perückenstrauchs. Ganz links sind die Blätter von *Sorbus sargentiana* bereits abgefallen und bedecken den Boden vor der immergrünen Scheinzypresse *Chamaecyparis lawsoniana* ›Lanei Aurea‹.

Hier bietet sich ein Blick auf drei meiner Lieblingsbäume **(rechts oben)**. Im Vordergrund zeigt *Sorbus vilmorinii* ihre farblich dezenten Fruchtbüschel, die sich zu Beginn rosenrot zeigen, nach einiger Zeit einen Pinkton annehmen und dann nahezu weiß werden. Darüber beugt sich ein ausladender Ast von *Parrotia persica*, während sich im Hintergrund eine blaßrosa fruchtende Varietät von *Sorbus hupehensis* erhebt, die nicht nur den Sommer über durch ihr bläulichgrünes, nahezu graues Laub auffällt, sondern auch im Herbst, wenn sich ihre Beeren gegen den blauen Himmel abheben.

Ein Ausschnitt von *S. vilmorinii* **(ganz rechts)** zeigt die anmutigen, durchschnittlich 10–15 cm langen Blätter, die aus vielen gegenständigen Einzelblättchen bestehen. Ihre lockeren Fruchtbüschel heben sich von den dichtgepackten Beeren von *S. sargentiana* ab **(rechts)**. Die Blätter leuchten im Herbst strahlend rot. Im Winter sind auch die Blattknospen intensiv rot gefärbt und klebrig. Um die Schönheit dieses Baums gebührend zu würdigen, sollte man ein Exemplar wählen, das von unten her reich verzweigt ist, damit sich die Früchte in Augenhöhe befinden.

Vom Herbst zum Winter

Die unverkennbaren Blätter des exotischen Tulpenbaums *(Liriodendron)* färben sich im Oktober zu einem intensiv leuchtenden Goldgelb und halten sich den ganzen Herbst über. Mit einem zarten Mahagoni-Ton durchsetzt ergänzen sie harmonisch die Färbung der Nachbarbäume – das Rot des Perückenstrauchs *(Cotinus coggygria)* und *Sorbus sargentiana* sowie den herbst-lichen Goldton der mit Grün durchsetzten Ginkgoblätter.

Hier ein Blick auf *Sorbus commixta* ›Embley‹ (**unten rechts**), deren Umrisse sich klar gegen den blauen Oktoberhimmel abzeichnen. Der Oktober beschert uns oft jene zauberhaften Tage, an denen es ganz und gar windstill und der Himmel leuchtend blau ist.

Schon nach einem leichten Schneefall bietet sich ein vollkommen anderes Bild (**gegenüber**). Bei fallenden Temperaturen gefriert der Schnee augenblicklich, und unter seinem Gewicht senken sich die Zweige und kleineren Äste. Auf einmal erscheint uns die hohe immergrüne *Eucalyptus gunnii* fremd, wenn die ehemals aufrechten Zweige nach unten hängen, bis die Sonne die Last des Schnees zum Schmelzen bringt. An einen Schattenriß erinnern die anmutigen Zweige der Buche, während *Sorbus vilmorinii* durch dicke Schneepolster auf ihren tiefangesetzten Zweigen ins Auge fällt. Genießen Sie diese Augenblicke flüchtiger Schönheit.

einer Rabatte nach ästhetischen Gesichtspunkten. Und dennoch hat Lawson immer auch die Praxis im Auge, wenn er etwa betont, wie wichtig es ist, die Beete zu unterteilen, damit man »dazwischen jäten« kann. In der Tat betrachte ich mich noch immer als eine der Landfrauen William Lawsons.

Bevor ich mich an die Gestaltung meines Potagers machte, erkundete ich – Lawsons Rat folgend – sorgfältig und in aller Ruhe das verfügbare Terrain und seine spezifischen Eigenschaften. Auf der Süd- und Westseite ist unser Stück Land mit Mauern aus Cotswold-Stein umgeben; obgleich sie leider nur hüfthoch sind, waren wir dennoch froh darum. An der Grenze nach Norden steht ein alter Kuhstall mit einem schönen Ziegeldach und im Osten ein stabiler Koppelzaun, der den Blick auf das mit Furchen durchzogene Weideland dahinter freigibt. Manchmal frage ich mich, ob eine hohe Mauer ringsum ein besserer Schutz gegen die eisigen Windböen im Winter oder die Karnickel und Maulwürfe wäre, die von den umliegenden Feldern eindringen, sage mir dann aber, daß dieser Flecken Teil der Landschaft ist, in der ich die Ponys meiner Tochter grasen sehe. Zur Melkzeit ziehen hier an die hundert Kühe vorbei. Sie gehören nicht uns, und manchmal stelle ich mir vor, wie schrecklich es wäre, wenn eines Tages jemand das Tor offenließe, obgleich ich weiß, daß man sich auf den Kuhhirten verlassen kann. Inzwischen haben wir ein selbstgemachtes Spalier auf der Innenseite dieser Mauer angebracht – nicht nur als zusätzlichen Windschutz, sondern auch, um die Kühe davon abzuhalten, ihre Köpfe darüberzustrecken und alles in Reichweite auszureißen.

❧ ❧ ❧

Nichts im Potager geriet exakt symmetrisch. Sobald man den Entwurf aber auf den Boden übertragen hat, fallen Abweichungen zum Glück kaum mehr ins Auge. Zuversichtlich folgte ich Beatrix Farrands Rat, die Wege nicht mit dem Meterstab, sondern nach Augenmaß zu ziehen und es damit gut sein zu lassen, solange es sich nicht um ein absolut ebenmäßiges Stück Land handelt.

Beim Potager angelangt, führt ein gerader, mit Lavendel und Stachelbeerhochstämmchen gesäumter Weg zum zentralen Blickfang – einem Apfelbaum auf schwachwachsender Unterlage, dessen Zweige

wir bogenartig erzogen haben, um den Baum klein zu halten und ansprechend schneiden zu können. Diagonale Wege unterteilen die ersten zwei Quadrate in Viertel, und weil ich die sogenannte Quintinie (Fünfteilung) aus dem Potager du Roi in Versailles nachahmen wollte, wählte ich vier formierte Apfelbäume, die in der Mitte jedes Quadrats für Höhe sorgen. Sie sind mit sehr schönen, keilförmigen Hartbrandziegeln eingefaßt, die, sorgfältig aneinandergefügt, einen tadellosen Kreis bilden.

Diese Steine konnten wir günstig erwerben, als mir zu Ohren gekommen war, daß ganz in unserer Nähe eine Bahnstation dem Erdboden gleichgemacht und das gesamte Baumaterial zu Schotter für eine neue Straße verarbeitet werden sollte. Meine Gärtnerin Caroline Burgess und ich konnten die mit dem Abbruch beauftragten Arbeiter überreden, uns soviel Zeit zu lassen, daß wir die interessantesten Ziegel aussuchen konnten, bevor sie endgültig aufgeladen und abtransportiert wurden. Unser größter Fang waren diese keilförmigen Steine, die sich wie Augenbrauen über die halbkreisförmigen Bahnhofsfenster gewölbt hatten.

Unter den Apfelbäumen wachsen auf einer Seite buntlaubige Erdbeeren und auf der anderen Walderdbeeren und Schnittlauch. Die Beete werden unter Einhaltung des Fruchtwechsels jedes Jahr mit Salat, Wurzelgemüse, verschiedensten Kohlsorten, Bohnen und Erbsen bepflanzt. Wie wir sie im einzelnen kombinieren, überlegen wir uns vorher ganz genau, denn diese Beete vermitteln dem Besucher den ersten Eindruck von unserem Gemüsegarten.

Die beiden Felder hinter dem zentralen Blickfang bestehen aus jeweils vier kleinen Quadraten; sie sind wie geschaffen für die Erbsen, die an wigwamartigen Stützen aufranken. Ein Beet ist längerfristig mit Artischocken bepflanzt, die anderen sind für rasch wachsenden Salat reserviert, zwischen dem Kohl oder Blumenkohl angepflanzt sind. Zwischen den Lauch setzen wir stets rotlaubigen Kopf- oder Zichoriensalat, und sobald die Erbsen reif sind, folgt Brokkoli. Zwiebeln und Salat vertragen sich gut miteinander, und Wurzelgemüse, Karotten, Pastinaken und Spinat werden oftmals in kunstvollen Dreiecken, dann wieder in geraden Reihen gesetzt. Wir freuen uns an den verschiedenen Farben von Kohl, Kopfsalat und Zichoriensalat, die im Garten nicht weniger dekorativ wirken als in der Küche. Diese 2,5 m² großen

Beete, die von einem L-förmigen Streifen langfristig hier wachsender Erdbeeren eingefaßt sind, dienen uns als Saatbeete zur Anzucht unseres Staudenmaterials für den Ziergarten.

Die Himbeeren machen sich anderswo besser, da die notwendigen Schutznetze von der ästhetischen Struktur des Potagers ablenken. Vor einigen Jahren haben wir die Sträucher auf ein Stück Land auf der anderen Seite der Straße versetzt – insofern unbefriedigend, als es zu weit war, um vor dem Essen rasch mal ein paar Beeren zu pflücken. Inzwischen sind sie wieder im Potager angesiedelt, allerdings hinter den Spalierapfelbäumen verborgen.

ぐ❀ぐ ぐ❀ぐ ぐ❀ぐ

Beim Anlegen der Hauptwege gingen wir davon aus, daß sie genügend Platz für einen Schubkarren bieten, also 70 cm breit sein sollten. Die Seitenwege konnten indes schmaler sein, damit möglichst viel Raum für das Gemüse bleibt. Sämtliche Materialien neu zu kaufen hätte mein Budget bei weitem überstiegen, so gingen wir Stück für Stück vor, hörten uns um, wo alte Ziegelsteine von abgerissenen Gebäuden zu bekommen wären, und kombinierten sie mit hier gefertigten Betonplatten. Als die Schmiede am Ort aufgegeben wurde, durften wir die wunderbaren, schwarzen Hartbrandziegel holen, die als Bodenbelag gedient hatten. Sie waren zur Einfassung meiner beiden Mittelelemente wie geschaffen. Angesichts dieses Erfolgs hielt ich die Ohren offen, wo ein altes Gebäude zum Abbruch stand. Da wir rote Ziegel benötigten, um das Muster unserer Wege abzuschließen, machten sich Caroline Burgess und ich mehrmals zu einem Backsteinhaus auf, das abgetragen wurde, weil es einer Verkehrsinsel Platz machen mußte. Leider konnte ich mich nicht rechtzeitig zum Kauf eines schmiedeeisernen Tors entschließen, obgleich der Bogen als Eingang zum Potager so dekorativ gewirkt hätte.

Da die täglichen Routinearbeiten im Garten gleichzeitig weiterlaufen mußten, dauerte es mehrere Jahre, bis die Wege endlich fertig waren. Dabei war es gar keine komplizierte, aber eine ausgesprochen zeitraubende Prozedur. Wir hoben für jeden Weg etwa 15 cm Erde aus, verlegten Schwarzfolie, um zu verhindern, daß langlebiges Unkraut durchkäme, und fügten eine rund 5 cm starke Lage groben Sand hinzu, der glatt gerecht und festgetreten wurde. Dann verlegten wir die Ziegelsteine und Platten mit Schnur und Wasserwaage, um die Wege gerade und eben zu machen. Wir verwendeten keinen Zement, denn damit würde eine spätere Veränderung der Wege zu schwierig werden, und ein nicht ganz so perfektes Bild gefiel mir ohnehin viel besser.

Selbst wenn man mit noch so vielen verschiedenen Farben und Texturen arbeitet – ein flaches Stück Land ohne vertikales Element wird in der Regel langweilig wirken. Während wir im Sommer noch durch Erbsenstöcke, Bohnenstangen und eigens für Duftwicken aufgestellte Spalierbögen für Höhe sorgen konnten, waren wir im Winter allein auf die Rosen angewiesen.

Um diese wichtige dritte Dimension nicht nur rasch, sondern auch langfristig zu schaffen, boten sich zwei Möglichkeiten: Strukturelemente wie Spaliere oder Lauben und Bäume oder Sträucher, die da und dort in geometrische Formen geschnitten individuelle Akzente setzen. Wir begannen also an die Ecken jedes Beets Buchskugeln und, soweit verfügbar, auch Buchspyramiden zu pflanzen. Augenblicklich bot sich ein völlig verändertes Bild, denn sie vermittelten auf markante Weise das Gefühl einer Gliederung. Noch besser kam der Goldliguster aus der Gärtnerei zu Geltung; wir hatten einstämmige Pflanzen gewählt, um sie in schopfförmige Hochstämmchen zu schneiden. Nachdem inzwischen zehn Jahre vergangen sind, bilden sie ein unentbehrliches dekoratives Element. Da sie nur hüfthoch sind, werfen sie nicht zuviel Schatten, sorgen aber dennoch für Farbe und Struktur.

Ich machte einen einfachen Entwurf für zwei Lauben, die sich leicht selbst nachbauen lassen. Zu einer Laube, wie man sie im 17. Jahrhundert bereits schätzte, gehört auch eine Sitzgelegenheit. Nach einer mittelalterlichen Illustration mauerten wir die vier Seiten aus Ziegel, füllten diesen Rahmen mit Erde und bepflanzten ihn mit Kamille. Da sich aber nie jemand hier niederließ, liehen wir uns am Ende von meinem Sohn Charles weiß gestrichene Stühle, die in einem vorwiegend grünen Garten ausgezeichnet zur Geltung kommen.

Seit ich in Tyninghame in Schottland einen Laubengang aus Apfelbäumen gesehen hatte, ließ mich der Gedanke an einen eigenen nicht mehr los. Als mich Bonham Bazeley von der Highfield-Baumschule in Gloucestershire bat, an ein paar Pflanzplänen für einen Obst- und Kräutergarten auf der Blumenschau in Chelsea 1984 mitzuwirken, erarbeiteten wir gemeinsam einen Entwurf, zu dem auch ein mit Apfelbäumen überwachsener Tunnel gehörte. Das Gerüst sollte aus mit schwarzem Kunststoff überzogenem Metall gefertigt werden. Nach der Ausstellung gab mir Bonham den aus acht Bögen bestehenden Tunnel, der nun diesen wichtigen Blickfang im Gemüsegarten bildet und vom Hauptweg zu den alten Kuhställen führt. Duftwicken, Kürbisse und Gartenbohnen ranken daran auf, und Feuerbohnen ergänzen mit ihren scharlachroten Blüten und den hängenden Schoten das dekorative Bild. Weil es vermutlich besser ist, nicht jedes Jahr auf dem gleichen Boden Bohnen zu

147

setzen, habe ich mir etwas Neues überlegt. Im Botanischen Garten von Brooklyn entdeckte ich an einem Herbsttag an einer Pergola die Chinesische Stachelbeere oder Kiwi, *Actinidia deliciosa chinensis* syn. *A.* Inzwischen haben wir sie auch bei uns gepflanzt, und obgleich man nicht erwarten darf, daß die Früchte jedes Jahr voll ausreifen – dafür ist es in England oft nicht sonnig genug –, gedeiht sie gut. Damit es überhaupt Früchte gibt, muß unter den Kiwipflanzen ein männliches Exemplar sein. Bonham hat mich auch dazu angeregt, Victoria-Pflaumen auf schwachwachsender Unterlage zu pflanzen und die Zweige girlandenartig nach außen zu erziehen. Da die Bäume nur 1,5 m hoch werden, sind sie wie geschaffen für einen kleinen Potager, auch wenn ich mich manchmal frage, wie lange sie eine ihrer Natur derart widersprechende Wuchsform dulden werden.

Um der Symmetrie willen benötigten wir eine vierte Seite; sie erwies sich als hervorragende Möglichkeit, Apfelbäume zu pflanzen und zu erziehen. Zunächst dachte ich an Spalieräpfel, besann mich dann aber auf etwas Originelleres. An Stelle einfacher Spaliererziehung brachten wir die Zweige der Apfelbäume durch besonderen Schnitt und spezielle Formung in engen Kontakt, so daß sie sich miteinander verbinden und Bögen bilden, die wie ein durchbrochenes Spitzenmuster wirken. Die Erziehung wurde von Gillian Duckworth vorgenommen, einer im Wye College ausgebildeten Spezialistin auf diesem Gebiet. Später wies mich ein Obstbaumexperte darauf hin, daß man eine solche Erziehung üblicherweise so durchführt, daß die Rinde von zwei Zweigen seitlich aufgeschnitten wird und durch Zusammenbinden ein gemeinsamer Saftstrom und schließlich ein Verwachsen erfolgt. Nach unserer Methode fanden sich die Zweige jedoch auch zusammen, und erfolgreich, wie wir waren, bin ich froh, daß wir – wenn auch aus Unwissenheit – nicht der allgemein üblichen Methode gefolgt sind. Im Frühjahr freuen wir uns an der hübschen Kulisse der Apfelblüten und im Herbst an der Farbenpracht der Äpfel.

Wie im Ziergarten gibt es auch im Gemüsegarten im Lauf der Jahreszeiten immer wieder anderes zu tun. Sobald ein Gemüse geerntet ist, folgen die Setzlinge für das nächste. Karotten können bis Mitte Juli in Reihen ausgesät werden, während rote Bete und Pastinaken bis Mitte Juni im Boden sein müssen, damit man sie im Herbst oder Winter ver-

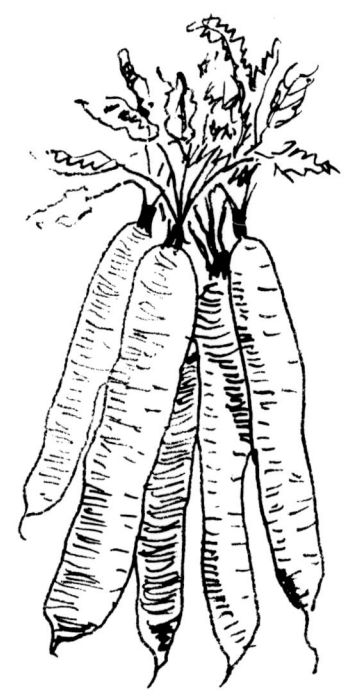

zehren kann. Winterkohl, Brokkoli und Rosenkohl sollten an der Stelle ausgepflanzt werden, wo die frühen Erbsen und Bohnen bereits geerntet wurden.

Im Juli reifen die Zwiebeln. Es dauert nur wenige Minuten, bis das Grün in die gleiche Richtung gebogen ist und das Beet ordentlich und gepflegt aussieht. Wir lassen sie danach noch etwa zwei Wochen stehen, bevor wir sie an ein paar warmen, sonnigen Tagen etwas aus dem Boden ziehen, damit sie weitere fünf bis sechs Tage von unten abtrocknen können. Wenn sie dann geerntet werden, bindet Andy sie gern fachmännisch zu Zöpfen. Kurz nach der Ernte schmecken die Zwiebeln sehr intensiv, verlieren aber bis zur Jahreswende dieses durchdringende Aroma.

Die Puffbohnen, die wir im November ausgesät haben, sind um diese Zeit meist schon verzehrt, aber die im Frühling gesäten können zwischen Juli und August geerntet werden. Sie müssen regelmäßig gepflückt werden, solange sie jung und zart sind. Danach werden die alten Triebe bis auf Bodenhöhe zurückgeschnitten. Da die kleinen Stengelknoten der Bohnenwurzeln ausgesprochen stickstoffhaltig sind, ist die Erde für die verschiedenen Kohlarten bestens vorbereitet. Besonders lieb sind uns die Buschbohnen, die wir von Mai bis Juli immer wieder in Reihen nachsäen. Von der Aussaat bis zur Ernte dauert es sechzig bis siebzig Tage, so daß die Pflückzeit in die Schulferien fällt. Auch auf die Feuerbohnen möchten wir nicht verzichten, zumal sie mit ihren scharlachroten Blüten, die an den Bögen über den Wegen ranken, sehr dekorativ wirken.

Im Lauf des Herbstes reift noch allerlei selbstgezogenes Gemüse und auch Salat, während uns für die kalte Jahreszeit vor allem Lauch, Zwiebeln, Pastinaken und Karotten bleiben. Am liebsten mögen wir den Rosenkohl; er wird im Sommer in die Beete ausgepflanzt, in denen davor Erbsen und Bohnen wuchsen. Sobald er geerntet ist, folgt der schöne purpur-weiße Brokkoli, der auch verzweigter Brokkoli oder Spargelkohl genannt wird. So geht das Gartenjahr allmählich zu Ende, bis es mit dem Frühlingsgemüse erneut beginnt.

Ebenso wie im Ziergarten kam es zwangsläufig auch im Potager zu Veränderungen. Von den acht Stachelbeerhochstämmchen, die wir ursprünglich zu beiden Seiten des Haupteingangs gepflanzt hatten, sind noch zwei übrig. Ihre kugelförmigen Schöpfe waren zu schwer geworden, weil wir sie nicht stark genug zurückgeschnitten hatten; es war also zweifellos unser Fehler, daß unter dem Gewicht der Früchte schließlich mehrere Äste brachen. Noch bin ich mir im unklaren, ob ich die beiden letzten ersetzen soll. Als Hochstamm gezogen, lassen sie sich wesentlich leichter pflücken, weil man sich nicht bücken muß, ganz zu schweigen von ihrer optischen Wirkung innerhalb des Gesamtbilds. Falls wir sie aber je ersetzen sollten (vielleicht nur zwei oder vier), werden wir sie auf jeden Fall stärker zurückschneiden müssen.

Ein herrliches Bild bietet die Lavendeleinfassung zu beiden Seiten dieses Wegs, wenn sie im Sommer in voller Blüte steht und Schwärme von Bienen anlockt. Alle drei Jahre ersetzen wir die Sträucher – eine Arbeit, die inzwischen zur Routine gehört. Im August und September schneiden wir Hunderte von Stecklingen, die im darauffolgenden Frühling bewurzelt sind und nach einem weiteren Jahr eine neue, niedrige Einfassung bilden. Zu unseren drei verschiedenen Sorten gehören die dunkel purpurviolette ›Hidcote‹, die blassere, aber intensiver duftende ›Munstead‹ und eine bewährte rosablühende Form.

In einer Dezembernacht geschah das Unglück. Wir hatten seit Tagen Frost, der Boden war gefroren, es folgten heftige Regenfälle. Das Wasser stand in den tiefen Furchen der Koppel und bildete schließlich einen Bach, der an der Mauer auf der Südseite des Potagers entlangfloß und wohl das Fundament unterspült hat. Als ich Rosenkohl holen wollte, traf mich beinahe der Schlag beim Anblick der eingestürzten Mauer, die sämtliche Nerinen, *Rosa* ›Veilchenblau‹, *R.* ›Mrs Oakley Fisher‹ und eine weiße Kletterrose unter sich begraben hatte. All die kleinen Pflänzchen, die aus den Ritzen der Mauerkrone gequollen waren, lagen in wildem Durcheinander auf der Erde und mußten gerettet werden. Vor Weihnachten war nichts zu machen, dann aber ging Colin Feltham, ein erfahrener Maurer, an die Arbeit. Seine schöne Mauer – sie bietet im oberen Bereich reichlich Platz für eine Bepflanzung – wird sich, anders als ein Holzzaun, jahrelang ohne Wartung halten. Es erschien uns wie ein Wunder, daß die Rosen erneut austrieben, nachdem die Steine weggeschafft waren, und die Nerinen sich ebenfalls wieder erholten.

Zweimal haben meine Gärtner und ich in letzter Zeit in Ryton-on-Dunsmore den organischen Garten der Henry Doubleday Research

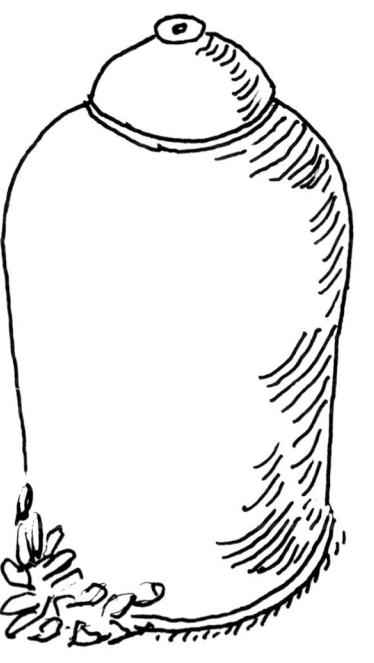

Association in Warwickshire besucht und jedesmal ungeheuer davon profitiert. Obergärtner Bob Sherman machte uns im Lauf der Führung auf so viele Dinge aufmerksam, daß ich wirklich bedaure, nicht schon Jahre zuvor hergekommen zu sein. Besonders interessierten mich die Schaubeete, auf denen verschiedene Methoden der Unkrauteindämmung ohne Benutzung von Herbiziden demonstriert wurden. Klar geworden ist mir dabei, wie wichtig es ist, genügend Regenwasser für unsere Gewächshauspflanzen zu sammeln, weil es so viel weicher und reiner ist als Leitungswasser.

Bei unserem ersten Besuch in Ryton-on-Dunsmore erfuhren wir vor allem, wie nützlich Beinwell ist. Inzwischen halten wir uns mehrere Plastikbehälter voller Beinwellblätter, aufgefüllt mit Regenwasser. Die Brühe, die sich mit der Zeit bildet, ist reich an Pottasche oder Kaliumkarbonat und kommt sämtlichen Topf- und Kübelpflanzen zugute. Da bei uns in der Natur Beinwell in Hülle und Fülle wächst, sammeln wir im Frühling und Sommer Unmengen der frischen Blätter und arbeiten sie auch als Gründüngung in die für Bohnen und Erbsen vorbereiteten Gräben ein.

Bei unserem zweiten Besuch in Ryton lernten wir soviel über den Winterschnitt von Obstbäumen, daß es Stunden mühsamer Studien gekostet hätte, sich diese Kenntnisse anhand eines Buchs zu erarbeiten – und wieder habe ich bedauert, daß wir nicht schon Jahre zuvor die Idee hatten, diesem interessanten Forschungsgarten einen Besuch abzustatten.

Wir alle fragen uns wohl von Zeit zu Zeit, was in Zukunft aus unserem Garten werden soll und wie er wohl Jahre später einmal aussehen wird. Aber anstatt mir den Kopf darüber zu zerbrechen, versuche ich in meinem Potager den Augenblick zu genießen und mich an William Lawson zu erinnern, der schrieb, daß all unsere Sinne »in Freude baden« sollen, wenn wir nach getaner Arbeit durch unsern Garten gehen. Und so erfüllt mich Abend für Abend, wenn ich mir einen Salat, Spargeln, Artischocken oder auch nur einen ordinären Kohl hole (mit den richtigen Gewürzen zubereitet, ein köstliches Mahl!), jeder Winkel dieser friedlichen und fruchtbaren Oase mit Freude.

Design und Bepflanzung

Um zum Potager zu gelangen, gehen Sie durch das eiserne Tor in der alten Cotswold-Steinmauer und überqueren einen ausgetretenen Weg, auf dem die Friesenrinder vom benachbarten Bauernhof zum Melken ziehen. Augenblicklich wandelt sich die Stimmung: Sie sind nun wirklich auf dem Land und sehen die Ponys auf der Weide grasen, wobei der eingezäunte, dekorative und klar gegliederte Obst- und Gemüsegarten mit seinem Blumenschmuck Ihnen als erfreuliche Überraschung erscheint.

Die Besichtigung des Gartens läßt sich mit einem Rundgang durch den ornamentalen Potager (oben) am besten abrunden. Gewiß kann ein Gemüsegarten auch lediglich aus langen Reihen mit Kohl und Karotten bestehen. Unser kleiner Bereich, so groß wie die Anlage eines Tennisplatzes, wird jedoch durch ein Netz von Wegen in symmetrische Muster unterteilt. Für Höhe sorgen

bleibende Elemente wie sorgfältig erzogene Obstbäume, Hochstammrosen und Goldliguster. Von den zwei gleichartigen Lauben mit Sitzgelegenheit ist die eine mit Weinreben und die andere mit goldlaubigem Hopfen bepflanzt. Die Beete sind mit Buchs eingefaßt und die verschiedenen Gemüse innerhalb der einzelnen Felder sorgfältig aufeinander abgestimmt, wobei wir uns streng an den Fruchtwechsel halten – auf Erbsen und Bohnen folgen die Kohlarten und schließlich die Wurzelgemüse. Die verschiedenen Blatt- und Kopfsalate werden überall eingesetzt, wo ihre abwechslungsreichen Farbkombinationen zur Geltung kommen.

Die Grundstrukturen der Wege und Beete habe ich vor vielen Jahren festgelegt, und zusammen mit den Bäumen und Sträuchern gehören sie zu den festen, bleibenden Elementen. Innerhalb der verschiedenen Beete ändert sich die Bepflanzung jedoch von Jahr zu Jahr, wobei wir uns in jeder Jahreszeit um neue Muster- und Farbwirkungen bemühen.

A = Apfelbaum
B = Birnbaum
C = *Crataegus laevigata* ›Rosea Flore Pleno‹
Gl = Goldliguster
L = rosa Lavendel
o = Buchskugeln oder Buchspyramiden
R = Rosenhochstämmchen ›Little White Pet‹
S = Stachelbeerhochstämmchen
Vp = Viktoria-Pflaumen

Alle Beete sind mit Buchs, Petersilie, Walderdbeeren oder Lavendel eingefaßt

N

Standplatz für Pflanzen, die verkauft werden

Steckhölzer

Anbaufläche für neue Himbeeren

unter den Bögen: *Rudbeckia* ›Marmalade‹, Kapuzinerkresse und Ringelblumen

Randbepflanzung aus *Artemisia abrotanum* Phlox (mehrjährig)

Spargelbeet

Frühkartoffeln und Brokkoli

späte Himbeeren im Herbst

1 m | 1 m

150

Lorbeer
Lorbeer
goldlaubiger Hopfen
Lorbeer
Weißdornhecke

Rosenhecke

Mauer

Frühbeet für Stecklinge

Saatbeet

Erbsen und Bohnen

Karotten und Salat

Salat, gefolgt von Lauch

Bohnen, gefolgt von Kohl

Aram italicum »Marmoratum«

Blumenkohl und Lauch

Feuerbohnen (an über Kreuz aufgestellten Stangen gezogen)

rotblättriger Rosenkohl

B

B

B

B

Wurzelgemüse

bewurzelte einjährige Buchsstecklinge

Spalieräpfel

frühe Bohnen, gefolgt von Kohl

Zwiebeln, gefolgt von Kohl

Mauer

Spalierbögen für Wicken

Saatbeet

Einfassung aus Walderdbeeren

Sommerspinat

R

R

L

weiße Himbeeren

Salat und Tulpen im Frühling, gefolgt von Rosenkohl

S

Lavendel

S

kletternde Gurken- und Gemüse-kürbisse

Vp

Gl

Gl

Puffbohnen, gefolgt von purpurlaubigem Brokkoli

purpurblättriger Mangold

R

R

L

R

R

L

Lavendel

Salat und Tulpen, gefolgt von Rosenkohl

S

S

Tor

A

Frühkartoffeln und Brokkoli

Stechpalmen für den Verkauf

Spalieräpfel

Erdbeeren

Gl

Gl

Zwiebeln, gefolgt von Kohl

Feuerbohnen (an über Kreuz aufgestellten Stangen gezogen)

Mangold

R

R

Salat, gefolgt von Lauch und Tulpen

Sonnenröschen (spezielle Sorten)

Erdbeeren

Salat und Rotkohl

Artischocken

Kohl

Karotten und Salat, gefolgt von im November gesäten Puffbohnen

Kohl

A

A

A

A

Zierkohl

Gartenbohnen, gefolgt von Lauch und Petersilie

Vp

Kopfsalat Gartenbohnen Kopfsalat

Gl

Gl

Erdbeeren

Gartenbohnen, danach im Herbst ausgesäte Zwiebeln

Vp

rote Bete und Karotten

Margeriten

Gartenstuhl

Kopfsalat und Tulpen, gefolgt von Gartenbohnen und Petersilie

Minze

Liebstöckel

Lorbeer

Weinstock

in Form geschnittener Buchs

Lorbeer

Kapuzinerkresse an Spalieren gezogen

Johannisbeeren

Birne

Kapuzinerkresse

Johannisbeeren

Wintersalat und Sareptasenf, Mizuna (*Brassica rapa*), Eskariol und orientalischer Pak soi (*Brassica rapa* var. *rosularis*)

151

Wege als Strukturelemente

Am nachhaltigsten hat mich bei der Gestaltung des Potagers William Lawson, ein im 17. Jahrhundert lebender gartenkundiger Geistlicher, beeinflußt, dessen Wissen auf praktischer Erfahrung beruhte. Besonderen Wert legte er auf Wege, die ein Stück Land in schmale Beete unterteilen, damit die »jätenden Frauen«, ohne auf die Gartenerde zu treten, ihre Arbeit verrichten konnten. Dies entsprach ganz und gar meinem Sinn für Design und Ordnung. So genoß ich bei der Planung unseres Gemüsegartens den gestalterischen Spielraum, verschiedene Muster zu schaffen und nicht nur über die Breite der Wege, sondern auch den Belag frei entscheiden zu können – von jeher hatte ich eine Vorliebe für alte Ziegel- und Pflastersteine. Als ich den Entwurf auf Karopapier übertrug und überschlug, was wir an Material für den Belag brauchen würden, mußte ich erstaunt feststellen, wieviel Pflanzfläche durch die Wege verlorenging. Deshalb

reduzierte ich die Breite einiger Seitenwege von 70 cm auf 45 cm, was zum Arbeiten genügt, nicht aber, um zu zweit nebeneinander zu gehen. Es sollte aber gar nicht so einfach sein, in diesem »steinigen« Landstrich alte Ziegel aufzutreiben. Mit der Zeit gelang es uns dennoch, von einem alten Stall, einer Schmiede und einer stillgelegten Bahnstation Steine zu beschaffen. Beim Kauf hiesiger Betonplatten hielten wir Ausschau nach leicht fehlerhaftem, preisgünstigerem Material, um auch hier die Kosten zu senken.

Nicht nur die verschiedenen Muster der Wege, sondern auch der jeweils andere Belag – auf Zement wurde ganz verzichtet – verleihen der an sich formalen Gestaltung einen zwanglosen Charakter. Jeder Weg hat eine »lebende« Einfassung, die verhindert, daß Erde zwischen die Steine fällt, und die klare Gliederung des Gesamtbilds unterstreicht. Als Einfassung dienen verschiedene Buchsarten, Lavendel und sogar Walderdbeeren.

Im Frühling locken die Apfelblüten Schwärme von Bienen zur Befruchtung der Bäume an – damit ist der Beginn einer ertragreichen Zeit im Potager eingeläutet.

153

Formen und Pflanzmuster der Beete

Mit der Wahl einfacher geometrischer Beetformen (s. S. 150–151) versuchte ich Abstand zu nehmen vom traditionellen Küchengarten-Layout, das quer durch den Garten lange Reihen mit Gemüse vorsieht. Manche Beete sind quadratisch und von L-förmigen Bändern umgeben, andere in Form langer, schmäler Rechtecke um ein Rondell in der Mitte angeordnet.

Jedes Jahr im Frühling, wenn Andy und ich den Pflanzplan für den Gemüsegarten erstellen, machen wir uns als erstes Gedanken über den Fruchtwechsel – auf die Hülsenfrüchte (Erbsen, Bohnen) folgen die verschiedenen *Brassica*-Arten (Kraut, Blumenkohl) und Wurzelgemüse (Karotten, Pastinaken). Ungemein dekorativ

wirken Kurzzeitgemüse, wie etwa sämtliche Kopf- und Pflücksalate, als Einfassung für die Hauptertragspflanzen.

Obgleich ich eine Vorliebe für den Frühling habe, wenn alles jung und frisch ist und jeder Tag neue Überraschungen mit sich bringt, genieße ich auch die Sommermonate, in denen der Potager ein Bild überschäumender Farbenpracht und Üppigkeit bietet. Ich liebe es, mir abends drei verschiedene Gemüse wie Erbsen, Kohl und Spinat oder Kartoffeln, Bohnen und Zucchini zu holen, die ich, mit lediglich einem Küchenkraut gewürzt, zubereite und nacheinander verzehre. So können drei getrennte Gänge zu einem wahren Feinschmeckermenü werden.

In dem hinteren Beet (**oben**) steht der letzte Brokkoli; von den ersten Frühlingswochen bis zu Beginn des Sommers konnten wir immer wieder davon ernten. Wir halten den Boden gern dicht bedeckt: Ein Beet mit frühem Salat ist mit Tulpen

unterpflanzt, und zwischen den jungen Krautköpfen findet sich auch hier wieder Salat.

Die schmalen Beete bieten im Mai eine wahre Augenweide (**rechts**), wenn sich die Reihen rahmgelber Tulpen wirkungsvoll vom Frühlingsgemüse, den Puffbohnen und Salatköpfen abheben. In dieser Zeit erreicht die Apfelblüte ihren Höhepunkt. Der girlandenartig gezogene Apfelbaum in der Mitte lockt nicht nur Schwärme von Bienen an, er erregt auch immer wieder die Bewunderung der Besucher. Neben optischen Effekten wie etwa Farbe gehört der Duft untrennbar zum Bild eines ertragreichen Gemüsegartens.

Auch die dekorative Wirkung unterschiedlicher Blätter schöpfen wir überall im Potager aus. Purpurblättriger Salat (**außen rechts**), der im Hochsommer geerntet wird, unterbricht die in Reihen gepflanzte Petersilie, die wir das ganze Jahr über als Küchenkraut verwenden; dazwischen wächst Lauch, der im Herbst geerntet wird.

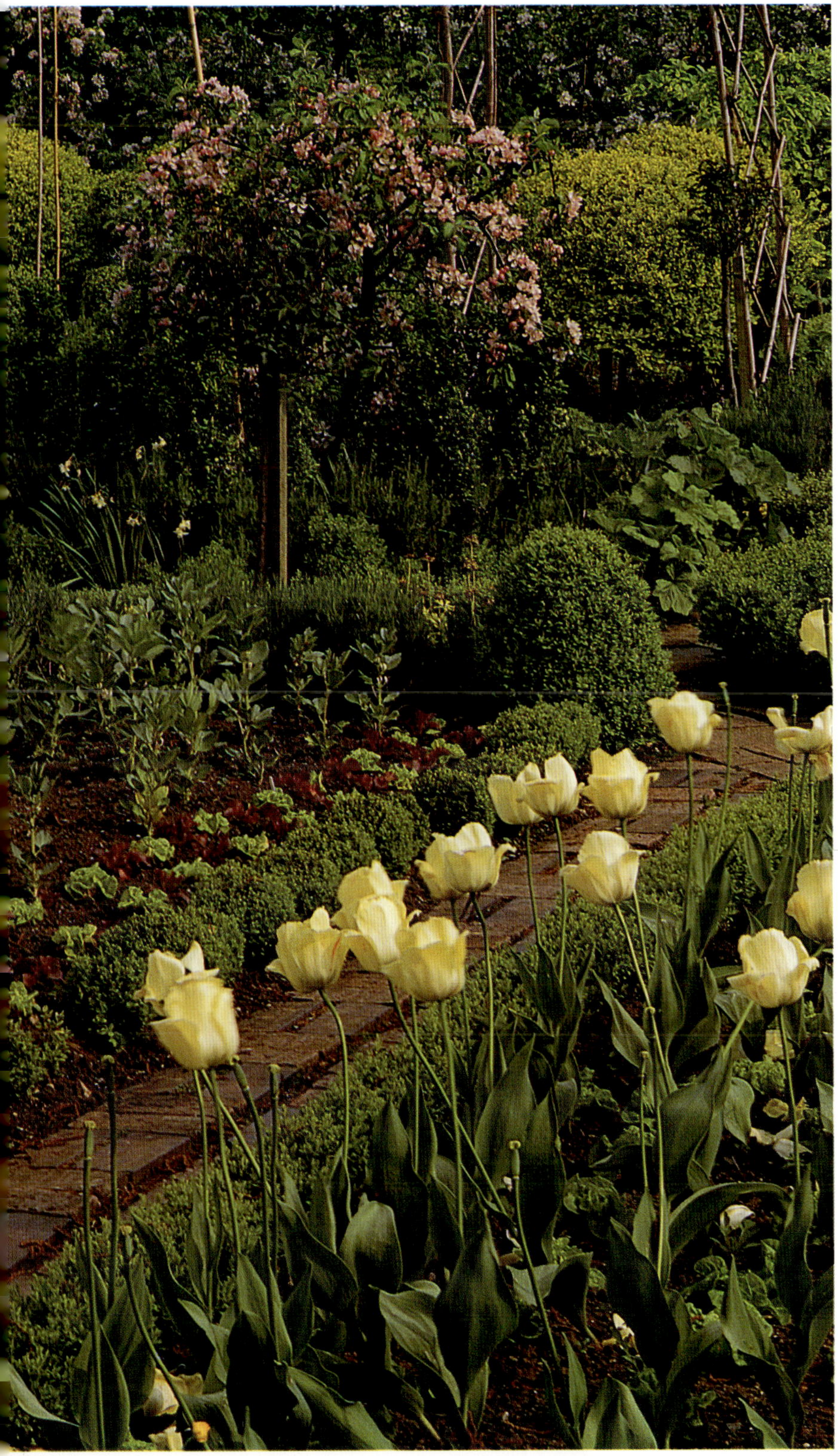

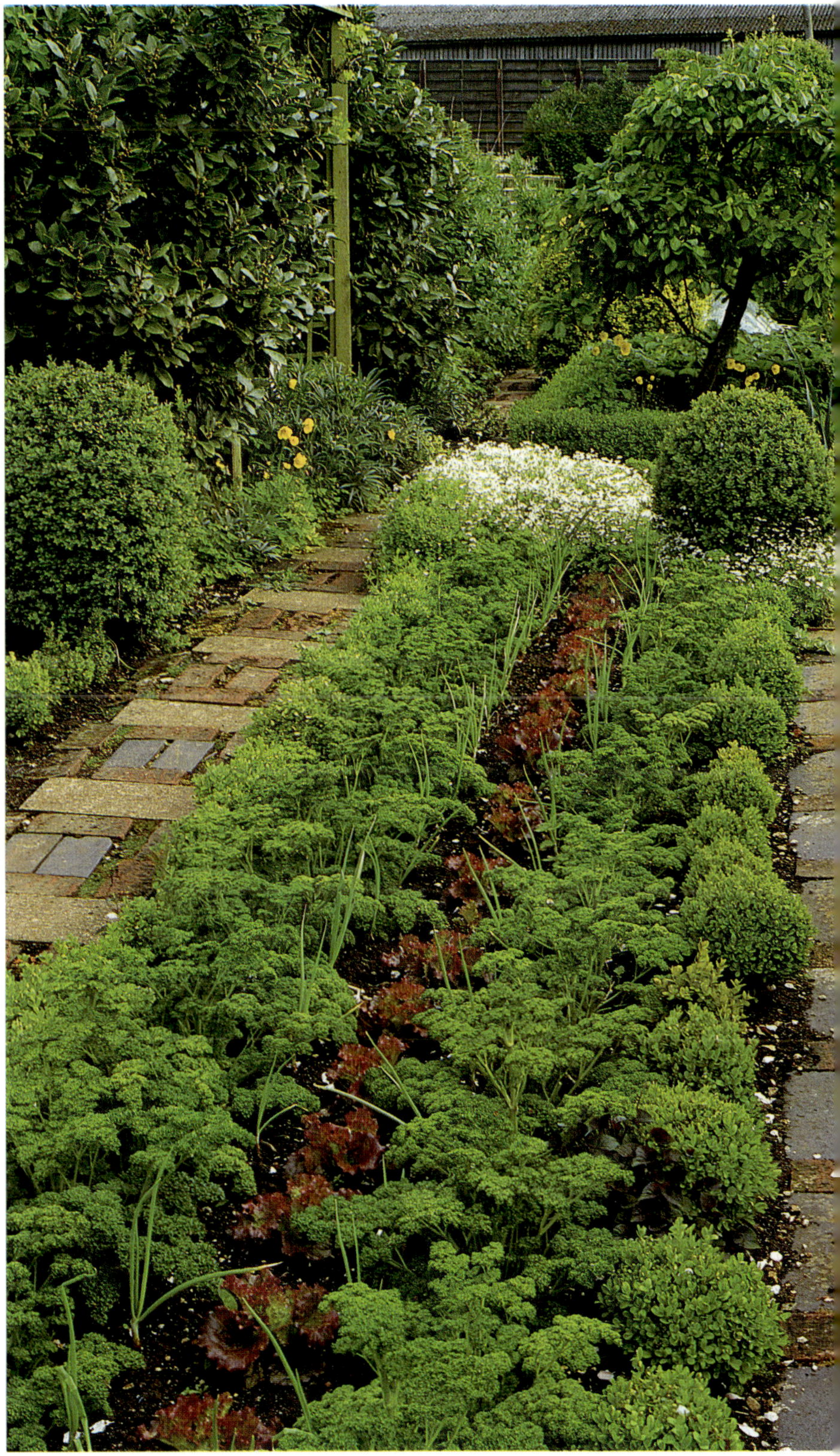

Kontrast und Fülle

Es bereitet mir immer großes Vergnügen, den Pflanzplan für den Potager aufzustellen. Dabei gibt es zwei wichtige Gesichtspunkte: eine optisch reizvolle Zusammenstellung der verschiedenen Gemüsearten und reiche Erträge.

Geht es um den größtmöglichen Ertrag, muß man vor allem die Erntezeiten in Betracht ziehen. Kopfsalat kann nach viel kürzerer Zeit geerntet werden als Lauch, Kohl oder Blumenkohl. Während andere Gemüsearten noch zu klein sind, um das Beet zu bedecken, kann Kopfsalat vorübergehend die Lücken füllen – ein weiterer Vorteil also. In heißen Sommern wird so der Boden vor dem Austrocknen und Verkrusten geschützt.

Blättern Sie die Saatkataloge durch, und stellen Sie eine optimale Auswahl verschiedener Salatsorten zusammen, damit Sie nicht nur über Monate versorgt sind, sondern sich stets auch an dem hübschen Kontrast der Grün- und Rottöne freuen können. Die hier abgebildeten Beete zeigen eine dekorativ wirkende Folge verschiedener Gemüse. Aus dem Streifenmuster der abwechselnd mit ›Ruby‹ und grünem ›Little Gem‹-Salat bepflanzten Reihen (**oben**) kann bald schon geerntet werden; zwischen die rote Reihe wurde zusätzlich später reifender Blumenkohl gesetzt. Leuchtend goldlaubiger Buchs (**rechts**) dient hier als Einfassung für ›Ruby Ball‹-Kohl und später ›Salad Bowl‹- und ›Rouge Grenobloise‹-Salat, die im Herbst auf den Tisch kommen. Neben ›Lollo Rosso‹-Salat und Blumenkohl ›All the Year Round‹ wachsen in dem buchseingefaßten Beet (**rechts außen**) auch Zwiebeln und Lauch.

Struktur und Höhe

Das Gelände des Nutzgartens hinter dem Apfelspalier und den alten Kuhställen war ursprünglich Niemandsland. Aufgrund seiner Lage hatten wir es nicht in den Gesamtplan einbezogen. Erst als ich von Bonham Bazeley von der Highfield-Baumschule einen »Apfel-Tunnel« der Firma Agriframes bekam, erschien mir der Platz hier wie geschaffen dafür.

Wenn man den Potager von den Kuhställen aus betritt, bildet dieser Tunnel einen stimmungsvollen Eingang (links). Wir haben an den Bögen zwar nie Apfelbäume wachsen lassen, aber jeden Sommer gibt hier eine Reihe einjähriger Pflanzen ein neues Schauspiel. Sonnenblumen sind immer dabei, weil es mir gefällt, wie sie über die Rundung spähen; sobald ihre Samen reif sind, finden auch die Vögel Gefallen daran. Mehrere Jahre über haben wir zu beiden Seiten *Rudbeckia* ›Marmalade‹ gezogen, und letztes Jahr kamen Ringelblumen hinzu. Kapuzinerkresse leiten wir am Gitter auf, bis sie sich bald von selbst um die Stiele der Sonnenblumen windet. Da wir gewöhnlich einen Überschuß an Salatsetzlingen haben (hier die Sorte ›Rouge Grenobloise‹), finden sie ebenfalls rechts und links des Weges Platz. Da es schade wäre, sie herauszunehmen, nur weil sie zu schießen anfangen, lassen wir sie als schönen, dunklen Hintergrund für Kapuzinerkresse stehen. Ein Horst des goldenen Mutterkrauts hat sich im Vordergrund links wohl selbst ausgesamt, und dahinter dreht sich ein Trieb der *Actinidia deliciosa* um die Rundung des ersten Bogens.

Die Laube (**rechts**) wurde, kurz bevor sie ein Herbststurm umgerissen hat, fotografiert. Andy hatte das einfache Gerüst mit den spalierartigen Seitenwänden einst aus dünnen Holzlatten gebaut.

Gegen Ende des Sommers hat der goldlaubige Hopfen sie vollkommen eingehüllt und mit Büscheln von Früchten überzogen, die ich in herbstliche Blumenarrangements einbinde. Dieses ruhige Plätzchen lädt förmlich dazu ein, sich niederzulassen und seinen Gedanken nachzuhängen. Es ist also keineswegs verwunderlich, daß solche Lauben schon seit Jahrhunderten beliebt sind. Wenn einige der langen Triebe anmutig überhängen und auf dem Boden weiterranken, bedecken wir sie mit einer Schicht Erde. So wachsen Jungpflanzen heran, die dann in der Gärtnerei verkauft werden.

Vor der Laube breitet sich unser Saatbeet aus, in dem wir die Samen von Stauden und Sommerblumen aussäen. Mohn und Fingerhut beherrschen hier das Bild. Wir bemühen uns, die Pflanzen mit den schönsten Farben zu vermehren, indem wir die weniger reizvollen aussondern. Wie orangefarbene Tupfen hat sich der Scheinmohn, *Meconopsis cambrica*, mit seinen gefüllten Blüten über den ganzen Flecken verteilt. Wer Pflanzen aus Samen zieht, lernt dabei vor allem Geduld. Manche keimen beinahe über Nacht, während andere warten, bis sich ihre harten Schalen öffnen, und wieder andere auf ganz bestimmte Bedingungen wie die richtige Feuchtigkeit, Temperatur und Tageslänge.

Farbe in der Vertikalen

Auf dem Foto wurde ein Moment festgehalten (**unten**), den wir alle in unserer Geschäftigkeit wohl nicht wahrgenommen hätten. Das blendende Weiß der Duftwicken, *Lathyrus odoratus* ›Swan Lake‹, belebt die leuchtenden Rot- und Gelbtöne der sich hochrankenden Kapuzinerkresse.

Die einfachblühenden gelben Stockrosen (**rechts**) sind aus Samen gezogen, die mir der amerikanische Gartengestalter Ryan Gainey gegeben hat; ursprünglich stammen sie aus Monets Garten in Giverny.

Andy Bailey fertigte dieses Bambusgerüst, an dem Bohnen hochklettern und reichlich Licht bekommen **(links)**. Wir freuen uns an den quadratischen Einfassungen aus goldlaubigem Buchs, die nicht nur farblich, sondern auch in der Struktur einen aufregenden Kontrast zu den hochroten Blüten der Feuerbohnen und dem purpurvioletten Kohl bilden.

Zwischen den Zweigen des sorgfältig gezogenen Spaliers aus ›Laxton's Fortune‹-Äpfeln **(unten)** verweben sich die orangegelben Blüten der Kapuzinerkresse.

Ein blumenreiches Bild

» … es trifft sich gut, daß wir zwei Gärten haben – einen für Blumen und einen für die Küche …, womit allerdings keine vollkommene Trennung gemeint ist. Es ist nämlich nicht so, daß der Blumengarten ohne Kräuter auskäme, die in der Küche verwendet werden, oder daß es im Küchengarten an Blumen mangelte.«

William Lawsons Worte machten mir bewußt, wie wichtig es ist, Blumen in den Potager einzugliedern, insbesondere im Frühling, wenn die Zwetschgen-, Apfel- und Birnbäume in Blüte stehen.

Zwischen den panaschierten Erdbeeren, die als Bodendecker unter den Apfelbäumen wachsen,

sorgen Tulpen zugleich für Farbe und Höhe (**oben**). Manchmal beschränken wir uns auf ein Farbthema, ein anderes Mal setzen wir neue Tulpen hinzu. Hier gesellt sich eine intensiv rosa Tulpe zu der hübschen lilienblütigen *Tulipa* ›White Triumphator‹. Der Frühling strahlt rundum Frische aus; auf diesem Bild entsteht durch die vergängliche Schönheit der Tulpen und blühenden Bäume ein Kontrast zur feststehenden Struktur des Plattenwegs, der Stämme der Apfelbäume und insbesondere der dichten, runden Buchskugeln.

Ich erinnere mich lebhaft daran, wie ich zu Beginn hier stand und abzuschätzen versuchte, wo in meinem neuen Gemüsegarten die Mitte sein sollte und somit zugleich der Ausgangspunkt für das vorgesehene Netz der Wege. Über mehrere Jahre wurde diese Mitte durch eine Metallvase

hervorgehoben, bis wir vor nicht allzu langer Zeit einen Apfelbaum pflanzten, dessen Zweige bogenförmig ausgerichtet werden sollen. Unter diesem jungen Baum blühen im Frühling Narzissen (**rechts**), die später von verschiedenen Lavendelarten abgelöst werden. Auch einen ungewöhnlichen aufrecht wachsenden Buchs habe ich gepflanzt, der inzwischen über einen Meter hoch ist und nun an einen andern Platz im Hauptgarten versetzt werden kann.

Der schöne rosablühende Lavendel (**außen rechts, oben**) säumt die Wege im mittleren Quadrat des Potagers. *Viola* ›Bowles' Black‹ darf sich dazwischen versamen und fließt mit dem violettstichigen Rosa und dem dunklen Purpurrot zu einem vom Hell-dunkel-Kontrast dominierten Farbakkord zusammen. Dazwischen mischen sich Kohl und Walderdbeeren (**rechts unten**).

Bewachsene Mauern und Einfassungen

Als diese Trockenmauer **(oben links, Mitte und rechts)** 1993 einstürzte, waren die Rosen zwei bis drei Wochen lang unter den Steinen begraben. Überraschenderweise erholten sie sich aber bald, nachdem wir sie an der wieder aufgebauten Mauer erneut ausgerichtet hatten. Die beeindruckend mauve-violette Kletterrose *Rosa* ›Veilchenblau‹ muß über ein kräftiges Wurzelsystem verfügen, denn sie entwickelte sich scheinbar unbeeindruckt weiter, während die ›Iceberg‹-Rose wesentlich länger brauchte, bis sie wieder so üppig blühte wie hier auf dem Foto. Auch

Meconopsis cambrica hat sich hier fleißig ausgesamt und ebenfalls überlebt.

Die niedrige Mauer bietet den ersten Blick auf den Potager **(oben rechts)**, wenn man vom Tennisplatz kommt. Hier **(und auch oben links)** steht *Rosa* ›Veilchenblau‹ in Blüte.

Den aufregend dunkelvioletten Lavendel, *L.* ›Hidcote‹ **(außen links)**, verwenden wir im Potager bevorzugt für Einfassungen. Damit er seine schöne Form behält und gepflegt wirkt, empfiehlt es sich, ihn nach der Blüte zurückzuschneiden und im Frühling noch einmal die alten Triebe auszuputzen, um die Bildung von neuem Wachstum anzuregen. Bei diesem Lavendel sind es die Blätter, die so intensiv duften, während bei *L.* ›Munstead‹ die Blüten am wohlriechendsten sind. Selbst ausgesamter Borretsch

bildet mit dem geschossenen roten Salat, den wir bewußt stehenlassen, ein farblich abwechslungsreiches Bild.

In diesem Beet **(Mitte links)** dienen Walderdbeeren als Einfassung, zwischen denen die panaschierte Form nicht nur optisch, sondern auch als Bodendecker unter den Apfelbäumen ausgesprochen gut zur Geltung kommt. Trotz reicher Blüten erscheinen allerdings enttäuschend wenig Früchte.

Neben den jungen Buchskugeln bildet *Viola* ›Bowles' Black‹ eine wirkungsvolle Einfassung **(links)**. An anderer Stelle dürfen sich ›Bowles' Black‹ und *V. labradorica purpurea* versamen. Sie erscheinen zwischen den Buchskugeln in den Beeten, und ihre Jungpflanzen sind im Verkaufshof immer sehr gefragt.

Hof und Wintergarten

Wann immer ich aus meinem Wohnzimmer ins Freie trete, freue ich mich, wenn ich ringsum von Blumen und Duftwolken umgeben bin – was ein leichtes war, solange ich im Hauptgebäude lebte, denn die Rabatten reichten bis dicht an meine Tür. Inzwischen hat sich meine unmittelbare Umgebung verändert. In meinem mit Steinplatten belegten, kleinen Hof stehen zahlreiche Kübel, die jedem, der einen Sinn für das Detail hat, immer wieder etwas Besonderes bieten. Einmal sind es die Blüten der *Sarcococca*, die sich entfaltenden Christrosen, Moospolster zwischen der Pflasterung, ein andermal die purpurnen Beeren der *Billardiera*, die ins Auge fallen. Je mehr man sich dem häuslichen »Zentrum« nähert, desto interessanter sollte die Bepflanzung sein. Vor allem im Winter versuche ich mit einfachen, aber wirkungsvollen Effekten, wie *Narcissus* ›Paper White‹, Aufmerksamkeit zu erregen, dann folgen Tulpen und Osterglocken und im Sommer eine Fülle von Blumen.

๛ ๛ ๛

Lange bevor Glasanbauten wie Pilze aus dem Boden schossen, hatten David und ich immer wieder über einen an das Haus angebundenen Wintergarten gesprochen. Ich bedaure sehr, daß wir diese Idee, die ihm so viel Freude gemacht hätte, nie gemeinsam verwirklicht haben. Als ich 1988 in die »Close« zog, drängte sich eine Stelle als Platz für einen Wintergarten förmlich auf. Es war ein verwahrloster Flecken zwischen einer hohen Mauer und dem Salon meines neuen Hauses. Wir setzten doppelt verglaste Türen ein, die sich von meinem neuen Domizil zu diesem Bereich hin öffneten. Nun brauchten wir nur noch eine Fassade und ein Dach und beauftragten den Architekten Charles Morris aus Norfolk mit der Planung. Die Fassade besteht aus vier Steinsäulen und drei Doppeltüren, die so raffiniert eingebaut wurden, daß die eine Hälfte jeder Säule von außen und die andere von innen sichtbar ist. Das Dach aus gebogenen Holzleisten und karbonisiertem Faserpreßstoff zeigt eine hübsche, beinahe kuppelförmige Wölbung. Für den Boden fand Charles alte malzfarbene Fliesen, die mit ihren kleinen Vertiefungen sehr dekorativ wirken. Außerdem baute er einen Eisenrost ein, der in einem nicht mehr genutzten Gewächshaus aus dem 19. Jahrhundert über der unterirdischen Heizung gelegen hatte.

Aber ich hatte noch einen anderen ehrgeizigen Plan: eine Grotte. Die mit Moos überzogene Ostmauer erschien feucht wie die Behausung eines Eremiten, und genau diese Wirkung wollte ich mit dem Bau einer Grotte ausschöpfen. Als ich meine Vorstellungen Simon Verity gegenüber erwähnte, war dieser spontan begeistert. Wir faßten Korallen, Ohrschnecken, Miesmuscheln, Goldfische, drei Wasserbecken, einen tröpfelnden Wasserfall und einen Deckenspiegel ins Auge, der unsere Ideen reflektieren sollte. Simon baute die drei kleinen Wasserbecken und begann mit viel Phantasie die Seiten mit Korallen und Muscheln zu bedecken. Diana Reynell vollendete sein Bild, indem sie den Eindruck zu erwecken verstand, diese kleine Wasserwelt bestehe mit ihrem Rieseln, den funkelnden Steinen und Muscheln seit undenklichen Zeiten.

Für Pflanzen wie Zimmer-Callas, Farne und einige Pelargonien-Arten beschloß ich in einer Ecke des Wintergartens ein Hochbeet anzulegen. Der restliche Platz ist ausgefüllt mit Töpfen, von denen einige auf dem Steinboden und andere auf Tischen stehen, damit man sie in Augenhöhe bewundern kann. Unter den vielen Pelargonien gehört *P.* ›Clorinda‹, die mit ihren rosaroten Blüten an der Mauer hochklettert, zu den Dauerblühern. Verschiedene Arten von Seden, Echeverien und Fuchsien, eine bis zum Dach kletternde Wachsblume und eine aus Samen gezogene Passionsblume ergänzen das Bild. Auf dem Sims über dem untersten Wasserbecken erkennt man *Pelargonium* ›Lady Plymouth‹. Im Winter dominieren hier Zimmerlinden und *Crassula ovata*, dazu Zwiebelblumen, die wir vor Weihnachten in Schalen setzen.

Von Februar bis April beherbergt der Wintergarten Hunderte von Sämlingen – von Kopfsalat über Zichoriensalat, frühen Kohl, Ziertabak, Salbei und Kosmeen bis zu bedingt winterharten Einjährigen.

Der Hof im Frühling und Sommer

In jeder Jahreszeit versuchen wir den mit Platten belegten Hof durch üppig bepflanzte Töpfe aufzulockern. Die Tür zu meinem Arbeitszimmer flankieren bereits im Februar und März Töpfe voller Krokusse; ihnen folgen einige ›Paper White‹-Narzissen und zahlreiche N. ›Parisienne‹ **(links oben)**. Wenn diese allmählich welk werden, fangen die Tulpen an zu blühen. 1994 war es die hier abgebildete Sorte ›Fringed Elegance‹ **(unten links)**. Erst wenn sich die Kronblätter öffnen, wird der gefranste Rand sichtbar. Sie gefielen uns so gut, daß wir sie auch 1995 beibehielten. Zur Abwechslung pflanzten wir dann *Narcissus* ›Unsurpassable‹ mit ihren großen, leuchtend goldgelben Trompetenblüten. Sie haben allen Launen der Witterung getrotzt und sich angesichts Feuchtigkeit, Kälte, überraschendem Sonnenschein, Hagel und wechselhafter Temperaturen erstaunlich gut gehalten.

Narzissen sind die Boten des Frühlings. Ihrem Duft und ihrer Frische gehört meine ganze Liebe.

In Kübeln wirkt der *Penstemon* **(oben)** ebenso farbenprächtig wie in der Rabatte. Hier sieht man den zuverlässig blühenden P. ›Rubicundus‹ mit weißem Schlund und hochrotem Trichter. Links davon, neben der Tür zu meinem Arbeitszimmer, haben sich bronzefarbener Fenchel und Wolfsmilch ausgesamt.

Lavatera ›Barnsley‹ **(oben)** ist hier umgeben vom filigranen Blattwerk eines von selbst aufgegangenen Fenchels. Die *Lavatera*-Blüten erscheinen beim Öffnen zunächst weiß mit dunkler Mitte, gehen mit der Zeit in einen blassen Roséton über, um schließlich ein leuchtendes Rosarot anzunehmen.

Mein Garten im Haus

Betrachten Sie eingehend das abwechslungsreiche Stein- und Muschelwerk (**oben**), das Simon Verity mit Unterstützung von Diana Reynell geschaffen hat. Wenden Sie sich dann der schönen Bepflanzung zu (**rechts**). Im Frühling wird aus diesem Raum ein zusätzliches Gewächshaus, und im Sommer empfange ich hier oftmals meine Gäste. Im Winter finden hier frostempfindliche Pflanzen Schutz. Die Pelargonie auf dem Tisch habe ich von Charlie Hornby bekommen, und in der Ecke steht P. ›Compton's Delight‹, die ab dem späten Winter ausdauernd blüht.

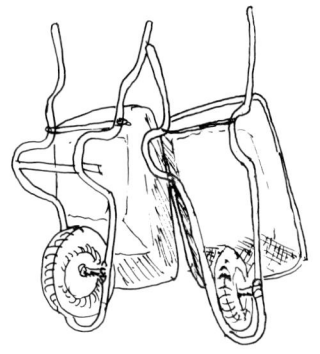

Instandhaltung des Gartens durch das Jahr

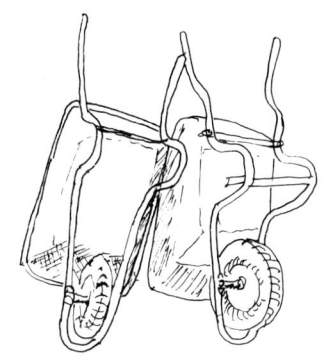

»Wie viele Leute kümmern sich um den Garten?« werde ich immer wieder gefragt. »Viereinhalb«, antworte ich, denn ohne mich mitzurechnen, entspricht dies dem Durchschnitt in den letzten Jahren. An manchen Tagen im Sommer sind bis zu sechs Mitarbeiter in den verschiedenen Bereichen tätig; im Winter zeitweise drei, und einmal in der Woche sind Les und Andy allein und freuen sich, daß sie, ohne ständig unterbrochen zu werden, ihren Aufgaben nachgehen können.

Als David und ich im Jahr 1951 hierherkamen, war Arthur Turner, der Obergärtner meines Schwiegervaters, ganz allein für den Garten verantwortlich. Wir beide verstanden uns gut, obgleich wir nie über Fragen der Aussaat (instinktiv wußte ich, daß das sein Bereich war) oder ästhetische Vorstellungen diskutierten – was wohl typisch gewesen sein muß für das Verhältnis zwischen Gartenbesitzer und Gärtner in der edwardianischen Zeit. Als die Arbeit für Arthur Turner zuviel wurde, bekam er Unterstützung von Charlie Beeks. Mit dem Rentenalter war dieser in eines unserer Cottages gezogen, um in seiner freien Zeit umzustechen, zu fegen und Ordnung zu schaffen. Dann kam Arthurs Schwager Fred Willis hinzu und half im Gemüsegarten mit. Andy betont immer wieder, wieviel er von Fred im Nutzgarten gelernt hat.

Eine neue Herausforderung stellte sich, als wir uns in den sechziger Jahren dazu anregen ließen, den Garten im Rahmen des »National Gardens Scheme« der Öffentlichkeit zugänglich zu machen. Obgleich dies zunächst nur an einem Sonntag im Jahr geschah, wurden wir dadurch gehörig zum Jäten, Schneiden und Mähen angespornt. In jener Zeit arbeitete Cecil Tomblin bei uns, und seine peinliche Sauberkeit wird mir stets beispielhaft in Erinnerung bleiben. Er war es auch, der 1963 meine Sprühnebelanlage installierte. Bald schon sollten wir einen solchen Überschuß an Pflanzen haben, daß es sich geradezu anbot,

Selbstgemachte Frühbeetkästen bieten den Jungpflanzen Winterschutz; mit Düngersäcken beschwert, halten sie auch starken Windböen stand.

einen Verkaufshof zu eröffnen. Mehr Pflanzen bedeuteten aber selbstverständlich auch mehr Pflegeaufwand und folglich mehr Helfer.

Bisher war ich immer in der glücklichen Lage, daß die Leute von selbst auf mich zugekommen sind und nach Arbeit gefragt haben – manchmal Leute aus dem Ort, manchmal Gartenbaustudenten oder Studierende anderer Fachrichtungen. Bisweilen reicht die Zeit nur für einen kurzen Aufenthalt, aber selbst ein einziger Sommer kann genügen, um ihre Kenntnisse zu erweitern und uns mit neuen Ideen zu inspirieren. Seit Arthur Turner 1975 in Rente gegangen ist, setzen die Gärtner und ich weit mehr auf Teamwork. Es ist meiner Ansicht nach ganz wichtig, das Arbeitsprogramm so einzuteilen, daß die richtige Aufgabe von der richtigen Person erledigt wird.

❀❀ ❀❀ ❀❀

Caroline Burgess kam schon als Schulmädchen nach Barnsley House; sie ritt die Ponys aus und besserte durch Jäten ihr Taschengeld auf. Nach Abschluß der Schule wollte sie Gärtnerin werden, und so betreute sie hier drei Jahre lang den Ziergarten, bis sie 1981 als Studentin nach Kew ging. Caroline war eine großartige Kraft, die sich durch äußerste Gewissenhaftigkeit auszeichnete. Sie ist inzwischen Obergärtnerin bei Frank Cabot in Stonecrop im Norden des Staates New York und plant, eine Schule für Gartenbau zu eröffnen. Nachdem Caroline uns verlassen hat, arbeitete Gillian Duckworth ein Jahr lang hier. Obgleich sie eine abgeschlossene Gärtner-lehre hatte, fehlte es ihr noch an praktischer Erfahrung. Hinzu kam, daß David und ich für vier Wochen in die USA fliegen wollten. Dennoch brauchte ich mich nicht zu sorgen, denn Gillian war klug genug, sich an den siebzigjährigen Fred Willis mit seiner langjährigen Erfahrung zu halten und, wo Muskelkraft gefragt war, den siebzehnjährigen Andy einzuspannen. Und so vermehrte sie nicht nur die frostempfindlichen Pflanzen zu unserer größten Zufriedenheit, sondern kam auch gut mit den Besuchern zurecht.

Um diese Zeit arbeitete John Scarman ein Jahr lang bei uns, um seine Kenntnisse zu vertiefen, bevor er sich bei David Austin auf Rosen spezialisierte und seinen eigenen Betrieb ›Les Roses du Temps Passé‹ eröffnete. Danach war John Clark fünf Jahre lang Obergärtner. Als er uns verließ, um in einer großen Gärtnerei zu arbeiten, übernahmen nach und nach Andy und Les Bailey als Obergärtner gemeinsam die Verantwortung. Andy war 1980 direkt von der Schule als blutiger Anfänger zu uns gekommen. Vom ersten Augenblick an war klar, daß wir uns verstehen würden. Als auch sein jüngerer Bruder Leslie mit der Schule fertig war, kam er ebenfalls zu uns, und so bildeten die beiden bis 1995 meine größte Stütze im Garten. Andy war für den Formschnitt, das Mähen und den Potager verantwortlich, während Les sich um den Ziergarten, die Vermehrung der Pflanzen und den Verkaufshof kümmerte. An drei Tagen in der Woche kommt das ganze Jahr über mein Enkel Anthony Verey mit seinem Motorrad angefahren. Gemeinsam erweitern wir beim Aussäen und Gemüseanbauen, beim Heckenstutzen und Düngen unsere Pflanzenkenntnisse und Erfahrungen. Am allerwichtigsten ist jedoch die Einsicht, daß wir nie ausgelernt haben.

In einem Garten wie diesem sind Fähigkeiten jeglicher Art gefragt. Außer den Obergärtnern haben uns die verschiedensten Helfer und Helferinnen unterstützt. Der auf dem Land aufgewachsene Mike Peace war von klein auf vertraut mit Pflanzen; außerdem hatte er einen sechsten Sinn, wenn es darum ging, Karnickelschaden aufzuspüren. Auch von seiner überdurchschnittlichen Körpergröße profitierten wir, denn Schnittmaßnahmen in der Höhe wurden automatisch ihm übertragen. Nicholas Lambourn kam direkt vom College und blieb eineinhalb Jahre bei uns; ihm und Andy verdanken wir ganz entscheidende Verbesserungen im Bereich des Potagers. So verschwand beispielsweise das mit Netzen bespannte Schutzgitter über den Obst- und Beerensträuchern, die Wege für das vierte Quadrat wurden angelegt und Spaliere erstellt. Sue Spielberg und Margie Trevelyan-Clark kamen beide von der Fachhochschule für Gartenbau und arbeiteten während ihres Studiums immer wieder in Barnsley. Wir freuten uns, daß wir so viel von ihrem theoretischen Wissen profitieren konnten, während sie hier ihre praktische Erfahrung erweiterten. Rupert Golby, inzwischen ein gefragter Gartengestalter und Spezialist für Kübelpflanzen, nahm in jenem Sommer, in dem er seinen eigenen Gartenbaubetrieb gründete, immer wieder die Gelegenheit wahr, vorübergehend zu uns zu kommen.

Auch die Betreuung der Besucher sowie die Vorbereitung der Pflanzen für den Verkauf nehmen in Barnsley House viel Zeit in Anspruch. Am meisten Arbeit fällt samstags an, und da die von Montag bis Freitag beschäftigten Gärtner frei haben, versuche ich die Lehrlinge auf die Samstage zu verpflichten. Obgleich Rachel Churchward, Sheila McCausland und Jilly Dare mitgeholfen haben, hätten wir auf die Un-

Purpurlaubiger Salbei als idealer Hintergrund für die Krokusse C. vernus ›Jeanne d'Arc‹

An den Ecken der Rabatten erregen die Horste von Iris reticulata *Aufmerksamkeit.*

Ganze Kolonien von Crocus sieberi ›Violet Queen‹ *blühen im Februar in unseren Rabatten.*

terstützung meines Sohns Christopher an den Samstagen im Sommer nicht verzichten können. Große Dankbarkeit schulde ich Sue le Fleming, die über mehrere Jahre zweimal wöchentlich kam, um die Sprühnebelanlage zu füllen, und ebenso dankbar bin ich Rosemary Hughes, die von Sue in diese Aufgabe eingewiesen wurde. Rosemary ist heute Expertin auf dem Gebiet der Stecklingsvermehrung, versteht aber ebenso gut, die Besucher zu führen. Maureen Harper gehörte zu unseren besten Helferinnen; sie hielt den Verkaufshof tadellos in Ordnung und kümmerte sich um die korrekte Beschriftung jeder Pflanze.

Auch von Studenten und Studentinnen aus Übersee kommen immer wieder Anfragen. Manche, die wie Kelly Horn von Tallahassee und Alex Smith von Atlanta Gartengestaltung studieren, setzen wir in möglichst unterschiedlichen Bereichen ein, um sie nach Kräften zu fördern. Außerdem empfehlen wir ihnen, auch andere Gärten zu besuchen. Barbara Robinson war unsere erstaunlichste »Studentin«. Sie ist inzwischen Vorsitzende der »Bar Association« von New York und hat in den vier Wochen, in denen sie hier war, einen denkwürdig guten Eindruck hinterlassen. Als leidenschaftliche Gärtnerin war sie jeder Aufgabe gewachsen und versichert mir heute, daß sie

Zauberhafte Spinnennetze im Winter zwischen den ausgebreiteten Zweigen eines Wacholders

ihren Garten in Connecticut nach ihren Erfahrungen in Barnsley umgestaltet hat. Ich hoffe, daß unsere anderen Mitarbeiter die Arbeit bei uns als ebenso beglückend empfunden haben, und wünsche mir, daß sie zu der Erkenntnis gelangt sind, daß Gärtnern nicht nur ein Beruf ist, sondern Ausdruck individueller schöpferischer Gestaltung und damit eine Bereicherung unseres Lebens.

Aber auch unsere anderen Helfer, die Hühner, möchte ich erwähnen, denn sie versorgen uns das ganze Jahr hindurch mit unentbehrlichem Kompost. Sie sind in den beiden Schweineställen beim Parkplatz untergebracht und haben weiten Auslauf. Wir füttern sie mit sämtlichen organischen Abfällen aus dem Garten und den Essensresten; zusätzlich

bekommen sie jeden Morgen Getreidekörner. Sobald sich ein Schubkarren nähert, versammeln sie sich aufgeregt am Tor ihres Geheges und picken und scharren, um die besten Bissen zu ergattern. Der Stickstoffgehalt ihres Mists fördert die Umwandlung der Garten- und Küchenabfälle in wertvollen Kompost. Um rund 60 cm steigt die Höhe ihres Auslaufs innerhalb eines Jahrs an, bis an einem eisigen Morgen Christopher mit dem Vorderlader kommt – wenn der Boden gefroren ist, hinterlassen die Räder des Traktors nämlich nicht so tiefe Spuren. Er lädt den verrotteten Hühnermist, schichtet ihn zu einem länglichen Haufen neben dem Hühnerstall auf und faßt ihn mit alten Holzplanken ein. Durch Wenden läßt sich der Verrottungsprozeß beschleunigen. Nach einiger Zeit bringen wir die an Stickstoff, Phosphaten und Spurenelementen reiche Erde auf unsere Rabatten und verwenden sie zum Topfen, denn sie enthält alles, was unsere Pflanzen brauchen.

Um Topfsubstrat zu gewinnen, muß die beim Hühnerstall aufgeschichtete Erde zunächst ausgesiebt werden. Danach mischen wir drei Teile davon mit einem Teil Kokosnuß-Schalen (für die Drainage) und einem Teil wiederaufbereiteten Torf, den wir in der Regel von einem kommerziellen Erzeuger kaufen. Auf diese Weise verwerten wir alten Torf, anstatt neu gestochenen zu kaufen. Ein Langzeitdünger (Vitax Potting Base) wird im Verhältnis von etwa 30 g pro Eimer hinzugefügt.

Unser Garten wird nicht streng organisch geführt – wir bekämpfen die Weiße Fliege im Gemüsegarten mit systemischen Pestiziden –, obgleich wir, wo immer möglich, organische Spritz- und Düngemittel verwenden. Im Bereich der Kiesauffahrt und der Wege im Potager kommen wir allerdings nicht ohne Herbizide aus. Angesichts der heutigen Arbeitslöhne ist diese Methode weitaus rationeller als das Jäten von Hand.

Auch wenn sich mit Hilfe von Maschinen und Herbiziden gewisse

Arbeiten im Garten zweifellos schneller erledigen lassen, ist der persönliche Bezug zum Garten nicht zu ersetzen. Wer jahrelang in ein und demselben Garten arbeitet, kennt dessen Eigenheiten wie die eines alten Freunds. So weiß ich inzwischen, wo am längsten Frostgefahr besteht, welche Stellen dem Wind am stärksten ausgesetzt sind und wo die ersten Frühlingszwiebeln blühen. Auch bin ich mir bewußt, daß, obgleich das Wetter jedes Jahr anders ist, die Routinearbeiten innerhalb der Jahreszeiten einer bestimmten Ordnung folgen. Aus diesem Grund sollten künftige Gärtner während der Lehrzeit versuchen, mindestens ein Jahr lang praktische Arbeit in einem Garten zu verrichten.

Januar, Februar und März

Januar, Februar und März sind ganz besondere Monate im Gartenjahr. Auch wenn wir meinen, die Natur ruhe, herrscht unter der Erde rege Aktivität. Die Würmer durchpflügen den Boden, und die Stauden bilden schon neue Wurzeln, um sich auf die kommende Saison vorzubereiten.

An einem sonnigen Tag, wenn der Boden gefroren und die Luft klirrend kalt ist, schneiden wir gern die laubabwerfenden Ziergehölze Eberesche, Holzapfel, Felsenbirne, Parrotie und Spindelstrauch. Die *Prunus*-Gehölze oder Zierkirschen schneidet man besser erst später, wenn sie im Saft stehen. Wir entfernen sämtliche sich kreuzenden Zweige und bemühen uns durch entsprechende Schnittmaßnahmen um eine ansprechende Größe und Kontur unserer Bäume; überdies versuchen wir, die Kronen möglichst licht zu halten. Auch im Innern der Koniferen schneiden wir das tote Holz aus – es ist erstaunlich, wie sehr sie davon profitieren. Den Goldregen schneiden wir ebenfalls an einem sonnigen Tag und binden die abstehenden Zweige ein. Bereits im Februar beginnen die Blütenknospen anzuschwellen, so daß man sie gut von den Blattknospen unterscheiden kann. Außerdem vergewissern wir uns, daß die Triebe der Glyzine nicht die Goldregenzweige ersticken.

Während die hochroten Triebe des Lindenwegs den ganzen Winter über herrlich aussahen, wird es nun Zeit, sie kräftig zurückzuschneiden.

Clematis cirrhosa var. *balearica, eine Freude im Winter, blüht im Schutz einer Südmauer drei Monate lang.*

Die verschiedenen Hartriegel bilden, sofern sie im März geschnitten werden, jeden Sommer schöne neue Triebe, ebenso die Weiden, insbesondere *Salix alba* ›Chermesina‹ (korrekterweise *S. a.* var. *vitellina* ›Britzensis‹), die eigentliche *S. a.* var. *vitellina* und *S. irrorata*. Unsere Perückensträucher werden individuell verschieden behandelt. Die inzwischen hohen Büsche im naturnahen Garten überlassen wir sich selbst. Bei *Cotinus coggygria* (Rubrifolius-Gruppe) wird das Holz des Vorjahrs bis auf etwas mehr als einen Meter zurückgenommen. Ein anderer Perückenstrauch im Vordergrund der Rabatte wird jedes Jahr im März auf Bodenhöhe zurückgeschnitten und bildet im Sommer an den etwa einen Meter langen, bogigen Trieben herrlich große Blätter.

Mit dem Schnitt der graulaubigen Sträucher wie Heiligenkraut, den strauchigen *Artemisia*-Arten, Salbei, *Ruta* und Lavendel warten wir bis März, denn das Holz des vergangenen Sommers dient zugleich als Schutz gegen starken Frost.

Als die *Quercus ilex* allem Anschein nach einzugehen drohte, nachdem sie im Sommer zuvor üppig geblüht hatte, riet man mir, im Umkreis der ausladenden Zweige kreisförmig die Rasensoden abzunehmen und Knochenmehl zu streuen, um auf diese Weise die Wurzelspitzen mit Nährstoffen zu versorgen. Außerdem bohrten wir Löcher, in die wir Blutmehl gaben. Dies wirkte Wunder und reaktivierte die Kräfte des alten Baums.

Unsere alten Apfelbäume schneiden wir im Februar, bevor der Saft steigt, indem wir das Holz des Vorjahrs bis auf zwei Fruchtknospen zurücknehmen. Je kräftiger ein Apfelbaum wächst, desto später sollte er geschnitten werden, um seine Wuchsfreude einzudämmen und den Ertrag zu steigern. Die Kletterrosen an der Mauer werden ebenfalls geschnitten und am Drahtgitter aufgebunden.

Tätigkeiten, die nur indirekt mit dem Garten zu tun haben, wie Verwaltungs- und Instandsetzungsarbeiten, wiederholen sich an kalten Tagen, wenn Schnee, Regen oder der Wind uns ins Haus verbannen. Geräte werden gereinigt und gewartet, Frühbeetkästen und Stiele repariert, Türen gestrichen, die Schuppen mit den Blumentöpfen aufgeräumt und Gartenmöbel gereinigt und ausgebessert. Chemikalien werden sortiert und notfalls ausgesondert, wenn sie ihre Wirkung verloren haben. Auch die Berge alter Kataloge werden ausgemustert, Namensschilder geschrieben, Blumentöpfe und Saatschalen geschrubbt. Die Fenster des Gewächshauses müssen geputzt werden, damit möglichst viel Licht hereinkommt. An Tagen, an denen es schneit, zeigt sich, welche Scheiben wir ersetzen müssen; Risse lassen sich provisorisch mit Watte zustopfen.

Zu meinen Lieblingsarbeiten im Haus gehört das Sortieren und Reinigen der Samen, die wir im letzten Jahr gesammelt und in einem alten Kühlschrank gelagert haben. Sobald wir zusammengestellt haben, was an Samen aus dem Garten vorhanden ist, wissen wir, was zusätzlich gekauft werden muß. Die Aussaat in Pflanzschalen im Gewächshaus gehört zu den Routinearbeiten an kalten und wechselhaften Tagen im Februar, wenn draußen der Boden gefroren ist. Die konstante Wärme der Heizkessel erzeugt genau die richtige Temperatur für den Keimprozeß der Samen. Die Aussaat ist allerdings nur der erste Schritt im Leben einer Pflanze. Die Sämlinge brauchen Pflege und Platz, wo sie untergebracht werden können. Wir müssen also achtgeben, daß nicht zu viele schnell wachsende Pflanzen in die Gewächshäuser gepfercht werden, die immer mehr Raum und Licht beanspruchen, bis es endlich warm genug ist, daß man sie ins Freie oder in Frühbeete setzen kann. Für einige Wochen stellen wir deshalb zusätzliche Tische für Sämlinge in den Wintergarten.

Frühen Kohl, Kopfsalat und Blumenkohl säen wir gewöhnlich Mitte Februar aus. In der Regel haben wir sechs verschiedene Sorten Kopfsalat, die wir in Abständen aussäen, angefangen beim robusten ›Tom Thumb‹ über ›Little Gem‹ und ›All the Year Round‹ bis zu den eher ungewöhnlichen roten und grünen Sorten ›Rubens Romaine‹, ›Rouge Grenobloise‹ und ›Merveille des Quatre Saisons‹. Wir säen aber auch Zierkohl und roten italienischen Zichoriensalat wie ›Rossa di Treviso‹ und ›Rossa di Verona‹. Selbst im Ziergarten zwischen Sommerblumen wie *Diascia* kommt Zichoriensalat schön zur Geltung.

Blumensamen wie *Nicotiana* und *Salvia patens*, die in der Regel im Juli blühen, sind auf einen guten Start angewiesen, während *Rudbeckia* ›Marmalade‹ und *Lavatera* ›Mont Blanc‹ weit besser im März ausgesät werden. Anfang Juni sind sie dann zum Auspflanzen groß genug. Das gleiche gilt für *Nicotiana langsdorffii* und die herrlich altmodischen Duftwicken.

Jedes Jahr säen wir eine Reihe eher exotischer Pflanzen. Dazu gehört die ausnehmend schöne blaßgelbe Stockrose, die ich vor Jahren über Ryan Gainey in Atlanta bekommen habe; er selbst hatte sie aus Monets Garten in Giverny. Inzwischen lassen wir diese Stockrosen im Gemüsegarten aussamen. Wie Senf und Kresse keimen die Samen der hübschen rosaroten Kletterpflanze *Maurandya barclayana*, so daß wir sie nach kürzester Zeit pikieren müssen. Nachdem ich im März eine *Rehmannia elata* gekauft hatte, konnte ich mir im darauffolgenden Jahr meine eigenen Pflanzen aus den Samen ziehen. Die rosavioletten Blüten haben einen blaßgelben Schlund mit dunkel kastanienbraunen Flecken. Während der Blütezeit bilden sich zahlreiche unterirdische Ausläufer, die alle im kommenden Januar soweit herangewachsen sind, daß man sie verpflanzen kann. *Francoa ramosa* eignet sich besonders für Treppen oder andere Stellen, die es hervorzuheben gilt. Sie läßt sich ganz leicht aus Samen oder durch Teilung im Winter vermehren.

In den Monaten nach Weihnachten kann im Gemüsegarten bereits eine Menge Arbeit anfallen. Im Januar versuchen wir, sofern es das Wetter erlaubt, mit dem Umgraben fertig zu werden. In die für Erbsen und Bohnen vorgesehenen Beete arbeiten wir reichlich organischen Dünger ein. Im Februar bringen wir die Frühkartoffeln ›Home Guard‹ zum Keimen; sie werden so in Kisten gelegt, daß die Seite mit den

---

Frühlingsboten im Garten von
Barnsley House

Anemone blanda, Aurikeln, Bergenien, *Cheiranthus*, *Chimonanthus fragrans*, *Choisya ternata*, Christrose, *Clematis cirrhosa* var. *balearica*, *Corylus*, Duftblüte, Elfenblume, *Garrya elliptica*, *Hamamelis mollis*, *Helleborus argutifolius*, *H. foetidus*, Hyazinthe, *Iris histroides*, *I. unguicularis*, Kerrie, Kornelkirsche, Krokusse, Leberblümchen, *Lonicera fragrantissima*, Lungenkraut, *Mahonia japonica*, *M. j.* Bealei-Gruppe, Narzissen, Nieswurz, *Oemleria* (*Nuttallia*, *Osmaronia*), *Pachyphragma macrophyllum*, Parrotien, *Polyanthus*, Primeln, Puschkinie, *Rubus spectabilis*, *Salix* spp. (Kätzchen), *Sarcococca*, Scheinhasel, Scheinquitte, Schlüsselblume, Schneeball, Schneeglöckchen, Schneestolz, Schöterich, Schwertlilie, Scilla, Seidelbast, Stiefmütterchen, *Symphytum grandiflorum*, Tulpen spp., Veilchen, Winterjasmin, Winterling, Wolfsmilch

---

meisten Augen nach oben schaut; auspflanzen kann man sie dann in der ersten Märzwoche. Vorbereitend legen wir eine Bahn Schwarzfolie auf den Boden, verankern sie und schneiden dann in Abständen von 60 cm eine Reihe Kreuzschlitze mit einem Durchmesser von 10 cm ein. In jeden Schlitz geben wir eine Knolle, die wir zur Hälfte im Boden vergraben und dann mit Torf abdecken. Darüber kommt durchsichtige Lochfolie (sie wird Anfang Mai abgenommen), um die jungen Schößlinge vor Frost zu schützen. Auf diese Weise muß nicht jede Wurzel einzeln ausgegraben werden, denn Anfang Juni entfernen wir einfach die Schwarz- oder Mulchfolie und lesen die neuen Kartoffeln auf.

Ende Februar sind die Salat- und Blumenkohlsetzlinge erfahrungsgemäß so groß, daß man sie eintopfen kann. Wenn sie Mitte März genügend abgehärtet sind, werden sie in den Gemüsegarten umgepflanzt und mit Treibglocken oder Vlies abgedeckt. Dann können wir auch die frühen Karotten und den immer wieder nachwachsenden Spinat im Freiland aussäen und mit Lochfolie abdecken. Die im November gesäten Puffbohnen müssen später durch Zweige gestützt werden.

Ende Februar pflanzen wir im Gewächshaus die Zwiebelsetzlinge in Saatschalen, damit sie Wurzeln bilden und bis Mitte März in die vorbereiteten Beete gesetzt werden können. Wenn man sie ohne Wurzeln auspflanzt, treiben die Vögel ein wüstes Spiel mit ihnen. Dann werden Erbsen, Bohnen und verschiedene Salate gesät.

Was im Herbst gepflanzt wurde, ist den Winter über erntereif. So haben wir nicht nur Brokkoli, Winterkohl, Rosenkohl und Pastinaken, sondern auch Rotkohl, Lauch und oft etwas Spinat. In manchen Jahren ziehen wir Grünkohl, der auch großer winterlicher Kälte trotzt.

Manchmal tut es auch einfach gut, sich von daheim loszureißen und eine Blumenausstellung der Royal Horticultural Society in London zu besuchen. Die Namen der schönsten notiere ich in meinem »Gartenbuch«, damit ich sie, ohne Kataloge zu wälzen, im Herbst gleich

Unter Schwarzfolie gepflanzte Frühkartoffeln werden mit durchsichtiger Lochfolie gegen Frost geschützt.

bestellen kann. Ein geradezu aufregendes Erlebnis bietet im Januar und Februar die *Iris reticulata*, die mir erstmals auf einer dieser Ausstellungen ins Auge fiel. Ich habe mir vorgenommen, jeden Herbst ein paar zu kaufen und sie auf verschiedene Stellen wie in flache Töpfe, Kübel oder Beetecken zu verteilen. Die eingetopften Pflanzen stellen wir, sobald sie blühen, ins Haus.

Wenn Sie die Augen offenhalten, wird Ihnen die Natur auch den Winter über viel Schönes bieten. Betrachten Sie den Rauhreif, der die immergrünen Gehölze und Spinnweben überzieht, das Schattenmuster des schräg einfallenden Lichts auf dem Rasen, freuen Sie sich an dem überraschenden Duft früher, winterblühender Sträucher wie Schneeball, *Chimonanthus*, *Sarcococca* und jenem Schuß Gold von Winterjasmin – Erlebnisse über Wochen! Mit etwas Vorbereitung im Herbst können Sie sich aber auch an Driften weißer Krokusse und dem Anblick von *Iris reticulata* an den Ecken der Beete freuen.

April und Mai

Der Frühling beginnt für mich, wenn ich die Blattknospen an den laubabwerfenden Bäumen und Sträuchern fast unmerklich anschwellen sehe – ein Zeichen dafür, daß der Saft steigt und der Garten erneut zu leben beginnt. Die Blüten der ersten winterblühenden Zwiebeln sind schon am Verwelken, aber Tausende andere lösen sie ab. Überall treiben junge Schosse aus, und voreilige Stauden bilden bereits erste Blätter. Am schönsten finde ich, wenn sich der Frühling langsam ankündigt. Dann nämlich fällt selbst die kleinste Veränderung ins Auge, auch wenn jeder warme Tag einen wahren Wachstumsschub auslöst.

Immer wieder gönne ich mir Zeit, stehenzubleiben, um zu spüren, wie sich die Stimmung allmählich wandelt, auch wenn es natürlich stets viel zu tun gibt. Wer jetzt nämlich sein Arbeitspensum schafft, wird durch einen üppig blühenden Frühsommergarten belohnt. Wir gehen regelmäßig durch die Rabatten, schneiden die verwelkten Köpfe der

Tulpen und Narzissen ab und halten das Unkraut im Zaum. Noch lassen sich die jungen Sämlinge leicht ausreißen; wenn sie erst einmal größer sind, braucht es doppelte Zeit, um sie auszurotten. Folgen Sie also dem Rat, den John Evelyn seinem Gärtner gab:

»Sei vor allem auf der Hut, daß das Unkraut, insbesondere Nesseln, Löwenzahn, Kreuzkraut und sämtliche behaarten Ackerunkräuter, nicht zum Aussamen kommen, denn es würde mit einem Schlag den ganzen Boden verseuchen. Aus diesem Grund gilt es, dem Unkraut beim ersten Sprießen im Frühling zu Leibe zu rücken, ganz gleich welch andere Arbeit darüber vernachlässigt wird. Malven, Disteln, Bohnenwinden und Quecken müssen ausgegraben, der Boden durchgerecht und die Wurzelreste herausgelesen werden.«

Das viktorianische Gewächshaus im April. Noch immer ist das gewölbte Dach zur Isolation mit durchsichtiger Lochfolie bedeckt.

Einen ständigen Kampf führen wir gegen den schier unausrottbaren Giersch, den wir im April und Mai mit einem Herbizid behandeln.

Auch die Pflege der Rasenflächen gehört inzwischen zu den Routinearbeiten. Wir verwenden im Frühjahr zunächst ein Moosvertilgungsmittel und bringen dann regelmäßig Dünger, kombiniert mit einem Herbizid auf, um breitblättriges Unkraut, wie Wegerich, Gänseblümchen und Hahnenfuß, unter Kontrolle zu halten. Gemäht wird der Rasen mit einem Zylindermäher. Zur Bekämpfung des Unkrauts haben wir eine vortreffliche Maschine, ähnlich einem Rückenspritzgerät, aber mit Rädern versehen. Er drückt sich genügend in den Boden ein, so daß man sehen kann, wo schon gearbeitet wurde, und man sich die zeitraubende Arbeit mit Schnur und Stöcken ersparen kann.

Danach mieten wir uns einen Vertikutierer, um die abgestorbenen Teile und den Filz, der sich seit dem vergangenen Sommer im Gras gebildet hat, zu lockern und auszureißen. Man darf unmittelbar nach dieser Prozedur allerdings keinen Vorzeigerasen erwarten und wird sich wahrscheinlich vielmehr entsetzt fragen, was man falsch gemacht hat und ob sich der Rasen je wieder erholt. Vor einigen Jahren haben wir uns einen Laubsauger gekauft; er wirkt Wunder beim Aufnehmen der abgestorbenen Graspartikel im Rasen.

Saubere Kanten runden das Bild eines ohnehin gepflegten Gartens ab. Ursprünglich verwendeten wir dafür einen speziellen Rasentrimmer, aber da die Batterie regelmäßig geladen werden mußte, sind wir inzwischen zu Scheren mit langen Griffen übergegangen. Damit ist man auch in schwer zugänglichen Ecken weitaus flexibler als mit einer Maschine.

Der Rasen spielt eine bedeutende Rolle in den Gärten Englands, und obgleich ich einen tadellos gepflegten »Teppich« bewundere und vielleicht gar neidvoll betrachte, bin ich mit unserem eigenen zufrieden, der trotz eines gewissen Quantums an Unkraut und Hunderter von Füßen den ganzen Sommer über herrlich grün ist. Manche Stellen, die durch allzu häufiges Betreten beschädigt sind, oder Flecken, auf denen sich Veilchen und andere Pflanzen uneingeschränkt ausbreiten durften, müssen neu belegt werden. Wir verwenden dafür Grassoden, die wir an anderer Stelle ausgegraben haben, oder greifen auf Rasenstreifen zurück, die bei der Anlage eines neuen Blumenbeets abfallen.

Im April und Mai wirken die Aurikeln im Blumenkübel am schönsten. Obgleich Aurikeln anspruchsvoller sind als Primeln, ziehe ich sie doch vor. Ende Mai muß man sich dann gezielt um die Kübel kümmern. Der Reigen der Zwiebelblumen ist zu Ende, und die verschiedenen Pelargonien warten nur darauf, ihr Winterquartier zu verlassen. Seit Jahren kombinieren wir unsere efeublättrige Pelargonie »Best Mauve« mit Strohblumen und wenigen Duftpelargonien. Auch die efeublättrige Pelargonie ›Hederinum‹ gehört dazu; wir zogen sie aus Stecklingen, die wir ursprünglich von einer üppig blühenden Pflanze auf unserer Hotelterrasse in der Normandie geschnitten hatten. Die Blüten entfalten sich zunächst intensiv rosarot und nehmen dann allmählich hellere Rosaschattierungen an, so daß sie stets Ton-in-Ton leuchten. Durch eine derart dichte Bepflanzung zeigt sich den ganzen Sommer über ein verschwenderisch üppiges Bild. So empfängt mich mit diesen Kübeln, wann immer ich aus meiner Haustür trete, augenblicklich die ganze Fülle des Sommers. Die Bepflanzung der Kübel auf meiner Veranda beschränkt sich ganz auf Gelbtöne, die sich hübsch mit dem Honigton des Cotswold-Steins verbinden. Der gelbe, margeritenblütige Zweizahn windet sich durch die Strohblumen, die den golden panaschierten Buchs umgeben. Solche Kombinationen bieten über lange Zeit ein erfreuliches Bild. Andere Kübel im Garten sind mit Salbei und *Diascia* gefüllt. James Compton brachte von seinen Expeditionen in Mexiko zahlreiche herrliche Salbeipflanzen mit, die man in Newby Hall in Yorkshire bewundern kann. Mehrere bekam ich auch von Dan Hinkley aus der Heronswood-Gärtnerei in der Nähe von Seattle. Die lebhaft blaue *Salvia patens*, die wir jedes Jahr aus Samen ziehen und in großzügigen Gruppen an die Ecken der Beete oder besonders augenfällige Stellen setzen, bilden mit ihrer leuchtenden Farbe den ganzen Sommer über einen Blickfang. Die ungewöhn-

Für mich gehören Aurikeln mit ihren feinen Farbtönen und den klaren, ringförmigen Markierungen zu den hübschesten Frühlingsblumen.

licheren Salbeiarten müssen sorgfältig betreut werden. Die Mutterpflanzen werden in Kübel gesetzt, wo allzu wuchsfreudige Sommerblumen oder Stauden in den Rabatten sie nicht erdrücken können. Ich weiß sehr wohl, daß mir eine Spezialisierung auf eine bestimmte Art nicht liegt, und ich werde auch nie die Geduld aufbringen, einen vorbildlichen Steingarten zu schaffen. Deshalb müssen die liebevoll gehegten Pflanzen, die ich von Freunden bekomme, in Sicherheit gebracht werden, denn nichts würde mich mehr betrüben, als sie zu verlieren.

Einmal ist es der Ziergarten, der unsere ganze Aufmerksamkeit erfordert, dann wieder der Potager. Wenn sich die Osterglocken und später die Tulpen in den Rabatten vornüberneigen und schließlich verblüht sind, können wir ausdauernd blühende Pflanzen wie *Penstemon* (Bart-

faden), Schöterich, *Nicotiana*, Salbei und Lobelie dazwischen setzen. Trotz all dieser Vorbereitungen für den Sommer dürfen wir nicht versäumen, längerfristig zu planen. So sind wir praktisch ständig am Säen, sei es in Schalen oder speziell vorbereitete Saatbeete. Wenn es uns gelingt, Nachtviolen, Akeleien, Rittersporn, Lupinen und eine Reihe anderer Blütenpflanzen im Frühsommer heranzuziehen, werden wir uns im kommenden Jahr an einem Meer von Blumen erfreuen dürfen.

Im Mai gibt es im Potager einiges zu tun, denn wir pflanzen so viele Setzlinge wie nur möglich, um sicher zu gehen, daß wir das ganze Jahr über auch reichlich Gemüse haben. Außerdem hat man beim Ernten so herrlich Zeit, über künftige Pläne nachzudenken.

Juni und Juli

In der Zeit von Mai bis Anfang Juni vollzieht sich ein dramatischer Wandel im Garten, der zugleich Arbeit in jedem Beet mit sich bringt. Die Vergißmeinnicht, die inzwischen verblüht sind, werden ausgerissen und zum Kompostieren in den Hühnerstall gebracht, die Schlüsselblumen und Primeln ausgegraben, geteilt und in Reihen in einer schattigen Ecke des Potagers eingeschlagen, damit sie im kommenden Herbst erneut gepflanzt werden können.

Von den meisten schneiden wir die Samenstände ab; einige, die durch besonders schöne Blütenfarben auffallen, lassen wir allerdings ausreifen, um einen ausreichenden Bestand zu sichern. Während die Tulpen unter dem Goldregen im Boden bleiben, graben wir andere wie etwa die zwischen den Funkien und unter den laubabwerfenden Sträuchern aus, um sie in mit Erde bedeckte Kisten zu legen und abtrocknen zu lassen. Die inzwischen abgehärteten Pflanzen wie Salbei, *Penstemon*, Lobelien, *Diascia* und alle Einjährigen, die groß genug sind, füllen die Lücken. Stiefmütterchen und *Viola* tragen in dieser Zeit ganz entscheidend zum Bild der Rabatten bei, bis sich schließlich die Stauden entfalten. Damit verabschiedet sich der Frühlingsgarten und gibt den Weg für den Frühsommer frei.

Im übrigen beherzigen wir John Evelyns Rat: »*Stell deine Orangen, Zitronen und ähnlich empfindlichen Pflanzen nie ins Freie, selbst wenn sich die Witterung noch so lieblich geben mag, ehe nicht die Maulbeerbäume ausgetrieben haben.*« Wir besitzen zwar nur einen Zitronenbaum, aber Evelyns weiser Rat läßt sich auf alle kälteempfindlichen Pflanzen übertragen. Die *Echeveria* ›Imbricata‹ verteilen wir da und dort auf die Ecken der Rabatten; kombiniert mit bronzelaubigem Günsel bilden sie unter den immergrünen *Hebe*-Sträuchern einen ausgesprochen hübschen Teppich. Die weiße Margerite, *Argyranthemum frutescens*, die wir über den Winter gerettet haben, indem wir sie hereinnahmen, werden in großen Horsten zusammen mit dunkelrotem Bartfaden ausgepflanzt. Auch für *Francoa ramosa* ist die Zeit im Gewächshaus vorüber; die Pflanzen werden, falls erforderlich, geteilt und umgetopft. Die für den Verkauf vorgesehenen setzen wir in Plastiktöpfe, die restlichen, die wir für uns behalten, schmücken in alten Terrakottatöpfen (25 cm Durchmesser) die Treppenstufen oder andere Stellen im Garten. Sie blühen im August und September. Andere Tonkübel, die im Frühling mit Zwiebelblumen gefüllt waren, werden nun mit den bereits blühenden blauen Margeriten (*Felicia*) und Fuchsien bepflanzt. Das viktorianische Gewächshaus, das den ganzen Winter über bis unter das Dach mit Pelargonien, *Felicia*, Fuchsien und Sukkulenten gefüllt war, muß gereinigt und von der Weißen Fliege befreit werden. Das ist allerdings leichter gesagt als getan – wir sprühen regelmäßig mit unterschiedlichen Pestiziden und hängen zusätzlich klebrige Gelbtafeln auf. Dennoch haben wir keinen durchschlagenden Erfolg, so daß ich mir überlege, ob wir es nicht einmal mit der biologischen Methode versuchen und die empfohlenen Nützlinge (Raubinsekten wie etwa Schlupfwespen) einsetzen sollten.

Bestimmte Tätigkeiten wiederholen sich beinahe täglich, andere wöchentlich. Montags werden sämtliche Wege im Garten gefegt. Wenn der Sturm eine Menge Blätter und Zweige heruntergeschlagen hat,

Im April verteilt Les da und dort Salvia patens *und* Parahebe lyallii, *die im Juli farbenprächtig blühen.*

kommt unser Laubsauger zum Einsatz. Auch der Rasen muß regelmäßig gemäht, und die Kanten müssen sauber abgestochen werden, wobei wir uns unmöglich jede Woche die gesamte Länge vornehmen können.

Obgleich im Juli die meisten Lücken in den Rabatten gefüllt sind, mache ich fast jeden Tag zusammen mit einem meiner Gärtner einen Rundgang. Dabei notiere ich in meinem Tagebuch, was als nächstes ansteht. Außerdem haben wir Scheren und einen Eimer bei der Hand, um kleinere Arbeiten wie das Abschneiden verwelkter Blüten sofort zu erledigen. Glockenblumen und Margeriten beispielsweise blühen ausdauernder, wenn man Verblühtes ausbricht. Andere wie *Phlomis russeliana* bilden so hübsche Samenstände, daß wir sie stehenlassen. Von manchen Pflanzen müssen wir sie allerdings entfernen, weil sie sich andernfalls erbarmungslos aussamen. Dazu gehören der Zierlauch unter dem Goldregen und *Angelica* im Umkreis des Brunnens. Instinktiv weiß ich, wann es Zeit ist, den Frauenmantel, *Alchemilla mollis*, und die Süßdolde, *Myrrhis odorata*, bis auf die Basis zurückzuschneiden, bevor ihre Samen reifen und sich über den ganzen Garten verteilen. Danach werden sie gegossen und gemulcht, um das Wachstum erneut anzuregen. Beide bilden innerhalb von wenigen Tagen einen Teppich frischer, junger Blätter.

Es gibt aber auch Pflanzen, die lediglich einmal blühen und danach nur noch durch welke Blätter auffallen. In diese Kategorie gehören der Türkische Mohn und der Storchschnabel *Geranium pratense*. Sie blühen gleichzeitig, aber wenn dann Mitte Juli ihr Schauspiel vorüber ist, schneiden wir ihr Laub bis auf die Basis zurück und setzen *Penstemon* aus dem Verkaufshof dazwischen, der dann, umgeben von jungen Mohn- und Storchschnabelblättern, im Spätsommer blüht. Von vielen anderen Pflanzen sammeln wir die Samen. Manche bewahren wir bis zur Aussaat im kommenden Jahr auf, andere säen wir direkt in Saatbeete, auch wenn nicht alle bis zum nächsten Frühjahr keimen.

181

Im Tagebuch festgehalten wird auch der Sommerschnitt der im Juni blühenden Sträucher wie Falscher Jasmin, Weigelie und Kolkwitzie, der nach der Blüte jederzeit möglich ist. Denn durch das Ausschneiden zahlreicher Blütentriebe wird das Wachstum neuer Triebe angeregt, die dann im darauffolgenden Jahr blühen. Außerdem notieren wir, was an Stecklingen für die Sprühnebelanlage geschnitten werden kann.

Montags und freitags muß der Verkaufshof mit neuen Pflanzen aus dem Hof bei den Kuhställen, dem »Tunnel« und anderen Bereichen bestückt werden. An turbulenten Samstagen im Juni und Juli sind drei Leute mit der Beratung der Besucher beschäftigt. Während die Pflanzen verkauft werden, füllen wir die Lücken mit allem, was gerade blüht oder im Augenblick gut im Garten zur Geltung kommt und bei den Kunden erfahrungsgemäß Anklang findet.

Im Juni und Juli fällt im Gemüsegarten eine Menge Arbeit an, vom Säen über das Pflanzen bis zum Ernten. Auch wenn kein Jahr wie das andere ist, bleiben die Routinearbeiten im großen und ganzen gleich. Wir säen immer wieder Kopfsalat, Feuerbohnen und Grüne Bohnen, als Hauptfrucht rote Bete, Gemüsekürbisse und Zucchini, Spinat und Mangold. Der weiß- und rotblättrige Brokkoli sowie Rosenkohl, Lauch, Zuckermais und Blumenkohl, die Winter- und Rotkohlsetzlinge, die wir im Mai ins Freiland oder in Multitopfplatten ausgesät haben, sind nun soweit, daß man sie pflanzen kann. Wir bemühen uns, jeden Bereich zu füllen, und halten uns an den Fruchtwechsel von Erbsen und Bohnen, denen die Kohlpflanzen folgen und schließlich die Wurzelgemüse. Die meist einjährigen Unkrautsämlinge müssen ausgerissen werden; nachdem wir über Jahre von Hand gejätet haben, sind wir die meisten hartnäckigen Unkräuter wie Löwenzahn und Disteln endlich los.

Ich freue mich, wenn überall zwischen dem Gemüse Blumen hervorschauen. Die Blüten der Hochstammrosen ›Little White Pet‹ müssen nach dem Verblühen sorgfältig ausgebrochen werden. Manche der Stockrosen, die hier seit vielen Jahren zuverlässig blühen und mehr als mannshoch werden, haben sich selbst ausgesät, nachdem wir sie

Andy setzt im Juni den aus Samen gezogenen rotblättrigen Rosenkohl in Reihen in den Potager.

einst im Saatbeet aus Samen heranzogen. Der gelbe Scheinmohn hat sich selbst leider an den ungünstigsten Stellen angesiedelt und taucht auch zwischen der Buchseinfassung auf. Sie wird Anfang Juli gestutzt, nachdem der Buchs im Ziergarten geschnitten ist, was stundenlange Arbeit bedeutet. Auch die Weißdornbüsche lassen sich nach der Blüte jederzeit zurückschneiden. Der zinnenartige Abschluß der Hecken wird ebenso nachgeschnitten wie die großen kugelförmigen Schöpfe der Hochstämmchen.

August und September

Das überschäumende Bild unserer Rabatten im Juni und Juli nimmt Ende August allmählich einen ruhigeren Charakter an. Die Pflanzen wachsen nicht mehr so ungestüm, manche Stauden zeigen erste Ermüdungserscheinungen, und die später blühenden Margeriten bestimmen das Bild. Noch immer wirken die Rabatten üppig und voll, aber glauben Sie ja nicht, man könne den Garten nun sich selbst überlassen.

Nun ist es an der Zeit, früh morgens oder abends, wenn das Licht klar, aber nicht zu grell ist, aufmerksam durch die Rabatten zu gehen und aufzuschreiben, welche Farbkombinationen am schönsten wirken. Hübsche Partner für den vorderen Bereich sind *Diascia* und blaue *Felicia*, die ausdauernd blühen, wenn man Verwelktes ausbricht; im übrigen passen sie gut zu den mauvefarbenen und blauen Blüten der *Viola*. Als Vorschlag für Begleitpflanzen finde ich in meinen Notizen Edelraute oder *Artemisia alba* ›Canescens‹. Nehmen Sie sich auch Zeit, sich über Form und Habitus der höheren Pflanzen und ihre Wirkung in der Rabatte klarzuwerden. In Barnsley versuchen wir die Pflanzen, nur wenn es unbedingt erforderlich ist, anzustäben, obgleich Akanthus, hohe Lobelien, Eisenhut und die einjährigen *Lavatera*-Sorten ›Mont Blanc‹ und ›Silver Cup‹ zweifellos von einem stützenden Bambusstab profitieren. Das Gedeihen vieler Stauden hängt von der Niederschlagsmenge ab. *Anthemis tinctoria* ›E. C. Buxton‹ kann über einen Meter hoch werden, und da die Korbblüten ununterbrochen bis zum ersten Frost blühen, empfiehlt es sich, die Pflanzen einzeln anzustäben.

In den Tagesplänen meiner Aufzeichnungen erscheinen immer wieder Routinearbeiten wie das Schneiden und Ausbrechen welker Blüten, Pflegemaßnahmen allgemeiner Art und das Vorbereiten von Stecklingen. Die langen Arme der Glyzine am Haus und am Goldregenweg müssen bis auf zwei Knospen zurückgeschnitten werden, weil sie sonst im folgenden Jahr nicht blühen. Ich habe inzwischen die Erfahrung gemacht, daß Stecklinge von Stechpalmen am ehesten Wurzeln bilden, wenn sie im August oder September geschnitten werden. Das bedeutet, daß man sie, sofern sie als Formbäume gezogen werden, im Spätsommer schneidet und das abgeschnittene Material als Steckholz verwendet. Es erstaunt mich übrigens immer wieder, daß so wenige Leute wissen, wie einfach sich der Bestand an Gehölzen vermehren läßt. Wir haben auf der Nordwestseite eines Wegs ein Beet mit gut durchlässigem, sandigem Boden angelegt, das wir jedes Jahr für verholzte Steckhölzer von *Ribes*, *Spiraea*, Weigelie, gold- und silberlaubige Liguster, *Ruta*, Rosmarin, *Hebe*, Hartriegel mit goldenen und roten Zweigen und die verschiedenen Weiden nutzen. Den Winter über decken wir das Beet zum Schutz vor extremen Witterungseinflüssen mit Lochfolie ab. Wir nehmen aber auch halbreife Stecklinge von Lavendel. Die Erfahrung hat gezeigt, daß nahezu alle Wurzeln bilden, wenn sie in dieser Zeit geschnitten werden. Kletterrosen werden gesetzt, sobald sich die Stacheln ohne Verletzen der Rinde sauber abbrechen lassen.

Anfang Juli schneidet Andy im Potager die Buchseinfassungen in Form.

Die Blüten des Goldregens müssen spätestens, wenn sie welk sind, entfernt werden, da die Samen hochgiftig sind. Danach machen wir uns an den Lindenweg und nehmen alle neuen Triebe heraus, die das symmetrische und gepflegte Bild stören. Die Geißblatthecke (*Lonicera nitida*) beim Eingang zum Parkplatz wird ein zweites Mal gestutzt, und die »Puffer« aus goldlaubiger *L. n.* ›Baggesen's Gold‹, die die Basis der Lindenstämme umrahmen, werden ebenfalls wieder in Form geschnitten. Gleichzeitig werden die Efeugamaschen, die die Lindenstämme umgeben, strikt auf 40 cm Höhe gehalten, da sie mir, sobald sie höher sind, nicht gefallen. Außerdem schneiden wir im August die Eiben-

hecken mit elektrischen Heckenscheren in Form. Die Buchenhecke ist erst später an der Reihe.

In den Blumenrabatten werden jedes Jahr im August/September die verschiedenen *Viola* zurückgeschnitten, insbesondere *Viola cornuta* und andere Sorten wie *V.* ›Atlanta‹ und *V.* ›Belmont Blue‹. Nach einer Düngung mit Phosphor und Stickstoff oder einer entsprechenden Mulchgabe treiben sie ziemlich rasch wieder aus, so daß wir Stecklinge schneiden können. Die Sonnenröschen auf dem mittleren Weg zwischen den Irischen Säuleneiben werden ebenfalls bis oberhalb der neuen Triebe zurückgeschnitten, und auch hier ergeben die jungen Schosse ausgezeichnetes Stecklingsmaterial. Bei schönem Wetter müssen sämtliche Kübel und Töpfe mindestens einmal pro Woche reichlich gegossen werden. Zusätzlich erhalten sie eine abschließende Düngung, die noch einmal ihre ganze Kraft für den Herbst ankurbelt und den etwa drei Monate wirksamen Langzeit- oder Depotdünger (Vitex Q4), den wir beim Pflanzen unter die Topferde gemischt haben, ersetzt. Außerdem experimentieren wir mit einem aus Beinwellblättern hergestellten Flüssigdünger, der den Topf- und Kübelpflanzen reichlich Pottasche zuführt.

Die äußeren Hüllen der Samenstände unseres Silberlings lösen sich rechtzeitig, um die glänzenden »Silberpfennige« zu enthüllen, die in Gruppen gepflanzt und bei durchfallendem Sonnenlicht sehr schön aussehen. Auch andere Samen sammeln wir, sobald sie reif sind. Ich frage mich manchmal, ob wir uns zuviel Arbeit machen, indem wir die Samen unserer eigenen Pflanzen sammeln, um sie zu gegebener Zeit auszusäen, heranzuziehen und für den Verkauf einzutopfen – Zeit, die zweifellos dem Garten verlorengeht.

Es gibt aber auch ganz spezielle Schlechtwetterarbeiten. So müssen beispielsweise die Blumenzwiebeln, die im ausgehenden Frühling zum Trocknen gelagert wurden, gesäubert und gerichtet werden, bevor wir sie erneut einpflanzen. Ganz wichtig ist auch, daß sie sorgfältig mit Namensschildern versehen werden.

Im Gemüsegarten werden die Gärtner von meinem Enkel Anthony unterstützt. Das Grün der reifen Zwiebeln muß in eine Richtung umgelegt werden, damit es ordentlich aussieht. Während einer Schönwetterperiode werden die Zwiebeln geerntet und vor der Lagerung gründlich getrocknet. Dann setzen wir überall, wo noch Platz ist, erneut Winterkohl und möglichst viel Salat. Nun ist es auch Zeit, die Pflaumen, Stachelbeeren und späten Himbeeren zu pflücken, die inzwischen ebenfalls reif sind. Wenn die Johannisbeeren nicht durch Netze geschützt sind, werden sie von den Vögeln geholt. Ich bedaure sehr, daß mir der Platz für ein fest installiertes, mit Netzen überzogenes Obstgehege fehlt, obgleich es gewiß nicht einfach wäre, es so zu kaschieren, daß das dekorative Bild des Potagers nicht gestört würde. Auch um die Erdbeerbeete müssen wir uns kümmern. Wenn wir Jungpflanzen brauchen, warten wir, bis entsprechend viele Ausläufer Wurzeln gebildet haben, bevor wir sie abtrennen und eintopfen oder in ein neues Beet verpflanzen. Dann wird das alte Beet abgeräumt und gemulcht.

Jedes Jahr wünschen wir uns, die Apfelbäume mitten im Sommer schneiden zu können. Bonham Bazeley von der Highfield-Baumschule hat uns jedoch dringend empfohlen, mit dem Rückschnitt des diesjährigen Holzes zu warten, bis sich das Blatt an der Spitze des neuen Triebs entwickelt hat. Andernfalls wäre unsere Arbeit insofern vergebens, als die Nährstoffe, die den Blüten und Fruchtknospen zugute kommen sollen, zur Bildung neuer Blätter führten. Wir halten uns deshalb strikt an Bonhams Maxime und können die neuen Triebe gewöhnlich Mitte August auf zwei Augen zurücknehmen.

Diese Erziehungsmaßnahmen wirken sich nicht nur optisch, sondern auch in Form größerer Erträge aus. Überdies reifen die Früchte rascher, da sie von dem zusätzlichen Licht profitieren. Überhaupt ist der Obstbaumschnitt, sobald man die Regeln einmal durchschaut hat, rundum einleuchtend, auch wenn jeder Baum und Busch erfahrungsgemäß unterschiedliche Bedingungen stellt. Man sollte vor einem kräftigen

Eine fast zweieinhalb Meter hohe Sonnenblume ›Mammoth‹
überragt den »Apfeltunnel« im Potager.

Rückschnitt nicht zurückschrecken, vorausgesetzt. man weiß die Fruchtknospen genau zu unterscheiden.

Die Instandhaltung des Gartens erfordert im September nicht weniger Sachkenntnis als im April. Von Tag zu Tag mehren sich die Anzeichen des Herbstes, die Blätter der Bäume färben sich gelb, und manche fallen bereits ab. Darunter leuchten die spätblühenden Stauden und ergänzen die Herbstfarben des Laubes.

Oktober, November und Dezember

Wie glücklich dürfen wir uns schätzen, ausgerechnet in England einen Garten zu haben, wo jede Jahreszeit ihren unverwechselbaren Charakter hat, selbst wenn kein Jahr dem andern genau gleicht. In manchen Jahren beschert uns ein leichter Frost farbenprächtiges Herbstlaub, das sich in seiner filigranen Schönheit oft bis Mitte November hält. Wenn wir dann die Birke beim Tennisplatz und die Linden oberhalb der Auffahrt betrachten, fragen wir uns bisweilen, ob die Blätter überhaupt je abfallen werden, während die der Zerreiche und der Glyzinen oft bis in den Dezember an den Zweigen hängen. In anderen Jahren treibt ein »hilfreicher« Herbstwind die abgefallenen, trockenen Blätter in einer Ecke oder unterhalb einer Mauer zusammen, wo sie sich ohne große Mühe wegschaffen lassen. Aber es gibt auch die feuchten, windstillen Herbsttage, an denen wir fast täglich rechen und den Laubsauger einsetzen, damit die austreibenden Zwiebelpflanzen und Winterlinge nicht von einem schweren Teppich feuchter Platanen- und Kastanienblätter überzogen werden.

Abgefallene Blätter enthalten keine Nährstoffe, es sei denn, man sammelt sie und läßt sie ein Jahr lang verrotten. Dann nämlich werden sie zu wertvollem Humus. Das Geheimnis dabei ist, daß jede neue Ladung Blätter, die in den Behälter aus Maschendraht gehäuft wird, durch und durch feucht sein muß, da trockene Blätter nicht verrotten.

Wenn der Herbst dann in den Winter übergeht und die tagtäglich fallenden Blätter zusammengerecht werden, bringen wir eine dicke dunkelbraune Schicht Laubmoder vom vergangenen Jahr auf die Rabatten. Einem Besuch der Henry Doubleday Research Association verdanken wir die Idee, Laubmoder in Säcken zu lagern. Gemischt mit gehäckselten Beinwellblättern erhält man so eine ausgezeichnete Saaterde. Der Laubmoder sorgt nämlich für gute Drainage und die Beinwellblätter für wertvolle Pottasche – beides kommt unseren Sämlingen zugute.

Die Herbstarbeit in den Rabatten ist rundum erfreulich. Frei von der Hektik des Sommers können wir uns ganz darauf konzentrieren, neue Zwiebeln zu stecken, Stauden zu teilen oder bestimmte Bereiche umzugestalten. Wir streben an, vor Weihnachten mit sämtlichen Rabatten fertig zu werden. Es ist riskant, das Abräumen und Pflanzen auf später zu verschieben, da der Boden im Januar und Februar oft hart gefroren ist. Außerdem haben die Jungpflanzen dann noch genügend Zeit, anzuwachsen. Wenn dann schließlich alles sauber und aufgeräumt ist, die Blumenzwiebeln versorgt und die Lücken dazwischen mit Jungpflanzen wie Vergißmeinnicht, Jungfer im Grünen und Schlüsselblumen gefüllt sind, dürfen wir mit einem Gefühl der Genugtuung auf das Gartenjahr zurückblicken.

Die Blumenzwiebeln bestellen wir bereits im August und lagern sie im Stall. An einem Regentag gehe ich gemeinsam mit einem meiner Gärtner die Listen der Zwiebelpflanzen und ihre Standorte im vergangenen Jahr durch. Es dauert etwa eine Stunde, um genau aufzuschreiben, wo die in Tüten verpackten Zwiebeln künftig gesetzt werden. Während wir eine Tüte nach der andern beschriften, können wir uns bereits vorstellen, welch farbenprächtiges Schauspiel sich im nächsten Frühjahr bieten wird.

Saatgut, das frisch ausgesät wird

Aconitum ›Ivorine, Alpenveilchen, *Althaea officinalis*, Amstelraute, Barnhaven-Primeln, *Dianthus* ›Loveliness‹, *Eryngium giganteum*, Fingerhut, Funkien, Glockenblumen, *Helleborus argutifolius*, Jakobsleiter, Kugelprimel, *Lychnis coronaria* (»Alba«-Gruppe), *Malva alcea* var. *fastigiata*, *Morina afghanica*, Nieswurz, Nachtviole, *Oenothera biennis*, goldgeränderte Primeln, Rittersporn, *Rudbeckia triloba*, *Salvia argentea*, *S. glutinosa*, *S. sclarea* var. *turkestanica*, Schlüsselblumen, *Sidalcea malviflora*, Silberling, *Silybum marianum*, Sonnenröschen, Steppendistel, Steppenkerze, Sterndolde, Stockrosen, *Verbascum bombyciferum*, *V. phoeniceum*, *Viola* ›Bowles' Black‹

Saatgut, das im kommenden Frühling ausgesät wird

Abutilon × suntense, *Aconitum carmichaelii* ›Arendsii‹, *Dictamnus albus* var. *purpureus*, *D. fraxinella*, *Dierama pulcherrimum*, Duftwicken, *Francoa ramosa*, *Galega officinalis*, Hornveilchen, *Ipomoea* ›Heavenly Blue‹, Küchenschelle, *Lavatera* ›Mont Blanc‹, *L. arborea* ›Variegata‹, *Lophospermum erubescens*, *Nicotiana langsdorffii*, *N. sylvestris*, *Rhodochiton atrosanguineus*, *Rudbeckia* ›Marmalade‹, *Salvia patens*, Schönraute, *Tropaeolum peregrinum*

Ich möchte, daß jede Rabatte mindestens alle drei Jahre gründlich »überholt« wird (falls nötig, auch schon früher), damit die zarteren Pflänzchen von den sich stark ausbreitenden Gewächsen nicht verdrängt werden. Es passiert nämlich ganz leicht, daß eine wertvolle Pflanze eingeht, nur weil wir uns nicht rechtzeitig um sie gekümmert haben. Selbst die robusteren Stauden wie die Indianernessel und *Phlomis russeliana* gedeihen besser, wenn sie von Zeit zu Zeit aufgenommen und geteilt werden. Die Taglilien werden mindestens alle drei Jahre gespalten, damit sie weiterhin üppig blühen. Wenn sich unser Akanthus nicht mehr eindämmen läßt, muß ein Großteil der Wurzel sorgfältig ausgegraben und für die Gärtnerei eingetopft werden, denn selbst der kleinste Wurzelabschnitt treibt erneut aus. Wie geschaffen für den Rabattenrand ist die Taubnessel, *Lamium maculatum*, die allerdings ebenfalls im Zaum zu halten ist.

Nachdem die verwelkten Stiele der Stauden zurückgeschnitten und die Sträucher ausgeputzt sind, folgt eine unserer Lieblingsbeschäftigungen: Wir verteilen den Laubmoder als großzügige Mulchschicht über die Beete, die somit ein letztes Mal aufleuchten. Wenn dann die Zwiebelpflanzen austreiben, heben sie sich großartig von dem sattbraunen Humusteppich ab. In dieser Zeit müssen wir verstärkt auf Mäuse achten, die die frischen jungen Krokustriebe anknabbern, solange sie noch unter der Erde sind. Wir stellen Mausefallen auf – sie sind zum Schutz der Rotkehlchen in Holzkästen eingebaut – und kontrollieren sie täglich. Unser Rekord lag bei sechsunddreißig Mäusen in der Zeit zwischen der Pflanzung und Weihnachten – man kann sich lebhaft ausmalen, wie viele Krokusse uns geblieben wären, hätte jede Maus ihr Quantum verzehrt.

Es ist ganz wichtig, daß man sich im Herbst vergewissert, ob von

185

sämtlichen bedingt winterharten Pflanzen, die den ganzen Sommer über so schön geblüht haben, Stecklinge vorhanden sind. Manchmal wünschte ich, wir könnten voraussagen, wie streng der kommende Winter wird, dann wäre unser Gärtnerdasein wesentlich einfacher. So aber müssen wir sichergehen, daß unsere geliebten Sommerblumen wie Salbei, Eisenkraut, *Felicia*, Strohblumen und Zweizahn auch im nächsten Jahr wieder blühen. Wenn ich wirklich einmal Pflanzen verliere, tröste ich mich damit, daß dies in jeder Gärtnerei wohl vorkommt.

Während wir die Beete richten, bereiten wir an einem warmen, windstillen Tag, an dem die Pflanzen bedenkenlos im Freien stehen können, auch die drei Gewächshäuser vor. Zum Glück sind sie so klein, daß wir jeweils eines pro Tag schaffen. Die Wände werden abgespritzt und der Boden sowie sämtliche Ecken mit einem Pestizid zur Bekämpfung der Weißen Fliege ausgesprüht. Die Scheiben werden geputzt, damit soviel wie möglich unseres schwachen Winterlichts hereinfluten kann. Die Risse im Glas unseres viktorianischen Gewächshauses haben wir mit Silikon verschlossen, um die Kälte abzuhalten und Heizkosten zu sparen – das bedeutet allerdings auch, daß wir die Dachventilatoren nicht öffnen können. Um jede Pflanze müssen wir uns nun kümmern. Manche Gewächse werden zurückgeschnitten, damit sie eine hübschere und kompaktere Form annehmen, gegebenenfalls auch umgetopft. Die Stecklinge werden vorbereitet, sorgfältig mit Namensschildern versehen und in ein Vermehrungssubstrat eingepflanzt. Wir stellen einen zusätzlichen Tisch in die Mitte unseres größten Gewächshauses, um Platz für die zahllosen Töpfe zu gewinnen. In manchen Jahren haben wir Probleme mit übermäßig hoher Luftfeuchtigkeit, was zu Mehltau führt. Dann müssen wir jedes gelbwerdende Blatt, jede welke Blüte unverzüglich entfernen und mit Ventilatoren für ausreichende Luftzirkulation sorgen.

Im Oktober ist dann die Buchenhecke am Ende des naturnahen Gartens an der Reihe. Es kostet uns zwei bis drei Tage, bis die sparrigen

Beim Auslegen der Tulpenzwiebeln wird die Rasenkante durch ein Brett geschützt.

Zweige mit elektrischen Heckenscheren geschnitten sind. Inzwischen geht auch die Zeit der Sommerblumen in den Kübeln und Töpfen zu Ende, und die Zwiebeln warten bereits darauf, sie abzulösen. Als erstes werden Pelargonien, Zweizahn, Strohblumen und sämtliche anderen Pflanzen vorsichtig herausgenommen; manche topfen wir um, von anderen schneiden wir Stecklinge. Dann wird die Erde fast bis auf den Grund durch frische Kompostmischung ersetzt, die aus drei Teilen gesiebtem Hühnermist und je einem Teil Torf und Perlit besteht und zusätzlich einen Langzeitdünger (Vitax Potting Base) enthält. Eine dicke Lage Tonscherben auf dem Topfboden sorgt für die Drainage.

Oft bildet eine Stechpalme oder ein Buchsbäumchen den Mittelpunkt unserer Kübelpflanzung. Zuerst stecken wir gewöhnlich etwa zwanzig Tulpen, bedecken sie mit Kompost und setzen darüber Narzissen. Dann füllen wir die Kübel fast bis zum Rand mit Erde und bepflanzen die obere Lage mit ›Paper White‹-Narzissen und *Crocus chrysanthus*. Früher haben wir ganz oben noch Immergrün oder Stiefmütterchen ergänzt, um die Zeit, bis die Krokusse Anfang Februar blühen, zu überbrücken. Inzwischen bilden aber die ›Paper-White‹-Narzissen eine gute Alternative. Sie blühen innerhalb von sechs Wochen nach der Pflanzung und sehen nicht nur hübsch aus, sondern duften auch köstlich bis zum ersten strengen Frost. Abschließend sammeln wir Moos von unseren Mauern und Steinen und legen es gleich einem warmen Schal darüber; bald schon werden die Spitzen der Zwiebeln dazwischen austreiben.

Wann ist der Herbst zu Ende, wann beginnt der Winter, und wie viele Monate haben diese Jahreszeiten? Es spielt im Grund keine Rolle. Wichtig ist vielmehr, daß wir mit unserer Arbeit jeden Tag ein Stück vorankommen und die Rabatten bis Weihnachten abgeschlossen sind. Denn nur dann können wir uns im kommenden Jahr all den anderen Dingen zuwenden, die mir bereits vorschweben – zum Wohle des Gartens.

Register

T

U

V

Danksagungen der Autorin

Die Vorstellung von einem Garten in Barnsley House habe ich über mehrere Jahre mit mir herumgetragen. Bei der Gestaltung habe ich von allen Seiten direkte oder indirekte Hilfe erfahren. Rückblickend seien vor allem meine Schwiegereltern Cecil und Linda Verey genannt, die uns Barnsley House im Jahr 1951 übergaben. Für immer verbunden mit dem Garten ist die Erinnerung an meinen verstorbenen Mann David – gemeinsam haben wir uns mit der Planung befaßt und uns am gelungenen Ergebnis gefreut.

In den letzten Jahren haben mir die ausgezeichneten Fotos von Andrew Lawson, Tony Lord und Jerry Harpur die Augen für die erfolgreichen Veränderungen im Garten geöffnet.

Mein Dank gilt dem Verlagsteam von Frances Lincoln für die sachkundige und freundliche Unterstützung sowie Tony Lord, der für dieses Buch die unterschiedlichen Stimmungen des Gartens im Bild festgehalten hat. Danken möchte ich aber auch all meinen ehemaligen und derzeitigen Gärtnern sowie meinen Freunden, die mit ihren Anregungen zum Bild des Gartens beigetragen haben. Eine wertvolle Hilfe bei der Textgestaltung war mir Katherine Lambert. Mein innigster Dank gilt meiner Familie, die den Garten liebt und Freude daraus schöpft.

Danksagung des Verlags

Frances Lincoln Publishers dankt Penny David für ihre Hilfe bei der Gestaltung des Texts und Jean Bayfield, Margherita Gianni und Gareth Richards für ihre Mitarbeit an Text, Gestaltung und Index. Für die Schwarzweißillustrationen möchte sich der Verlag bei der Autorin und bei Hilary Wills bedanken. Die Fotografien auf den Seiten 6 und 11 wurden von der Familie Verey mit einer Boxkamera aufgenommen.

HINWEIS

Alle Infomationen und Hinweise, die in diesem Buch enthalten sind, wurden vom Autor nach bestem Wissen erarbeitet und von ihm und dem Verlag mit größtmöglicher Sorgfalt überprüft. Unter Berücksichtigung des Produkthaftungsrechts müssen wir allerdings darauf hinweisen, daß inhaltliche Fehler oder Auslassungen nicht völlig auszuschließen sind. Für etwaige fehlerhafte Angaben können Autor, Verlag und Verlagsmitarbeiter keinerlei Verpflichtung und Haftung übernehmen.

Korrekturhinweise sind jederzeit willkommen und werden gerne berücksichtigt.